本书由河北省高等学校人文社会科学重点研究基地"董仲舒与传统文化研究中心"经费资助

衡水学院校内非实体性研究机构项目"董仲舒名言名句研究"（2018yj09）

衡水市政协重大项目"儒学复兴从衡水走来"（2019WT1）

河北省教育厅人文社会科学研究重大课题攻关项目"董仲舒思想及其现实意义研究"（ZD202125）

国家社会科学基金重大项目"董仲舒传世文献考辨与历代注疏研究"（19ZDA027）

国家社会科学基金一般项目"董仲舒学术史研究"（19BZX051）

2021年度河北省文化名家暨"四个一批"人才资助项目"董仲舒经典名言注译赏析"

德音润泽

董仲舒名言品鉴

曹迎春 代春敏 ◎ 著

燕山大学出版社

图书在版编目（CIP）数据

德音润泽：董仲舒名言品鉴/曹迎春，代春敏著.—秦皇岛：燕山大学出版社，2022.6

ISBN 978-7-5761-0260-4

Ⅰ.①德… Ⅱ.①曹… ②代… Ⅲ.①董仲舒（前179-前104）—名句—鉴赏 Ⅳ.① B234.55

中国版本图书馆 CIP 数据核字（2021）第 259545 号

德音润泽
——董仲舒名言品鉴
曹迎春 代春敏 著

出 版 人：陈 玉	
责任编辑：孙志强	策 划 人：任 火 董世非 裴立超
责任印制：吴 波	装帧设计：方志强
出版发行：燕山大学出版社	地 址：河北省秦皇岛市河北大街西段 438 号
邮政编码：066004	电 话：0335-8387555
印 刷：英格拉姆印刷(固安)有限公司	经 销：全国新华书店
尺 寸：170mm×240mm 16 开	印 张：18
版 次：2022 年 6 月第 1 版	印 次：2022 年 6 月第 1 次印刷
书 号：ISBN 978-7-5761-0260-4	字 数：260 千字
定 价：69.00 元	

版权所有 侵权必究

如发生印刷、装订质量问题，读者可与出版社联系调换

联系电话：0335-8387718

总　序

董仲舒与儒学的历史经络及当代价值

"董仲舒与儒学研究大系"是燕山大学出版社策划出版的一套思想文化类丛书。

回眸中国历史，西汉建立了广袤疆域上的庞大帝国，征战方歇，经过初期的休养生息，新的社会矛盾要求朝廷不得不从初期秉持的黄老学说"无为而治"中解脱出来，以适应治理国家的需要。王朝需要用什么样的文化传统、思想体系、道德礼仪来统领大国人心、齐一天下，这个紧迫的问题成为当时的时代之问。变革的社会现实召唤着思想巨人。

董仲舒用"天人三策"，回答了汉武帝的治世之需。他用天人合一论、天人感应论，占据天道的制高点，既阐释了汉王朝君临天下的合法性，又设计出一套相当完整严密的方针政策，使西汉政权的统治方略由黄老政治转向新儒家德刑并用，宣称"《春秋》大一统者，天地之常经，古今之通谊"，由此构建出以儒家礼制为基础、以天子为中心的中央集权制的政治模式，这一制度设计被采纳并付诸运用，成为中国封建王朝政权运作的核心模式，自此延续两千多年，深远地影响了中国社会发展的历史。如果说，四百年的汉朝奠定了中华帝国真正的基础，那么董仲舒的制度设计，无疑是构成这个基础最重要的文化政治部分。

正因如此，董仲舒的身后声名经历了复杂多变的评价和争议。在古代社会，上自帝王，下至臣民百姓、士人学子，无不尊他"为世儒宗"，"道济天下之溺"，"参天地、关盛衰、浩然而独存者"。尽管董子本人从未执宰拜相，但他培养的学生人丁兴旺，凭借才能平步青云者众，加之后世董学分化流派众多，体系大成，董仲舒俨然被奉为中国传统社会正统观念的思想教父。他的人格和学问都受到推崇，《史记》和《汉书》都说他"为人廉直"，其"正其谊不谋其利，明其道不计其功"的名言，成为千百年来中国人的道德旨归。

然而到了近代，国家大乱，中国传统社会结构风雨飘摇，中西文化剧烈冲突，知识分子激烈论战，董仲舒在国人心目中的地位也随着中国传统社会价值体系的崩坏而降至低谷，在五四新文化运动中，更是陪着孔夫子一起被打倒，成了国家落后衰败的出气筒。他"天不变，道亦不变"的名言，被看作形而上学思想的象征，阻碍变革的保守思想源头，指责他将儒学神学化变为儒教，是一个热衷于设计帝王操纵术的功利性人物。

历史走到今天，学术界看待历史人物及其学说的理论和方法，都大大丰富了，对待董仲舒和儒学的态度也客观了许多。今天可以看到这样的观点：董仲舒援天道以证人事，吸收了先秦唯物主义天道观的成分；他以"究天人之际"的名义，规范等级名伦体制的构思，在当时的社会条件下，有利于纠正社会内部、王朝与周边民族之间的社会失序，由乱达治，实现稳定；董仲舒强调"君为国之本"，将尊君观念推到新的高度，但同时也强调君主必须"法天而立道""上奉天施而下正人"，制约君主的权力；他主张打破血缘宗亲集团的垄断，从知识阶层选贤任能，君臣各敬其事；他倡导具体实在的道德教化，让儒家学说实际应用于治世，真正走向了民间，等等。

编纂"董仲舒与儒学研究大系"丛书，我们需要思考两个问题：

一是，在当今中国，董仲舒与儒家文化传统是否还有意义？

今天以血缘、地缘、宗法、伦理为主要特征的中国传统社会的社会基础结构正在发生剧烈转型，国民相当程度上正在由人伦性族群向契约化群体转型，因而，作为整体意识形态的儒家价值观在现实社会显然已不适应，总体来看，属于社会体系结构性的不适应，因此做不到如董仲舒当时那样将传统学说脱胎换骨，变成现代的东西了，这是对于国家治理的普世性层面而言。

然则，儒家文化传统对国民修养而言，仍大有可用。今日世界面临百年未有之大变局，中国是大变局中的大变量之一。这变局很大程度上在于社会道德的改变。物质欲望膨胀、消费主义、娱乐至上一度喧嚣，而当物质欲望得到满足之后，人们又变得空虚迷茫，不知以何立世，何以为家，陷入精神的混沌状态。概而言之，在人的精神生命与世俗物质生活的冲突之中尚未寻得超越之道。

我们悠久的文化传统本应从私德和公德两个方面给出解决方案。

早在五四时期，梁启超就曾反思数千年传统道德逐渐不能用于当世的状况，他说："吾中国道德之发达，不可谓不早，虽然，偏于私德，而公德殆阙如。试观《论语》《孟子》诸书，吾国民之木铎，而道德所从出者也。其中所教，私德居十之九，而公德不及其一焉。"这不失为一个洞见，儒学确实最重私德，注重"壹是皆以修身为本"，倡导人们在相处中从人性中发展出最好的东西，"人皆可以为尧舜"。作为百代正脉的儒家思想被传承了两千五百年、八十余代，正是因为它与中国人遵循的伦理生活和古老传统相匹配。美国汉学家牟复礼在《中国思想之渊源》中说，"儒家希望恢复的只是一个殷实太平的尧舜之世，一个属于人的文明时代"，因此儒学的首义是人通过践行，去追求有德行的良善的生活。儒家政治思想就是要在乱世中寻找秩序，秩序在哪里？在乎人心。因此说儒家最重私德是恰切的。儒家文化如涓涓细流，润物无声，劝诫人们追求立于天地之间的个人修养，将品格高尚的大儒比如董仲舒，敬称为"纯儒"，一个"纯"字道出了超拔的境界，超越世俗物欲的精神层次，这样的人无论顺逆方圆，皆进退有度，毕生追求人格的完善。儒家的修身之学，是中国文化独有的，与现代世界真善美的人性追求完全契合。

但如果说儒家思想缺乏公共性，又不尽然。董仲舒一生体现的儒家思想传统中，就有着一种执着的乃至偏激的爱国热情、献身情怀，有时显得不可思议，他的作为显示了儒家追求私德是为了什么，格物致知是为了诚意正心，是为了修身、齐家、治国、平天下，这与中国"天下思想"的文化意味高度一致，铺垫着中国人"家国同构"的文化基因。董仲舒代表的智识阶层，将"为王者师"作为自己天生的职业，思考的重点向来是以天下为己任，先天下之忧而忧，这非公共性而何？就如怀抱道义不被当政者接纳的东林党理学君子顾宪成所说，他们这群人不仅有"好善癖"，还患上了"忧世癖"。儒家思想形成社会规范的约束力，激励民众的家国情怀、舍生取义精神，成为中华民族生生不息的根源，血脉相传，今天国之大任还是要拥有这种精神的人民来担当。

二是，在国际学术视域下，董仲舒的儒家学说是否还值得进行学术研究？

19世纪以来，中国内部衍化的一元文化遭到了不可避免的打击，中国成了世界思想潮流的容器。今天中国思想和文化上很多因素都是外来的，这是回避不了的，这可能是一个参照研究的基础条件，有利于在世界性、历史性的层面上对中国文化思想的独特性进行学术思考，获得世界性的意义。

然而，如果仅以西方为参照系，脱离中国去寻找一种普遍性的规范，在现代性中看不到自己的主体性和历史性，那么中国正在进行的艰巨探索无法获得历史的力量和独特的文化自觉。面对西方学术界一些人"消解中国"的姿态，国内外思想深邃的学者提醒，一方面全球化似乎消解了所有特殊的文化认同，但另一方面这种消解本身恰恰又导致普遍的认同危机和文化焦虑，从而酝酿着文明冲突的危险。我们必须在当今的文化时局中重新考虑中国文化的政治主体性。即使不设置参照系，对文明延续数千年的中国而言，它的文化核心问题，它的思想史如何在文化政治的意义上理论化，都是极其值得开展系统研究的。儒家思想是中国文化的核心，尽管董仲舒倡导的独尊儒术在历史上不免钳制了先秦诸子学说在后世的传扬衍化，但其儒学造诣瞻之在前，总归是深入认识中国思想文化史总体脉络的一个具体的着力点，也是思考中国思想史上学术和现实的问题意识的交汇点。

作为思想家、学问家的董仲舒著述的《春秋繁露》犹如汉代今文经学的百科全书，对当时所遇到的每一个问题都试图从理论上加以解释和概括，对于研究汉代学术史和整个儒学发展史都是极为重要的。董子为汉儒宗，他对中国历史典籍《春秋》公羊学的研究，独尊于两汉，至清中叶而再兴，其于中国社会、政治之影响巨大。所以汉代儒学以董为不祧之宗，何况他的思想兼具关注现实的、积极用世的实践价值。德国哲学家雅斯贝尔斯将公元前800年至公元前200年称作人类文明的"轴心时代"，那个时代横贯东西，诞生了苏格拉底、柏拉图、以色列先知、释迦牟尼、孔子和老子，他们创立各自的思想体系，共同构成人类文明的精神基础，是人类历史长河中在知识、哲学、宗教上的最辉煌、最有创造力的时代，直到今天人类仍然附着在这种基础之上。董仲舒是这个黄金时代尾声中的最后一位中国思想巨匠。

基于上述，燕山大学出版社编纂出版这套图书就是为了给董仲舒与儒学辟出一块学术研究的出版田地。

这套图书的作者多来自董仲舒的故里，西汉时的广川，即今天的河北省衡水市。作者们"焚膏油以继晷，恒兀兀以穷年"，研究董子其人、他所处的历史时期、他的思想，阐发他的微言大义，扩展至他的教化思想、人学思想以及自然观等，多有成果辑印或发表。这套图书此次辑选了研究董仲舒及儒学的知名学者的成果，内容涉及先秦汉代儒学研究、儒家核心价值观念研究、董学史研究、董仲舒哲学思想研究、董仲舒教化思想研究、董仲舒伦理思想研究等多个方面，一定程度上反映了该研究领域的新进展，具有较大的学术影响力和出版价值。

究天人之际，通古今之变。祈愿这套图书的出版传播，对于当代和后世的人们加深对整个中国思想发展史、中国历史、中国文化的认识有所启益。

"董仲舒与儒学研究大系"丛书出版人

陈　玉

2022年5月于燕山大学

序

两千多年来，儒学历史上发生了三次聚合性转变：第一次是春秋时代，代表人物是孔子，主要成就是总结了商周以来的官学，加以整理和阐发，形成了百家争鸣的局面，以孔子为代表的儒学是显学之一；第二次发生在西汉，以醇儒董仲舒为代表，吸收道家、墨家等百家学说对儒学进行适应时代特性的全面改造，形成了全新的儒学，从而使儒学由民间学问上升为官方学问，也为后世儒学发展出义理和考据两大技术路线；第三次是理学的出现，以朱熹为代表的宋儒面对佛学的强烈冲击，引佛入儒，传承孟子义理，以儒学正统相标榜，加以朝廷力倡，形成了俨然科举考试标准答案的理学。所以在学界有儒学三圣之说，即孔子、董仲舒、朱熹。

然而自唐代开始，以韩愈为代表，发出了质疑汉儒的声音，对董仲舒颇有微词。朱熹虽然没有公开反对董仲舒，但在罗列儒学道统人物时，将董仲舒排除在外。直到元代，董仲舒才得以配祀孔庙。因此无论在学界还是民间，董仲舒的影响力远逊于孔子和朱熹。尤其在民间，孔子有《论语》传世，广为民众所知，朱熹有《四书章句集注》，被儒生奉为圭臬，而董仲舒的《天人三策》和《春秋繁露》却流传不广。但是董仲舒的思想对中国文化影响深远，如三纲五常、天人合一、仁者爱人、义者正我等等，都是源自董仲舒，只不过少为人知罢了。随着近些年传统文化的复苏，学界对于董仲舒给予广泛研究和重新评价，使其在中国文化史上的地位重新彰显。不过在民间依然影响较小。

衡水学院董子学院和河北省董仲舒研究会矢志于董仲舒思想的研究和传播，除了在研究上着力甚多以外，在民间推广方面也是不遗余力。为了通俗易懂，易学好记，撰写了这本小书，以期能为董仲舒思想的传播助力。迎春和春敏两位老师务实勤奋，从民间需求出发，以学者的视野进行取舍，运用文献学、民俗学、教育学等技术手段，终于有成。付梓之际，嘱我作序，写了上面的文字。

是以为序。

李奎良

自　序

西汉大儒董仲舒上承春秋之孔子，下启南宋之朱熹，是儒学思想史上里程碑式的人物。他使儒学由一家而融汇百家，由诸子而成独尊，奠定了儒家学说在中国传统文化中的主干地位，深刻影响了此后两千多年中国传统社会的政治结构和文化走向，可以说是"成就儒学千秋业，开辟太平万世功"。对这样一位重要历史人物进行深入研究、宣传普及，无疑是一项非常重要的、有意义的文化工程。

不仅如此，挖掘整理董仲舒留下的这份宝贵思想遗产，也是我们后人之责、时代之需。习近平总书记高度重视中华优秀传统文化，并将其作为治国理政的重要思想文化资源，明确提出："要深入挖掘中华优秀传统文化蕴含的思想观念、人文精神、道德规范，结合时代要求继承创新，让中华文化展现出永久魅力和时代风采。"董仲舒思想蕴含着"讲仁爱、重民本、守诚信、崇正义、尚和合、求大同"的时代价值，是中华优秀传统文化最重要的组成部分之一，是一座值得不断井发的丰富宝藏。

然而，要开采这座宝藏，却并不容易。董学专家余治平教授曾说"一入董学深似海"，要读懂董仲舒的著作《春秋繁露》，先要读懂《春秋》经；要读懂《春秋》经，先要读懂《公羊传》；要读懂《公羊传》，先要读懂何休的《春秋公羊经传解诂》；要读懂何休的《春秋公羊经传解诂》，先要读懂徐彦的《春秋公羊经传解诂疏》；要读懂何休、徐彦的注疏，还需要读后世学者的诸多著作，如杜预、孔颖达的《春秋左传正义》等。这条长长的阅读链，足以让任何一位专业研究者皓首穷经，而一般读者则只能望洋兴叹了。因此，撰写一本面向一般读者的入门读物，是董学传播的必然要求，也是董学研究者的学术使命。

在阅读文本的过程中，我们发现董仲舒的著作中处处蕴藏着闪现智慧的提纲挈领之语。这些闪光的语言，是董仲舒思想的高度浓缩，每一句都有极大的包容量。因此，从这些句子入手走近董仲舒，打开其思想宝藏的大门，是一个不错的选择。

在撰写过程中，我们力图做到：以专业的眼光去寻宝，将董仲舒著作中的妙语名言挑选出来；以考究的方式去分类，将这些零金碎玉重新组合，并用董仲舒思想体系的线索贯穿起来；以大众的语言去加工，使这些高度浓缩的精华更适合非专业读者的胃口，易于消化吸收。

为此，我们从《春秋繁露》《天人三策》《士不遇赋》等董仲舒的主要作品中选出200多段语意完整的名言，分为《春秋》辞义、经权常变、慎微重始、原心重志、忧患意识、天人合一、君随天道、君行王道、无为而治、爱民利民、任贤养士、选官考绩、更化改制、德主刑辅、灾异谴告、畏天敬神、深察名号、人性善恶、王教之化、治学为师、三纲秩序、五常之道、义利之辨、君子品格、阴阳五行、中和养生、不遇之叹等27个主题，基本包括了董仲舒各方面的思想观点。每条之下分列出处、注释、译文、赏析四部分，在读通字词语句的基础上，进一步阐释其深层含义，使之成为适合社会大众阅读的文化作品。

本书选自《春秋繁露》的句子，主要参照苏舆撰、钟哲点校的《春秋繁露义证》（中华书局，1992年），钟肇鹏主编的《春秋繁露校释（校补本）》（河北人民出版社，2005年），张世亮、钟肇鹏、周桂钿译注的《春秋繁露》（中华书局，2012年），袁长江主编的《董仲舒集》（学苑出版社，2003年），在注释、翻译时另参照赖炎元的《春秋繁露今注今译》（台湾商务印书馆，1984年）、叶平注译的《春秋繁露》（中州古籍出版社，2010年）等译注书，择善而从之。选自《汉书》的句子，以中华书局出版的《汉书》为底本。

本书撰写尽量按照"以董子之法治董子"的原则进行选句、赏析。在选句上采用"多连博贯"之法；在语言上，秉承"约喻简达"之风；在解读上，依据"缘而求之"之方、遵从"从变从义"之理。

在选句上，采用"多连博贯"之法。董仲舒治《春秋》的一个重要方法就是"得一端而多连之，见一空而博贯之"，运用这种"多连博贯"之法，将相同或相近的经文聚合在一起，排比、归纳，探寻出圣人之义。因此，本书在选取句子时，也按照这种方法，将表达同一主题的句子进行搜集、归类，并根据论述角度的不同进行选择，从而达到以点切入、进窥全貌之效。比如，在"经权常变"主题下，我们选择了董仲舒论述天道常变、为政常变、为礼经权、当仁不让、行权以义、大德小德等几个方面的句子，分别从经权常变的范围、标准、边界等不同角度进行分析解读，从而使读者对董仲舒的经权常变思想有一个整体性把握。按照这种方法，还可以有效地避免交叉重叠。比如，在"义利之辨"主题下，《春秋繁露》中的"正其道不谋其利，修其理不急其功"和《天人三策》中的"正其谊不谋其利，明其道不计其功"，虽然表达有差异、意思有差距，但是主题相同、角度相同，因此为了避免重复，在选句时只选择了《天人三策》中的句子，而将《春秋繁露》中的句子在赏析中进行对比分析。再比如，在"德主刑辅"主题下，董仲舒以阴阳论刑德的句子很多，为避免重复，只选取一则，而将其余句子在赏析部分略作涉及。

在语言上，秉承"约喻简达"之风。《春秋繁露·必仁且智》中对智者的语言特点进行了概括，即"寡而足，约而喻，简而达，省而具"，言语不多而内容充实，语言简练而清楚明白，简单而能表达充分，省略却又全面。董仲舒的语言表述也具有这样的特征，他特别擅长以讲故事、打比方的方式表达深奥的道理。因此本书在写作中也借鉴这种方法，在赏析部分运用历史故事说明道理，尽量做到学术性和趣味性的统一，达到深入浅出的效果。这些故事既有董仲舒在书中提到的《春秋》故事，如齐桓公柯之盟、宋襄公泓之战、赵盾弑君、鲁文公丧取（娶）等，也有其他古籍中记载的相关故事，如《孟子》中舜不告而娶的故事、《韩非子》中商纣王一双象牙筷子亡国的故事、《战国策》中触龙说赵太后的故事、《新序》中齐桓公五顾小臣稷的故事等。

在解读上，依据"缘而求之"之方、遵从"从变从义"之理。在《春秋繁露·玉杯》篇董仲舒谈及治《春秋》之经验，即"合而通之，缘而求之，五其比，偶其类，览其绪，屠其赘"，也就是要融会贯通、深入探究、排列事实、把握精神。因此在写作中，我们也对每一个小问题的来龙去脉进行细致梳理，探求其思想源流，分析其理论创新，既"合而通之"寻联系、找区别，又"缘而求之"寻原因、找特点。如，在"无为而治"主题下，将儒、道、墨、法的"无为而治"思想都列举出来，将董仲舒的"无为而治"放在这一各家共有的思维模式之中进行比较分析，从而总结其特点为"君无为而臣有为"。在《春秋繁露·精华》篇，董仲舒提出了对经典解读的看法，即"《诗》无达诂，《易》无达占，《春秋》无达辞，从变从义，而一以奉人"，认为经典文本没有放之四海而皆通的解释，具有多元性和开放性。因此我们在写作中，也将董仲舒的思想与当今社会对接，寻找其中的契合点，进行创造性转化和创新性发展，"从变从义"，灵活有度。如，将慎微重始思想与当今的青少年道德教育、官德廉政建设相结合，将"不与民争利"思想与当今《公务员法》的规定相联系，将天人合一思想与当今的生态文明建设相结合，将五常之道与社会主义核心价值观建设相联系，在使其思想"还原于时代"的同时，也使其精神"活化于当代"。

本书对于董仲舒名言的赏析、理解，尽可能吸收当前董学研究的最新成果，尤其是周桂钿、李宗桂、余治平、黄开国、邓红、韩星、秦进才、刘国民、曾振宇、李祥俊、李英华等专家学者的研究成果，并尽力将自己在学习过程中的些许不成熟的见解呈现给读者。

此外，为使读者对董仲舒有一个全面、概括的了解，本书在附录部分附有董仲舒生平事迹、《春秋繁露》篇章目录、古今学人评述董仲舒等内容。

董仲舒在《春秋繁露·执贽》篇赞美圣人之言行是"择于身者，尽为德音；发于事者，尽为润泽"，圣人所说都是有德之言，做事始终平和温润。事实上，以此言评价董仲舒本人之言行也最为贴切不过。德音善言，润泽后世，因此，我们用"德音润泽"作为这本小书的书名，以表达对董仲舒这位故里先贤的敬仰之情。

由于作者学识有限，对董仲舒著作的研究还不深入，所以在选句、释义中难免有疏漏、误读之处，且许多名言内涵广博，在内容上互有牵扯，实难截然分开，在归类上也难免有牵强、不妥之处。诚恳地希望读者批评指正！

曹迎春

目 录

《春秋》辞义	1
经权常变	15
慎微重始	24
原心重志	31
忧患意识	38
天人合一	43
君随天道	59
君行王道	68
无为而治	89
爱民利民	93
任贤养士	101
选官考绩	109
更化改制	116
德主刑辅	122
灾异谴告	126
畏天敬神	130
深察名号	138

人性善恶 —————————— 146

王教之化 —————————— 151

治学为师 —————————— 158

三纲秩序 —————————— 166

五常之道 —————————— 174

义利之辨 —————————— 196

君子品格 —————————— 200

阴阳五行 —————————— 206

中和养生 —————————— 221

不遇之叹 —————————— 231

参考文献 —————————— 235

附录 ———————————— 243

  附录一：董仲舒生平事迹 ———— 243

  附录二：《春秋繁露》篇章目录 ——— 252

  附录三：古今学人评述董仲舒 ——— 257

后记 ———————————— 267

《春秋》辞义

1. 仲尼之作《春秋》也，上探天端，正王公之位，万民之所欲；下明得失，起贤才，以待后圣。故引史记①，理往事，正是非，见王心②。

【出处】《俞序第十七》

【注释】

①史记：史官所记，此指鲁国史。

②见（xiàn）王心：表现君王之心。见，通"现"。

【译文】仲尼写作《春秋》，向上探求天端，摆正王公的位置，顺从万民的愿望；向下阐明得与失，起用贤才，以等待后来的圣人。所以引述鲁国史书，整理过去的史事，端正是非，表现君王之心。

【赏析】《俞序》是董仲舒研究《春秋》之后写的一篇序言，探讨了《春秋》的意义。董仲舒认为《春秋》是孔子怀有大目的的制作。《春秋》首书"元年"，元乃天地之始，这就是"上探天端"。他将"天"引入《春秋》之中，把天作为人间政治合法性的根据和伦理价值体系的来源。《春秋》记事在"元年"之后即云"王正月，公即位"，这就是"上探天端，正王公之位"，依据天道确定人间的统治秩序。"正是非"则是提供判断是非的标准，确立行为的规范。孔子既非天子也非诸侯，他要做到这些不能依靠权力，只能"引史记，理往事"，通过检讨历史上的往事，来"别嫌疑，明是非，定犹豫，善善恶恶，贤贤贱不肖"。此句乃司马迁在《太史公自序》中对孔子作《春秋》的评价，司马迁在此处自称"余闻董生曰"，因此这句评价也反映了董仲舒的观点。可见，《春秋》并不仅仅是一本鲁国史书，更是孔子所做的一部治国大纲。对于统治者，学习《春秋》是绝对必要的，"不学《春秋》，则无以见前后旁侧之危，则不知国之大柄、君之重任也"。按照《春秋》的大纲大法行事，就可以实现圣王的事业。因此，"《春秋》之道，大得之则以王，小得之则以霸"。董仲舒通过对《春秋》的诠释，赋予经典新的意义，适应了汉代的政治需求，完成了重建和完善君主政治新秩序的历史使命。

2. 论《春秋》者，合而通之①，缘而求之②，五其比，偶其类③，览其绪④，屠其赘⑤，是以人道浃⑥而王法立。

【出处】《玉杯第二》

【注释】

①合而通之：综合全书，贯通其中的道理。

②缘而求之：根据这些原则去探求其他的事理。缘，根据。求，探求。

③五其比，偶其类：五，通"伍"，犹"偶"，合并之意。比，犹"类"，同类之意。"五其比""偶其类"意思相近，即指把同类的事物聚在一起。

④览其绪：通揽事情的端绪，掌握经书的根本精神。览，通"揽"。绪，端绪。

⑤屠其赘（zhuì）：屠，剖析。赘，经书里没有说出来的道理。

⑥浃（jiā）：完备。

【译文】研究《春秋》的人要综合全书，贯通其中的道理，再根据这些原则去探求其他的事理，排列事实，把同类的事物聚在一起，把握纲领，掌握经书的根本精神，剖析经书里没有说出来的道理，所以人道完备而治理天下的法度也建立起来了。

【赏析】这里讲的是董仲舒研习《春秋》的经验之谈，更是学习的重要方法。"合而通之"是指通过归类的方法寻找事物之间的联系；"缘而求之"则是寻求形成事物间联系的终极根源。

"合而通之"的具体表现是"五其比，偶其类"，即通过类比的方法寻求事物间的相似性。董仲舒所说的"贯比而论"，联系比较同类的事物而加以推论，也是这个意思。董仲舒认为"物莫无邻"，事物都是有相同类的，所以这个方法具有可行性，他本人也曾用这样的方法对汉武帝进行劝谏。建元六年（前135年）辽东高庙、高园偏殿发生火灾后，董仲舒援引《春秋》里同类的火灾事例进行说明，认为鲁定公、哀公时期的"两观、桓、釐（xī）庙、亳（bó）社"遭受火灾，是因为这些都是违背礼制、不应留存的建筑，上天用火灾来警示鲁君"去乱臣而用圣人"。由此他"贯比而论"，认为汉朝当下的辽东高庙、高园偏殿火灾也是因为"于礼亦不当立，与鲁所灾同"，于是建议汉武帝杀掉那些不安分的宗室诸王和"贵而不正"的近臣。

"缘而求之"的具体表现是"览其绪，屠其赘"。"览其绪"是指从宏观上纵向把握贯穿事物始终的线索，掌握经书的根本精神；"屠其赘"是指从微观上横向剖析经书里所没有说出来的言外之意。董仲舒认为"赘"义并非主观添加的，而是早已存在于《春秋》之辞中，只是未曾显明。他说《春秋》经里从来没有天子逾年即位、诸侯于封内三年称子这些内容，但是人们还是把这些当作经书中的说法一样看待，因为这些"赘"义是通过归类辨析的方法得到的，经书也乐于接受这种有理有据的发挥。用现在的话说，这是对《春秋》经义的创新性发展。因此，既能够融会贯通，又能够通过考辨有所发挥，才算是真正领会了《春秋》的基本精神。

3. 盟不如不盟①，然而有所谓善盟；战不如不战，然而有所谓善战。不义之中有义，义之中有不义。辞不能及②，皆在于指③，非精心达思者，其孰能知之？

【出处】《竹林第三》

【注释】

①盟不如不盟：《公羊传》中说："古者不盟，结言而退。"古时候不采用歃（shà）血为盟的形式，只是订立口头盟约，这种"不盟"讲的是信义。董仲舒认为靠外在约束的"盟"，不如靠内在信义约束的"不盟"。

②辞不能及：文辞不能表达的意思。及，表达。

③指：通"恉"（zhǐ），意旨、意图。

【译文】虽说歃血订立盟约不如不歃血只是以信义相誓，但其中也有好的盟约；虽说进行战争不如不进行战争，但其中也有相对好的战争。非正义之中有正义，正义中有不正义。文辞所不能表达的意思，都蕴含在要旨中，不是深思熟虑的人，谁能理解它的真意呢？

【赏析】在这句话中，董仲舒通过举例阐述了解读《春秋》的原则和方法。以盟约为例，虽然现在的盟约靠的是外在约束，不如古时靠信义约束的盟约高大上，但是还是有能阻止战争的好盟约。孔子就曾对管仲促成齐桓公"九合诸侯，不以兵车"的功绩赞赏有加，称之为"仁德"。以战争为例，虽然《春秋》对战争的态度，总的来说是"恶之"的，但是认为"偏战"比"诈战"要好，因为"偏战"是相对讲究礼义的。通过举例，董仲舒充分发挥辩证的思维，运用对比的方法，从不好的盟约、不义的战争中去寻找相对的信义，总结出解读《春秋》的关键，即"辞不能及，皆在于指"，不能只看字面的意思，而是要看文字以外的含义。具体方法就是从"辞"的字面义入手，而又突破"辞"的字面义，从而把握"指"，做到"得意忘言"。董仲舒解读《春秋》的这一原则，为后世学者对《春秋》作引申和解释提供了广阔的天地。

4.《春秋》常于其嫌得①者，见②其不得也。是故齐桓不予③专地而封④，晋文不予致王而朝⑤，楚庄弗予专杀而讨⑥。

【出处】《楚庄王第一》

【注释】

①嫌得：貌似正确的。

②见（xiàn）：通"现"，显示、显露。

③予：赞许、称誉。

④专地而封：没有得到天子的命令，擅自把土地分封给人。

⑤致王而朝：致，招致。鲁僖公二十八年（前632年），晋文公招天子到践土、温，再会同诸侯朝见天子。

⑥专杀而讨：没有得到天子的命令，擅自讨伐、杀掉别国的罪臣。

【译文】《春秋》经常在貌似正确的事情中，（在文字上）显示出不正确的内容来。因此，《春秋》不赞许齐桓公没有得到天子的命令，就擅自把土地分封给人，不赞许晋文公把天子招到诸侯盟会的地方再行朝见，不赞许楚庄王没有得到天子的命令，就擅自讨伐、杀掉别国的罪臣。

【赏析】这句话是董仲舒对《春秋》评价历史人物之特点进行的概括。齐桓公、晋文公、楚庄王，这三位是春秋历史上赫赫有名的霸主。齐桓公是"春秋五霸"之首，他打着"尊王攘夷"的旗号，"存邢救卫"，锄强扶弱，还为邢和卫两国筑了新的城邑，使"邢迁如归，卫国忘亡"。但是周王朝"普天之下莫非王土"，齐桓公裂土封地，有违诸侯之义，不符合礼制。晋文公是春秋时代的第二位霸主，他在城濮之战击败南方的楚国之后，于公元前632年举行践土会盟，并招周襄王参加。以臣召君，不符合礼制。楚庄王讨伐陈国，杀掉了陈国的弑君罪臣夏征舒，虽是贤君讨罪臣，然而没有天子之命，仍属越权违礼。齐桓公、晋文公、楚庄王这三个人在当时都有着显赫的功绩和良好的政治名声，但他们也都有违背礼法之行为。因此，董仲舒以此为例，指出《春秋》评价历史人物时会提醒你，不要被"正义"的光环所蒙蔽，看不到其"违礼"的事实。《春秋》专拣那些公认的"贤君"来贬，连他们做了错事都要受贬，那些不如他们的人就更不必说了。

5.《春秋》为人不知恶，而恬①行不备②也，是故重累责之③，以矫④枉世⑤而直之。矫者不过其正，弗能直。知此而义毕矣。

【出处】《玉杯第二》

【注释】

①恬：安然。

②备：戒备。

③重累责之：反复地严厉地责备这些错误行为。重，加重。累，多次。

④矫：矫正、匡正。

⑤枉世：世俗的错误观念。

【译文】《春秋》因为怕人们不知道这些罪过，而安然去做不加戒备，因此反复地严厉地责备这些错误行为，以矫正世俗的错误观念而使之回归正途。矫枉不过正，不能使它直。知道这个道理就完全了解了《春秋》的大义了。

【赏析】"矫枉过正"这一成语之意最早即出自这里。这段话是董仲舒在议论《春秋》为什么给晋灵公被杀时根本不在场的赵盾扣上"弑君"帽子时提出的。赵盾是春秋时期晋国的正卿。公元前607年，赵盾的族弟赵穿杀死晋灵公，史官董狐认为赵穿杀死灵公时，赵盾虽然在逃亡但是还没有越过国境，返回朝廷后，又不追究杀死灵公的凶手，因此赵盾对此事负有责任，乃直书"赵盾弑其君"。《春秋》为何这样重责贤臣赵盾呢？董仲舒认为这体现了《春秋》的一个重要原则，就是因为赵盾贤能，所以他的不合理的行为容易被光环所掩盖，人们"皆见其贤，莫知其罪"，因此就要"加之大恶，系以重责"，为的是促使人们深思、省悟、回归正道。这就是"矫枉过正"。

6.《春秋》慎辞，谨于名伦等物①者也。……是故大小不逾②等，贵贱如其伦，义之正也。

【出处】《精华第五》

【注释】

① 名伦等物：按照人伦的等级、事物的大小而命名。名，名称。伦，人伦。等，等级。物，事物。

② 逾（yú）：超越。

【译文】《春秋》应用言辞十分谨慎，认真按照人伦的等级、事物的大小而命名。……所以大小不超越等级，贵贱遵从本分，这是正常的礼义。

【赏析】《春秋》学是董学的思想根基。"辞"是董仲舒诠释《春秋》的工具和入口。理解了《春秋》的叙事之"辞"，才能理解其所载之"事"，进而领悟《春秋》之"义"。《春秋》之辞，体现了深微的天道，而天道是人道的根据，因此董仲舒非常重视《春秋》之辞。他认为，《春秋》用辞精确，"战""伐""获""执"表面上意义相近，实则具有不同伦理等级的深刻意义。对于势力小的夷狄发生的战争，说是攻伐而不说是战争；对势力大的夷狄说是战争而不说是捕获；对中原的国家说捕获而不说拘捕，各自有不同的文辞。

7.义不讪①上，智不危身。故远者以义讳，近者以智畏。畏与义兼，则世逾②近而言逾谨③矣。

【出处】《楚庄王第一》

【注释】

①讪（shàn）：以下谤上。

②逾：通"愈"。

③谨：慎重。

【译文】坚持道义而不诽谤尊上，运用智慧而不使自身遭遇危险。因此对于年代久远的国君因为道义而为他避讳，对于当世的君主则因为智慧而谨慎畏惧。道义与畏惧兼顾，那么时代越近言辞越要谨慎。

【赏析】在这里董仲舒解释《春秋》之所以对于昭公、定公、哀公之过失用比较隐晦的"微辞"表述，是因为孔子就生活在鲁国这三位君主在位之时。对于当世的君主，出于明智的考虑而格外谨慎畏惧，不能使自己陷于危险。我们来看一则"微辞"的具体事例。《春秋》定公元年记载了"元年，春，王"四个字。按照《春秋》的写法，新君即位，要书"元年，春，王，正月，公即位"，这五个要素要齐全，以此表明政治之合法性。而定公即位的这条文辞，缺少了"正月"一项，这就表明定公的即位是不合法的，但从文辞的表象根本看不出有指责定公有罪的意思。"微辞"属于避讳之辞，体现"义不讪上"的原则，同时，"微辞"用于当世君主，也有"智不危身"的考虑。这是古代知识分子"苟全性命于乱世"的处世智慧。《诗经·大雅·烝民》说："既明且哲，以保其身。"既明事理又有智慧，善于保全自身。《论语·宪问》中记载了孔子之言："邦有道，危言危行；邦无道，危行言孙（通'逊'）。"政治清明的时候，言语正直，行为正直；政治黑暗的时候，行为正直，言语谦顺。能够做到守经达权、畏与义兼的才是真正的君子。

8.《春秋》之常辞①也，不予夷狄②而予中国③为礼，至邲之战④，偏然⑤反之，何也？曰："《春秋》无通辞⑥，从变而移。今晋变而为夷狄，楚变而为君子，故移其辞以从其事。"

【出处】《竹林第三》

【注释】

①常辞：一般的书写方法。

②夷狄：华夏族以外的四方各族。

③中国：居于中原地区的华夏族。

④邲（bì）之战：公元前597年晋楚之间的一次大战，楚国胜利，楚庄王因而成为霸主。

⑤偏然：偏偏，表示相反之意。

⑥通辞：固定的书写方法。

【译文】按照《春秋》一般的书写方法，是不赞许夷狄而赞许中原华夏族合乎礼义的，到了邲之战的时候，却反了过来，为什么呢？回答说：《春秋》没有固定不变的措辞，写法会随着事情的变化而变化。如今晋国的作为变得像夷狄一样不知礼义，而楚国的作为变得像君子一样合乎礼义，所以改变了言辞来顺应他们的行事。

【赏析】这段话反映了董仲舒关于"华夷之辨"的基本观点。所谓"华夷之辨"，也称夷夏之辨，就是如何区分华夏与蛮夷，以及如何处理华夷关系的思想。《春秋》主张不以地域为标准，而是以礼义为标准来划分"华夷"。按照地域来看，晋国地处中原，楚国偏居南蛮，但是在邲之战中，楚庄王不贪图郑国的土地，笃礼轻利，重民舍郑，表现出仁爱之心。晋国本是来救被楚国围攻的郑国的，可是赶到之时郑国已经与楚国和解，晋国非但没有撤军，反而要攻打楚国，最后被楚国打败。正是因为在这场战争中，楚国表现得合乎礼义，晋国表现得不知礼义，所以《春秋》才改变一般的"不予夷狄而予中国为礼"的措辞。董仲舒继承了《春秋》关于"华夷之辨"的观点，并进一步指出，夷夏是可以互变的，而且这一互变过程具有明确的价值取向，肯定用夏变夷，贬斥由夏变夷。正是有了这种华夷互变，才使历史上的民族大融合潮流成为可能。董仲舒的"华夷之辨"思想，客观上促进了民族大融合的发展。

9. 上①奢侈，刑又急，皆不内恕②，求备于人。故次以《春秋》，缘③人情，赦小过，而《传》明之曰："君子辞也。"

【出处】《俞序第十七》

【注释】

①上：通"尚"，崇尚。

②内恕：儒家恕道乃由内而发，推己及人，所以称"内恕"。

③缘：顺着。

【译文】（君主）崇尚奢侈，刑罚残酷，都是因为心中没有恕道，对别人求全责备。所以接着论说《春秋》，顺着人情，赦免小过失，因而《公羊传》明确地说："这是君子的话。"

【赏析】"恕道"是儒家学说的基本精神之一。董仲舒说："圣人之德，莫美于恕。"（《春秋繁露·俞序》）这揭示了"恕道"在儒家道德体系中的重要地位。穷奢极欲、滥用刑罚的君主都不懂"恕道"，董仲舒以鲁庄公、晋厉公作为反面例子来说明。鲁庄公修筑高台，雕梁画栋，耗费民力；晋厉公刑罚苛刻残酷。这两个人都是心中没有"恕道"，不懂得将心比心，不懂得"己所不欲，勿施于人"，因此也都没有落得好下场。《春秋》推崇恕道，会依据人情赦免小的过失，表现在用辞上就是使用"君子辞"。比如，《春秋》认为国君被弑，臣子不讨贼，是"大恶"，但是如果无力讨贼或不能讨贼，也是可以原谅的。鲁桓公被齐襄公所杀，贼在国外，且齐国强而鲁国弱，不可能立即复仇，实属无力讨贼；蔡景公被蔡世子般所杀，弑君者自立为君，再讨贼则为犯上作乱，故而是不可讨贼。在这些情况下，臣子不讨贼，已经不是"大恶"，而是"小过"了。《春秋》对于君主被弑杀而大臣不讨贼的情况，本来是不书君之葬的，以此谴责臣子的"大恶"，但是在这些特殊情况下，"大恶"变成了"小过"，因此书君之葬，以示原谅。这种书法就是"君子辞"。董仲舒认为，"君子辞"体现的就是"缘人情，赦小过"的恕道。

10.桓公救中国，攘①夷狄，卒服楚，至为王者事；晋文再致天子，皆止不诛②。善其牧③诸侯，奉献天子而服周室，《春秋》予之为伯，诛意不诛辞之谓也。

【出处】《王道第六》

【注释】

①攘（rǎng）：排斥。

②诛：责罚、批评。

③牧：治理。

【译文】齐桓公挽救中原诸国，排斥夷狄，最终使楚国来服，做了君王的事；晋文公两次招来天子。《春秋》都没有责罚他们，是为了褒扬他们治理诸侯、尊奉天子、臣服周王室，因此《春秋》称他们为伯，批评他们的心志动机却不直接体现在文辞上。

【赏析】董仲舒以春秋霸主齐桓公、晋文公为例，讲了《春秋》"诛意不诛辞"的笔法。齐桓公保护邢、卫、杞这三个国家使之免受楚国征伐之苦，让中原诸国免于"被发左衽"之祸，但是《春秋》中却没有记载齐桓公的这些辉煌事迹。因为齐桓公已经"越位"了，保护诸侯国其实是天子的权柄。就身份地位而言，齐桓公之行为是不合宜的，但事实上他却又捍卫了天子的尊严。因此《春秋》虽然否定其内在动机，但在文辞上不忍予以苛责。晋文公在城濮之战大败楚国后，召集诸侯在践土和温两次会盟，并且把周天子招来，率诸侯参见。晋文公内在的动机当然是成就霸业，采取的手段表面上是朝天子，但实际上是"以臣召君"，这是有违礼法的，所以《春秋》对晋文公召天子的动机是否定的，也就是"诛意"。然而晋文公毕竟有城濮之战的功劳，对于保存中原礼乐文明起了非常重要的作用，而且当时周天子的势力已经衰弱，诸侯也很少履行朝天子义务，而晋文公"致天子而朝"的做法，事实上达到了尊天子的效果。所以《春秋》在文辞上没有直接否定晋文公，这就是"不诛辞"。

11. 举事变，见有重焉，则百姓安矣；见事变之所至①者，则得失审②矣；因其所以至③而治之，则事之本正矣；强干弱枝，大本小末④，则君臣之分明矣；别嫌疑，异同异⑤，则是非著⑥矣；论贤才之义，别所长之能，则百官序矣；承周文而反之质，则化所务立矣；亲近来远，同民所欲，则仁恩达矣；木生火，火为夏，则阴阳四时之理相受而次⑦矣；切刺讥之所罚，考变异之所加，则天所欲为行矣。

【出处】《十指第十二》

【注释】

①事变之所至：事变的影响所及。

②审：明白。

③所以至：事变的原因。

④强干弱枝，大本小末：意指加强天子的力量，削弱诸侯的力量。

⑤异同异：区分同异。

⑥著：明显。

⑦相受而次：相继依次排列。

【译文】列举事变有所侧重（指重民），那么老百姓就会安宁；能预见事变影响所及的各个方面，那么得失就很明白了；根据事变影响所产生的原因而去治理它，那么事情的根本就端正了；加强天子的力量，削弱诸侯的力量，那么君臣的分别就明白了；辨别嫌疑，区分同异，那么是非就很明显了；评论贤才的任用，分别他们所擅长的才能，那么百官就可以安排适当了；继承周代的文采并回复到质朴上去，那么教化就建立起来了；亲善邻近的人，招徕远方的人，和老百姓的愿望一致，那么仁义恩惠就会通行天下；木生火，火为夏，（以春为始）则阴阳四时的顺序就交替有序了；切实讥讽那些受惩罚的事情，考察怪异所产生的原因，那么上天的愿望就得以实行了。

【赏析】董仲舒把《春秋》的"十指",即十个重要原则,概括为:安百姓,审得失,正事本,明君臣之分,著是非,序百官,立教化,达仁恩,次阴阳,顺天意。

第一条:安百姓。《春秋》重民,一个重要的表现就是对战争的记载颇为详细,战争中死亡最多的是人民,一次次不厌其烦地记载战争就是显示重民之意。统治者重民,那么老百姓就会安宁。第二条:审得失。《春秋》注重事件的影响,尤其是对于不容易引起重视的"细恶"不遗漏地进行记载,就是因为这些"细恶"如果不去除,就会引起严重的后果,天子在丧礼、婚礼上的不守礼看似是小事,但有可能引发王室动乱。注重影响所及,得失自然清楚了。第三条:正事本。《春秋》重视推究事变的起因,掌握因果关系,才能够做到正本清源,防患于未然。第四条:明君臣之分。天子为本,诸侯为末,加强天子的力量,削弱诸侯的力量,君臣关系明晰,上下尊卑有序,社会才能稳定。第五条:著是非。细微难辨之处如果不分辨清晰,就会是非不明。《春秋》在记载史事时将价值判断蕴含在字里行间。比如,成公十五年记载的"叔孙侨如会晋士燮(xiè)、齐高无咎(jiù)、宋华元、卫孙林父、郑公子鰌(sū)、邾(zhū)娄人,会吴于钟离",这里前后用了两个"会"字以示区别。晋、齐、宋、卫、郑、邾娄,这都是诸夏之国;吴,是夷狄之国。这样区别记载,表达的就是"内诸夏而外夷狄"的价值取向。第六条:序百官。《春秋》主张选贤而用,辨别出人才的学问所长、能力大小,才能将其安排在适当的位置上充分发挥作用。第七条:立教化。古人认为,社会风气过于质朴,就要提倡文华,过于重视浮饰文华,就要提倡质朴,文与质交替发展。汉朝承周朝浮华之后重新返回质朴,那么教化的原则和内容也要与时俱进。第八条:达仁恩。仁者以德化,亲近来远,与民同欲,则仁恩贯彻于远近。第九条:次阴阳。董仲舒认为五行自木始,木主春,木生火,春至夏,阴阳四时都按照自然规律有条不紊地运行不息。第十条:顺天意。《春秋》多讥刺,随处可见。关于灾异,董仲舒认为是上天谴告。上天用这样的方式表达自己的心意,统治者顺应天意改过迁善才能将国家治理好。董仲舒认为这十项内容如果在实际中得以施行，将会出现"德泽广大，衍溢于四海，阴阳和调，万物靡不得其理"的和谐局面。

习近平总书记指出："深入挖掘和阐发中华优秀传统文化讲仁爱、重民本、守诚信、崇正义、尚和合、求大同的时代价值，使中华优秀传统文化成为涵养社会主义核心价值观的重要源泉。"董仲舒所论"十指"中蕴含着丰富的仁爱、民本、正义、和合思想，应该深入挖掘、整理，并进行创造性转化和创新性发展，使其在滋养当代社会主义核心价值观建设的同时，实现自身的"活化"。

经权常变

1. 天之道有伦①、有经②、有权③。

【出处】《阴阳终始第四十八》

【注释】

①伦：辈、类。

②经：本义为织布时用梭穿织的竖纱，编织物的纵线，与"纬"相对。引申为常、不变。

③权：本义为测定物体重量的器具。引申为变通、不依常规。

【译文】天道的运行有伦类、有常道、有权变。

【赏析】董仲舒从天道的角度论述经权辩证关系，他的阴阳五行学说突破了传统阴阳学说只强调"天道之大经"的基本观点，认为天道既有常经，又有权变。天道运行以阳为一岁之主，阴阳四时与五行相与运行。阴阳之气，阴出则阳入，阳出则阴入，彼此互济互补，相为平衡。而四时之气也各自呼应和自己相类的事物，承担所主管的职能。同类能够相互呼应，则是正伦、正经；不能相互呼应时，则互助互补，成就岁功，这就是权变。由此形成天道运行的四时更迭。春天时，少阳就木；夏天，太阳就火，火木相称，与之相生。这是正伦和正经。秋天，少阴兴起却不能从金，只得伏行助阳而成岁功；冬天，太阴虽居北方，却处于空虚之位，起着辅助太阳的作用，向北运行趋向同类事物与水相生寒气，因此阴气的运行，常居虚空之位，这是权变。在《春秋繁露·阳尊阴卑》篇，董仲舒提出了"阳经阴权"的说法："天以阴为权，以阳为经。"余治平先生认为，董仲舒的天人哲学对天地人以及阴阳五行四时进行整合统一，并引入"权"的概念，使得"伦""经""权"在天道阴阳的运转中，相互配合、相互成就，形成一幅生机勃勃的宇宙有机整体运行图，从哲学的高度解释了宇宙世界的多元变化、周流运转和无穷的生命力量，这对于阴阳学和儒学的发展都具有重要的学术价值和意义。

2. 毋①以适遭②之变疑平生③之常，则所守不失，则正道益明。

【出处】《暖燠（yù）常多第五十二》

【注释】

①毋：不能。

②适遭：恰好遭遇到。

③平生：平时。

【译文】不能用恰好遭遇到的变化来怀疑正常发生的情况，那么所坚持的原则就不会丧失，而正道就会更加彰明。

【赏析】"常"是伦常，固定不变。董仲舒说天地阴阳自有其恒常不变之道，但运行流转又充满变数，不能因为阴阳变化多端出现异常现象，而怀疑天道法则。上天以阴阳成就万物，以阳气的运行为主，阴气辅助阳气完成岁功，因此一年四季，温暖的日子多于寒冷的日子。这是天道，不可违背。统治者应效法天道，对百姓多施加仁爱之政，少使用刑罚，这样才能彰显天地正道。有时恰好碰到世运更迭转变，阴阳之气失去平衡，导致天地出现异常现象，如商汤遭遇的旱灾、大禹遭遇的洪水。但这些不是"平生之常",只是"适遭之变",因此不是汤、禹的过错,不妨碍他们成为圣德之君。现代社会也会出现一些违背常理的事情,比如弄虚作假而获利、投机取巧而沾光、破坏环境而发展等,有些人看到这些,便认为不遵循正道才是捷径。然而董仲舒告诫我们:不正常的情况是偶然的,绝不是常态。面对异常,人们不能怀疑,更不能违背天地常经,所谓的"捷径"到头来都是死胡同,只有坚守正道,才能真正成功。

3.《春秋》之道,固有常①有变②,变用于变,常用于常,各止其科③,非相妨也。

【出处】《竹林第三》

【注释】

①常:不变、恒定。

②变:变通。

③各止其科:各有适用的范围。

【译文】《春秋》的原则,本来就有恒定性和变通性,变通用在变通性的场合,恒定用在恒定性的场合,各有自己适用的范围,不相妨碍。

【赏析】董仲舒所讲的"常"与"变"的关系,是中国古代哲学的重要范畴,相当于一般性和特殊性、原则性和灵活性的关系。在一般情况下,要坚持原则,不能任意改动;在特殊情况下,要灵活变通,不能死守教条。与之相类似的一对关系是"经"与"权"。"经"与"常"的基本含义相一致;"权"与"变"的意义基本相同。只有掌握了"经常"的精神实质,才能正确使用"权变"。楚国司马子反不忍心看到敌国百姓"易子而食"的惨状从而擅自停战的行为,看似违背了君臣之礼,实则遵循了仁爱之道,没有违背礼的真精神,是一种对原则的灵活变通,因此值得肯定。这就如同孟子对于舜"不告而娶"的观点一样。按照儒家之礼,娶妻应该禀告父母,但是舜的家庭情况十分特殊,父亲心术不正,继母两面三刀,弟弟桀鸷不驯,几个人串通一气,总是想置舜于死地而后快。在这个"问题家庭"里,舜娶妻若禀明父母定会受到阻挠,孟子认为那样反而会陷父母于不仁不义,因此"不告而娶"是一种特殊情况下的"权变"。《论语·子罕》中记载孔子的话:"可与共学,未可与适道;可与适道,未可与立;可与立,未可与权。"意思是,可以一起学习的人,不一定都能一起向道;可以一起向道的人,不一定都能坚持道;可以一起坚持道的人,不一定都能灵活运用道。可见"权变"是最高境界,是最难做到的。既注重原则性又强调灵活性,这是中国人的族群性格和文化气质,也是"解放思想、实事求是"思想路线最直接的传统文化根源。

4.礼者,庶[1]于仁,文质而成体[2]者也。今使人相食,大失其仁,安著其礼?方救其质,奚恤其文[3]?故曰:"当仁不让。"[4]此之谓也。

【出处】《竹林第三》

【注释】

①庶(zhí):通"摭",采集、聚合。

②文质而成体:仁为质,礼为文,二者结合而成一体。

③方救其质,奚恤其文:正当挽救内在本质的危急时刻,哪里顾得上外在的形式?意思是救急之际,可以暂时违背常礼。

④当仁不让:出自《论语·卫灵公》,意思是把实行仁道作为自己的责任,不必谦虚推让。

【译文】礼节,是聚合仁德,形式和实质内容共同构成其体系。如今(楚军包围宋城),使得城里人吃人,完全丧失了仁爱,哪里还能体现出礼呢?正当挽救内在本质的危急时刻,哪里顾得上外在的形式?所以说:"把实行仁道作为自己的责任,不必谦虚推让。"讲的就是这个道理。

【赏析】人类道德之善有层次之分:有大善,有小善;有根本之善,有非根本之善。实际情况变化多样,外界条件错综复杂,因此在实践中常常会出现道德、原则之间发生冲突的状况。这就需要在坚持大善、根本之善的前提下，具体问题具体分析，做到原则性与灵活性的统一。具体地说，仁的道德精神高于礼的原则，当仁和礼发生冲突时，为了仁的真髓，可以突破礼的限制，这叫"当仁不让"。司马子反的例子很好地诠释了这一道理，宋国已经到了人吃人的地步，仁爱全无，这是天大的事，这种情况下怎么还能计较擅自停战违背君臣之礼的小事呢？此外，《孟子·离娄上》中还记载了一个经典事例。齐人淳于髡（kūn）问孟子：男女授受不亲是礼，可是，如果嫂子掉进水里，用手去拉她吗？这也是一个仁和礼发生道德冲突的问题。礼规定男女授受不亲，援手救嫂则违背之；若遵守礼，坐视嫂溺，又是不仁。孟子对此毫不迟疑地回答：嫂子掉进水里而不去救她，这简直是豺狼。男女授受不亲固然是礼制，援手救嫂则是变通的办法。礼制是可以变通的，当它与"仁"相违时，就可以而且应该冲破它。

5. 凡人之有为也，前枉①而后义者，谓之中权②，虽不能成，《春秋》善之，鲁隐公、郑祭仲③是也；前正而后有枉者，谓之邪道，虽能成之，《春秋》不爱，齐顷公、逢丑父④是也。

【出处】《竹林第三》

【注释】

①枉：弯曲，引申为行为不合正道。

②中权：合乎时宜或情势。

③祭（zhài）仲：春秋时期郑国大夫。

④逢（páng）丑父：春秋时期齐国大夫。

【译文】凡是人的行为，起初违背义而结果是符合义的，称为权变，即使不能成功，《春秋》也加以赞赏，鲁隐公、祭仲就是这样的；起初符合义而结果违背义的，称为邪道，即使能成功，《春秋》也不喜欢，齐顷公、逢丑父就是这样的。

【赏析】这段话表达了董仲舒关于如何正确"行权"的观点。"权"是一门高妙的德行艺术，是在现实中最难把握的道德实践方法。那么怎么样才是正确的"行权"呢？《公羊传》桓公十一年有句话："权者反于经，然后有善者也。"也就是说，权变的做法虽然违背一般规则，但最终结果必须是善的，导致不善后果的行为不能称为"权"。按董仲舒的说法，就是"前枉而后义"。对于权变，董仲舒设置了"义"这个标准，结果符合义的是"中权"，不符合义的是"邪道"。

他结合历史事件，通过对比郑国的祭仲和齐国的逢丑父的行为，来具体谈"权"的问题。祭仲是郑国的大夫。郑庄公死后，祭仲主张立郑庄公的长子公子忽，但是与郑国毗邻的宋国却想让郑庄公的次子公子突继位，因为公子突的母亲是宋庄公宠臣雍氏的女儿。于是，宋国人就抓住祭仲对其进行胁迫。在这种情况之下，如果祭仲不听从宋国的命令，那么公子忽即使即位也难免身死国亡的后果；而如果答应了宋国的要求，不但公子忽可以免于一死，而且郑国也可以保存下来。于是祭仲答应了宋国的要求。在董仲舒看来，祭仲的行为，保全了国君，延续了郑国，结果是善的，符合"义"，因此是"知权"。

逢丑父是齐国的大夫。公元前589年齐晋鞌（ān）之战中逢丑父为救国君齐顷公，和齐顷公换了衣服，坐上齐顷公的位子假冒齐顷公，让齐顷公逃走，而自己被杀。虽然逢丑父保全了国君的生命，牺牲了自己的生命，但是董仲舒认为他的行为使国君受辱，成为君子所甚贱的"获虏逃遁者"，结果是不善的，不符合"义"，因此是"邪道"。

6.诸侯在不可以然之域者，谓之大德[①]，大德无逾闲[②]者，谓正经。诸侯在可以然之域者，谓之小德，小德出入可也。

【出处】《玉英第四》

【注释】

①大德：大节。

②逾闲：超越原则、界限。

【译文】诸侯在不可以如此做的范围内（遵守常规），叫作大节，大节上不越过界限，这叫作正道。诸侯在可以如此做的范围内（灵活权变），叫作小节，小节上有些出入是可以的。

【赏析】这是董仲舒对《论语·子张》中"大德不逾闲，小德出入可也"这句话的诠释。什么是"大德"呢？董仲舒将其规定为"诸侯在不可以然之域者"。什么是"小德"呢？即"诸侯在可以然之域者"。董仲舒在这里阐明的是关于经权辩证关系的看法。权变的出发点仍然是本于制度的，行权有一定边界，在边界内出入是可以的。这个边界，也就是"可以然之域"。结合各国君位继承的具体问题，董仲舒指出，继承君位的不是礼法规定的那个继承人也没关系，只要他仍然属于君王家族之人，那就是在"可以然之域"变通。董仲舒认为，《春秋》从国家的角度来看，属于君王家族的"不宜立者"一旦被立为国君，那和"宜立者"（即礼法规定的继承人）是没有区别的。这也是"小德出入可也"的意思。"不在可以然之域者"，指的是超出了君王一族的界限，由异姓继承君位。董仲舒举了"莒（jǔ）人灭鄫（zēng）"的例子。"莒人灭鄫"载于《春秋》襄公六年。所谓的"莒人"指的是莒国的一位公子，他的母亲是鄫国人，这位莒国公子则是鄫国的外孙。"莒人灭鄫"并非是莒公子率兵灭了鄫国，而是莒国公子以外孙的身份继承了鄫国的君位。外孙虽然有血缘的关系，但毕竟是异姓，"不在可以然之域"，这就是"大德不逾闲"。在这里董仲舒强调的是行权的边界问题。

7.《春秋》有经礼①，有变礼②。为如③安性④平心者，经礼也；至有于性虽不安，于心虽不平，于道无以易之，此变礼也。

【出处】《玉英第四》

【注释】

①经礼：一般的、原则性的礼仪。

②变礼：特殊的、灵活性的礼仪。

③如：同"而"。

④安性：安心。

【译文】《春秋》有通常的礼仪，有权变的礼仪。做了能心安理得，这是通常的礼仪；至于有些做法虽然不符合性情，于心也不安，但从道义而言却又无法改变，这就是权变的礼仪。

【赏析】董仲舒把常变、经权的思想贯彻到《春秋》之礼中，提出"经礼"和"变礼"之说。他用婚礼、称王、女子出境三个典型事例来对此进行解释。其一，婚礼。按照一般的规则，"昏礼不称主人"，即婚礼不以结婚人自己的名义，而以父母命迎，这是"经礼"。但是《春秋》成公八年载"宋（共）公使公孙寿来纳币（下聘）"，即点明了结婚人宋共公，那是因为他没有父母，所以不得不直称"主人"，这是"变礼"。其二，称王。按照一般的规则，天子即位三年之后才称王，这是"经礼"，但有特殊原因不到三年也可称王，这是"变礼"。其三，女子出境。按照一般的规则，女子不该有出国境的事，这是"经礼"，但母亲为儿子娶亲，或是为父母奔丧，就可以出国境，这是"变礼"。因此董仲舒说"明乎经变之事，然后知轻重之分，可与适权矣"，明白原则性与权变性的联系，然后再弄懂它们的轻重分别，就可以随机应变了。

8.《春秋》固有常义，又有应变。无遂事①者，谓平生安宁也；专之可也者，谓救危除患也。

【出处】《精华第五》

【注释】

①遂事：独断专行、专断。

【译文】《春秋》既包含通常不变的原则，又包含随机应变的方针。不得专断、擅自行事，说的是在平常安定的时候；可以擅自去做，说的是救危除患的场合。

【赏析】在这里，董仲舒讲的是处理政事时的"常"与"变"。没有特殊情况，要按照原则行事；若遇需要救危除患的特殊情况，就要灵活变通。他举了公子结和公子遂的例子进行对比说明。鲁庄公时候的公子结，知权善变，在去卫国送陪嫁的媵（yìng）女途中，得知齐、宋两国会盟将要伐鲁，于是临时改变计划，派别人去送媵女，自己则代表鲁国去参加了盟会，与齐桓公、宋桓公缔结了盟约，化解了一场危机。《公羊传》评价说，大夫本来是只能奉命行事，不能未受君命而独断专行的，但是走出国境后，碰到可以安定社稷有利于国家的事，则应该当机立断、随机应变。鲁僖公时候的公子遂，本来是被派去京师，但他横生事端，私自去了晋国。《公羊传》评价说，大夫不可以无君命而独断专行。公子结处理政事时，遇到特殊情况能够做到灵活变通，值得赞赏；公子遂处理政事时，没有遇到特殊情况，却不遵循常规，必须批评。所以董仲舒说"有危而不专救，谓之不忠；无危而擅生事，是卑君也"，遇上危难而不主动去解救，叫作不忠；没有危难而擅自行事，就是轻视君主。

慎微重始

1. 善无细而不举,恶无细而不去。

【出处】《王道第六》

【译文】对于善事不因为它小就不举出,对于恶事不因为它小就不摒除。

【赏析】这是董仲舒评价《春秋》记事的风格。《春秋繁露·盟会要》篇也有"善无小而不举,恶无小而不去"之言。《威德所生》篇称:"《春秋》采善不遗小。"行王道需要积小善、去细恶,如果不去细恶,就会引起严重的后果。董仲舒认为天下大乱之源在于天子的不守礼。天子由细小的丧礼、婚礼的失仪,到不能养母、杀母弟等人伦大变,导致的结果是"王室乱",随之而来的是诸侯的不尊王室、不讲礼义。董仲舒列举了四件诸侯逾越违礼之事:"郑、鲁易地""晋文再致天子""齐桓会王世子,擅封邢、卫、杞""鲁舞八佾,北祭泰山,郊天祀地"。"郑、鲁易地"是说郑国和鲁国私自调换天子赐予的封地;"晋文再致天子"是说晋文公两次招周襄王会盟;"齐桓会王世子,擅封邢、卫、杞",是说齐桓公会见天子的嫡子,还擅自分封;"鲁舞八佾,北祭泰山,郊天祀地",是说鲁国使用八佾的舞乐，还像天子一样祭祀泰山，郊祭天地。春秋时期从天子到诸侯的不守礼，最终导致"弑君三十二，亡国五十二"的恶果，所以说："细恶不绝，王道不行。"由此也启示后人：对于善，应积善成德；对于恶，应防微杜渐。

董仲舒此言或受《周易·系辞下》中"小人以小善为无益而弗为也，以小恶为无伤而弗去也"的影响，也让我们联想起三国时期蜀主刘备那句有名的遗训"勿以恶小而为之，勿以善小而不为"。善恶有大小之分、微著之别，但是，"善"不论何其小，终归是"善"；"恶"不论何其微，终归是"恶"。所以，只要是"善"，即使是微不足道，也应努力"为之"；只要是"恶"，尽管并非大错，也断不可为。

2. 诛犯始者，省刑①绝恶，疾②始也。

【出处】《王道第六》

【注释】

①省刑：减少或减轻刑罚。

②疾：痛恨。

【译文】诛讨那些初次犯错的人，可以减少刑罚、杜绝罪恶，这是表明痛恨起始作恶之人。

【赏析】如果说《春秋繁露·王道》篇的"善无细而不举，恶无细而不去"表达的是董仲舒的"慎微"之意，那么这句话就是在强调"慎始"。董仲舒依然是从《春秋》谈起，他认为《春秋》中不但对"细恶"的记载颇为详备，对"始恶"的记载也十分重视。比如，隐公二年记载的"无骇帅师入极"，无骇是鲁国的司空展无骇，"展"是他的氏，"无骇"是他的名。但是《春秋》为什么只称其名不称其氏呢？《公羊传》认为是贬。为什么贬展无骇呢？因为他是《春秋》书中记载的第一个灭人国家的人。鲁隐公二年，展无骇率领军队灭掉了极国，把极国变成了鲁国的附属国。鲁国灭掉极国，不是春秋历史上的第一次灭国事件，但却是《春秋》这本书中记载的第次灭国事件，所以《春秋》十分重视，用贬抑的写法表明反对灭国的态度。这叫"疾始灭也"。在恶事初发之时表明立场，敲响警钟，对始作俑者进行诛讨，可以有效地"省刑绝恶"，防微杜渐。董仲舒这种慎初疾始的思想，对于当今的道德教育具有重要的启示作用。习近平总书记在北京大学考察时告诫莘莘学子要"扣好人生第一粒扣子"，就是这种慎初疾始思想的反映。

3. 夫览求微细于无端之处①，诚知小之将为大也，微之将为著也。吉凶未形②，圣人所独立③也。

【出处】《二端第十五》

【注释】

①无端之处：没有端倪显现之处。

②形：表现出来。

③立：疑为"知"之误。

【译文】在没有端倪显现的地方察看到细微之处，确实知道小的将要变成大的，细微的将要变得显著。在吉凶尚未表现出来之前，只有圣人能够预见先知。

【赏析】董仲舒重视"慎微"，对微小之处格外谨慎。就像《周易》中的"知几"智慧一样，"几"，即苗头、兆头，就是要在问题还很微小的时候预见先知。正所谓"魔鬼藏在细节里"，细枝末节上的大意，往往就是败事之端。

《韩非子·说林上》中讲了商纣王一双象牙筷子亡国的故事。纣王的"腐败"是从用了一双象牙筷子开始的。他的叔父箕子见纣王用"象箸"，就十分忧虑，"彼为象箸，必为玉杯"；有了象箸、玉杯，便要吃山珍海味；吃了山珍海味，便要穿绫罗绸缎；穿了绫罗绸缎，便要住楼台宫殿；住了楼台宫殿，便要有美女珍玩。后来果然，纣王日渐荒淫，宠妲己、筑鹿台，成为历史上一面亡国之鉴。

很多人都是在吉凶已经非常明显的时候，才能够判断吉凶，而"慎微"的人能在吉凶刚刚开始表现，或者还没有表现出来时，就已然明了。"慎微"之人，便是智慧之人。《汉书》中讲"聪者听于无声，明者见于无形"，聪明的人可以于无声处听有声，于无形处见有形，在事情还未显出征兆时就预见先知。董仲舒在《春秋繁露·王道》篇也说："明王视于冥冥，听于无声。"明智的君王能在昏暗之中明察是非，能在寂静之中谛听动静。能够在"吉凶未形"之时便预见先知的就是"明王""圣人"。

十八大以来，我党加强党风廉政建设，坚决地反对"四风"，其实就是因为"象牙筷定律"。习近平总书记在党的群众路线教育实践活动工作会议上的讲话中引用《新唐书》的"奢靡之始，危亡之渐"，同样也是说明这个道理。因此，对于党员干部应该加强"慎微"教育。

4. 君子慎①小物而无大败②也。

【出处】《循天之道第七十七》

【注释】

①慎：谨慎。在这里用作动词，表示谨慎对待。

②败：败坏。

【译文】君子谨慎对待小事情就不会造成大的毁坏。

【赏析】董仲舒从遵循天道养生的角度，认为君子应该外以养身，使身体安适；内以养气，使内在生命充实。养气比养身更为重要。他指出，应该谨慎对待生活的细微之处，要随时注意时节转换、冷暖更替，细心观察一年四季出产的不同物品，以此来安排生活中的衣食住行、动静起居，这样在涵养生命方面就不会有大的过失。董仲舒重视"慎"德，这句话虽然讲的是君子养生的道理，但是用在君子人格修养方面同样适用。君子在日常言行中要谨小慎微、戒慎警惧、勤勉精进。对于身居要位的君子，他的一言一行关乎国家的治乱、百姓的安危，所以更要谨慎对待。董仲舒在

《天人三策》中说:"言出于己,不可塞也;行发于身,不可掩也。言行,治之大者,君子之所以动天地也。故尽小者大,慎微者著。"意思是说,君子的言行光明磊落,可以感动天地。谨慎地对待每一件细微的事情,这样一件一件积累起来,才能成就高尚的德行。不能因为面对的事情细微琐碎而疏忽大意,否则会造成无法挽回的巨大损失。

5. 故谨善恶之端①。

【出处】《威德所生第七十九》

【注释】

①端:原因、起因。

【译文】所以要谨慎地对待善和恶的起因。

【赏析】这句话是董仲舒对执政者提出的要谨慎对待善恶起因的要求。对于地位至高无上的君主来说,对待善恶,实际就是执行手中的生杀大权。对待善事,应该喜,高兴了就实行恩德和奖赏;对待恶事,应该怒,生气了就实施威严和惩罚。董仲舒说:"民之从主也,如草木之应四时也。"君主的喜怒相当于天气的寒暑,威严和恩德相当于四季中的冬夏,百姓顺从君主,就像是草木顺应四季一样,随着君主的喜怒,或得到奖赏,或受到惩罚。所以对于手中执掌生杀予夺大权的君主来说,需要认真对待善恶的苗头,谨慎分析事实,明辨是非,恰当地表现喜怒,做出正确的判断和公正的赏罚。董仲舒以《春秋》对历史事件和人物的记载来强调这一点,"《春秋》采善不遗小,掇恶不遗大,讳而不隐,罪而不忽,明察以是非,正理以褒贬"。《春秋》的记载从来不遗漏任何微小的善,也不放过任何大的恶事,仔细辨析,按照正确的道理来判定是非。董仲舒指出,需要辨析的不只是善或恶的结果,更重要的是要明察事件的起因和苗头,只有这样,才能对事件有整体把握,从而按照《春秋》大义来进行褒扬或贬斥。由此提醒人们,不能仅限于事件的表面信息,就急于判定它的善恶,一定要追根溯源，认真勘察。

这句话放在今天，依然有重要的警示作用。现在微信、微博、抖音等自媒体应用广泛，每天海量的信息扑面而来，让人无暇顾及内容的真假良莠。当某些事件在网上传播时，人们往往失去了探求、辨别和等待真相的耐心，也不管事情发生的起因，甚至不关心事件发展的来龙去脉，只是习惯性地站到自认为正义的一方，急于发表自己的观点，或人云亦云。殊不知，在道德审判他人的同时，却引发了网络暴力，有失公允的言论给他人造成了伤害，给社会带来了恶劣的影响。所以，不管是在虚拟的空间，还是在现实社会，不管面对的事件有多细微或复杂，我们始终都要摆正态度，擦亮眼睛，谨慎对待，仔细辨别，始终保有探求真相的耐心和勇气，保持独立思考的能力和辨别是非的智慧，唯有如此，才能不失公平中正，作出正确的判断。

6. 外物之动性，若神之不守也。积习渐靡[1]，物之微者也。其入人[2]不知，习忘乃为常[3]，常然若性，不可不察也。

【出处】《天道施第八十二》

【注释】

[1]靡（mó）：通"摩"，接触、浸染的意思。

[2]入人：影响人，改变人。

[3]习忘乃为常：习惯之后就忘记了人的本性，还以为理所当然就这样。

【译文】人为外物所动，改变了本性，就像是精神不能坚守一样。日积月累的习性被外物以细小微妙的方式渐渐浸润。人在不知不觉中被影响、打动，形成习性后则忘记本性，还以为理所当然就是这样，以至于把它当作人的本性，对此不可以不明察。

【赏析】在这里董仲舒指出了外物习染的特点及其对人本性的影响。人秉天地之气，本性皆"纯然无物"，孔子说"性相近，习相远"，本性本无大异，而后天习染则不同，习善则善，习恶则恶，故渐行渐远。董仲舒指出外物可动人本性，如果不能坚守，为物所动，将失去人的主体性和精神的独立性，渐渐被外物所奴役。楼宇烈先生在《中国文化的根本精神》一书中指出："不要把人变成一个外物的奴隶了。我们中国文化的根本精神就有一种礼乐文明来管理自己，来让我们每个人从自觉上升到自律，不要失去人的主体性、独立性的人文精神的文化。只有归位了这一点，我想我们中国才可能重新成为礼仪之邦。"《礼记·乐记》中记载："夫物之感人无穷，而人之好恶无节，则是物至而人化物也者。"外物的诱惑无穷无尽，如果不懂得以礼节制，人早晚会沦为外物的奴隶。董仲舒进而指出，外物习染的特点和对人本性产生的影响不是突变、瞬变，而是如"浸润之谮（zèn）"般，渐渍而不骤，不觉其入。正因"其入人不知"，就像温水煮青蛙，在无声无息、不知不觉中"积习渐靡""常然若性"，时间一长，形成习惯，还以为人的本性就是如此。所以董仲舒警示人们要坚守本性，警惕谨慎。《礼记·中庸》说："君子戒慎乎其所不睹，恐惧乎其所不闻。莫见乎隐，莫显乎微，故君子慎其独也。"此处的"独"不只是空间和时间上的独处，而是"人所不知而己所独知之地也"（朱熹），别人不知而自己最清楚、最显而易见之地即是"内心"。因此，董仲舒告诫人们对"神之不守""入人不知"的外物习染，要时刻保持戒慎恐惧。

原心重志

1.礼之所重者在其志①。志敬而节具②，则君子予③之知礼；志和而音雅④，则君子予之知乐；志哀而居约⑤，则君子予之知丧。……志为质⑥，物为文⑦。文著于质⑧，质不居文⑨，文安施质？质文两备，然后其礼成。

【出处】《玉杯第二》

【注释】

①志：心志、动机。

②志敬而节具：心存敬意，礼节周备。

③予：赞许。

④志和而音雅：心志平和，乐声雅正。

⑤志哀而居约：内心哀伤，生活简约。

⑥质：本质、内容。

⑦文：文饰、形式。

⑧文著于质：形式依附于本质。著，附着。

⑨质不居文：本质如果不容纳形式。居，容纳。

【译文】礼所重视的是内在的心志、动机。心存敬意，礼节周备，这样君子就会赞许其知礼；心志平和，乐声雅正，这样君子就会赞许其知乐；内心哀伤，生活简约，这样君子就会赞许其知丧。……心志是本质，外物是形式。形式是依附于本质的，本质若不容纳形式，形式怎么能附在本质上？心志和外物两方面都具备，然后礼节才算完成。

【赏析】这段话反映了董仲舒对人的心志、办事动机的重视。董仲舒认为"《春秋》之论事，莫重于志"，《春秋》评论事情，最重视心志、动机。他以《春秋》讥讽鲁文公"丧取"（在丧期娶亲）之事进行阐述。古代规定守丧三年（实际上是25个月），在此期间不能进行娱乐活动，更不能娶亲。鲁文公是在父亲鲁僖公死后41个月才娶亲，早就过了守丧三年的期限，为什么还被指责为"丧取"呢？因为古时娶亲先要送聘礼，也就是"纳币"。鲁文公纳币是在丧期之内，这说明他在丧期就有娶亲的动机，所以即使没有正式娶亲，只是存心动念，也要受到讥贬。

董仲舒还把这种重视心志、动机的思想运用到实际的判案之中。他以《春秋》决狱，原心定罪，留下这样一则案例：父亲与人争斗，那人用佩刀击刺，儿子情急之下用木棍击打与父亲争斗之人，结果误伤到父亲。按照汉朝的法律，殴打父亲是重罪，可以处以"枭首"的极刑。董仲舒认为，这个儿子的行为是"过失伤父"，而不是"故意殴父"，所以不应判罪。他还引用《春秋》中"许世子弑君"的著名案例进行说明。许世子（名止）是许悼公（名买）的儿子，父亲病重的时候，他给父亲进献药物，结果父亲吃药后却死掉了，于是在《春秋》中留下了"许世子止弑其君买"的记载，但是孔子又在其后写到了"葬许悼公"。按照《春秋》的惯例，君被弑、贼未讨的情况都不书"葬"，孔子之所以打破惯例，是因为看到了许世子并无弑君之心，而赦免了他的过失。董仲舒重"志"，其实是重视道德规范后面的人性。董仲舒认为心志是"质"，外物是"文"，虽然"质文两备"是最完美的，但是如果二者不可兼得，则应该"先质而后文，右志而左物"，先本质而后文饰，重志向而轻外物。

2.《春秋》之好微^①与^②？其贵志也。《春秋》修本末之义^③，达变故之应^④，通生死之志^⑤，遂人道之极^⑥者也。

【出处】《玉杯第二》

【注释】

①微：隐蔽含蓄的书写特点。

②与：通"欤"，文言助词。

③修本末之义：探究事物本末关系的道理。

④达变故之应：通达事物变化的应对之道。

⑤通生死之志：了解生者和死者的心意。

⑥遂人道之极：达到人生最高的精神境界。

【译文】《春秋》为什么喜欢使用隐蔽含蓄的语言？因为它重视人的心志。《春秋》探究事物本末关系的道理，通达事物变化的应对之道，了解生者和死者的心意，达到人生最高的精神境界。

【赏析】董仲舒认为《春秋》从笔法上说是"好微"的，从思想实质上说是"贵志"的，就是用隐蔽含蓄的笔法来表达重视动机的态度。董仲舒举了《春秋》中的很多例子。如，僖公二十九年记载的"介葛卢来"。介国是东夷的一个小国，不懂华夏的礼节，不会行朝见之礼，所以不说"来朝"，只说"来"。尽管介国不懂华夏的礼节，但是他们愿意来礼仪之邦，说明心中有向往礼仪的志向，动机是善的，因此特意写下介国国君的名字"葛卢"以示褒扬。再如，桓公六年记载的"寔（shí）来"。寔，通"是"，此、这。"寔来"意即这个人来。这个人是谁呢？是州国国君。为什么不写他的名字呢？因为按照礼制，诸侯外出路过他国，一定要"假涂"（借用道路），如果进入别国的国都，一定要行朝见君主之礼。可是州国国君去曹国，经过鲁国，根本没有打算去朝拜鲁公，这就是无礼，所以《春秋》不写他的名字，只说"这个人"，以此来鄙视他没有礼貌。这两个例子，一处记载名字，一处不记载名字，用这种"微言"的方式，表达了"贵志""重礼"的大义。

3. 从贤①之志以达②其义，从不肖③之志以著④其恶。由此观之，《春秋》之所善，善也；所不善，亦不善也，不可不两省⑤也。

【出处】《玉英第四》

【注释】

①贤：贤德之人，指鲁隐公。

②达：明白、通达。

③不肖：不正派之人，指鲁桓公。

④著：显明、显出。

⑤两省（xǐng）：从两个方面加以省察。

【译文】根据贤德之人（鲁隐公）的心志来明白通达他的仁义，根据不正派之人（鲁桓公）的心志来昭示彰显他的罪恶。由此看来，《春秋》所赞同的是好的，所不赞同的是不好的，不能不从这两个方面加以省察。

【赏析】董仲舒在这里所说的"贤"和"不肖"是有所指的，"贤"指的是鲁隐公，"不肖"指的是鲁桓公。按照《春秋》的惯例，每位君主即位第一年要写"元年春，王正月，公即位"九个字，但是鲁隐公元年只有"元年春，王正月"，没有"公即位"。《公羊传》认为不言"公即位"，是成全隐公的初衷。隐公和桓公的父亲鲁惠公去世的时候，桓公身份尊贵本应即位，但是因为年幼，由年长而地位卑微的隐公代立，隐公的初衷也是想把国家治理安定，等桓公长大后还位给桓公。所以董仲舒说"隐不言立"，是根据隐公的心意来表现他的事迹，是"从贤之志以达其义"。

至于鲁桓公，《春秋》在记载时便写了"公即位"三个字。按说他的前任隐公是被弑的，承继被弑国君是不应该写即位的，《公羊传》认为言"即位"，是为了显露桓公的心意。隐公是如何被弑，桓公是如何即位的呢？鲁隐公十一年（前712年），公子翚（huī）怂恿鲁隐公杀死公子允（鲁桓公），鲁隐公未应允，公子翚担心此事败露后对自己不利，就转过头劝公子允（鲁桓公）杀鲁隐公。后来，公子翚派人杀死鲁隐公，立公子允（鲁桓公）为君。董仲舒认为"其志欲立，故书即位"，弑隐公正合桓公之意，所以写"即位"来彰显桓公的罪恶，这是"从不肖之志以著其恶"。

4. 其为善不法①，不可取，亦不可弃。弃之则弃善志也，取之则害王法。故不弃亦不载，以意见②之而已。

【出处】《玉英第四》

【注释】

①为善不法：心存善意却不合法度。

②见（xiàn）：通"现"，显示、显露。

【译文】他们心存善意却不合法度，这是不可取的，也是不可遗弃的。遗弃了就是遗弃善意，赞同了就有害于王法。所以不遗弃也不记载，在语意上流露出来就可以了。

【赏析】这句话是董仲舒针对《春秋》和《公羊传》中关于宋殇公被杀事件的记载差异进行的分析、作出的论断。《春秋》中记载宋国大夫华督弑杀他的君主宋殇公（与夷），可是《公羊传》记载的是宋庄公（子冯）杀了宋殇公（与夷）。董仲舒认为，《春秋》记事，有时不透露真实情况，是因为有所隐讳。《春秋》之所以不写宋庄公（子冯）杀了宋殇公（与夷），是为了隐讳所要赞赏的。因为当初宋宣公没有传位给儿子与夷（宋殇公），而是传位给了弟弟宋缪公，宋缪公也没有传位给儿子子冯（宋庄公），而是把君位返还给兄长的儿子与夷（宋殇公），这种做法虽然不合法度，但是却有谦让的美德，这也就是董仲舒所说的"为善不法"。因为"不法"，所以"不可取"，"取之则害王法"；因为"为善"，所以"不可弃"，"弃之则弃善志"。因此《春秋》在记载的时候，就为宋宣公、宋缪公加以隐讳，隐讳二者这种不合法的传位方式，把由此引发的后来的混乱，移到大夫华督身上，以此记存宋宣公、宋缪公的善良心愿。如果直接写宋庄公篡位，那么宋宣公、宋缪公的仁心善举、谦让美德就显现不出来了。董仲舒的解释，体现了他一贯的辩证思维，既看到事情善的一面，也看到其不合法度的一面，提倡在处理的时候，二者兼顾。

5.《春秋》之听狱①也，必本其事②而原其志③。志邪者不待成④，首恶⑤者罪特重，本直者其论⑥轻。

【出处】《精华第五》

【注释】

①听狱：审理案件。

②本其事：根据它的事实。

③原其志：推究它的心志。

④不待成：不要等到阴谋得逞（就要惩治）。

⑤首恶：罪魁、罪首。

⑥论：论罪。

【译文】《春秋》审理案件，必定根据事实而探究当事人的动机。动机邪恶的，不需要等到阴谋得逞（就要惩治）；带头作恶的，判罪特重；动机正直的，论罪从轻。

【赏析】"春秋决狱"是董仲舒法律思想的一个基本原则，即以《春秋》经义和事例作为审判决狱的依据，实质是用儒家伦理充当法条。"春秋决狱"对中国的法律传统具有根本性的影响，开启了法律儒家化的立法传统和经义决狱的司法传统。根据《汉书·董仲舒传》记载，董仲舒退休后，朝廷每有大事需要商议，还会派廷尉张汤到家中来咨询。《后汉书》中说董仲舒"于是作《春秋决狱》二百三十二事，动以经对，言之详矣"，可见董仲舒直接参与了汉朝法律的修订，并在此过程中作了《春秋决狱》。但此书已佚，只在《通典》《太平御览》等古籍中零星留存下六个案例。

我们通过其中一则案例，来看董仲舒是如何"本其事而原其志"的：一妇人的丈夫出海时遇大风落水身亡，找不到尸身所以不得下葬。后来妇人的母亲将女儿另嫁。按照律法，夫死未葬再嫁属于"私为人妻"，应该判处"弃市"极刑。但是董仲舒认为，依据《春秋》之义，夫死无男，有更嫁之道，且妇人是受母亲之命再嫁，并无淫行之心，因此，并非"私为人妻"，不构成犯罪。"春秋决狱"给司法领域带来一股浓重的人情味，断罪量刑不仅要看事实，也要问动机，这在一定程度上舒缓了严刑峻法带来的紧张，但是，其弊端也不容忽视，那就是伦理之法的解释比较随意，容易造成滥用而无法可依。

忧患意识

1.《春秋》记天下之得失，而见所以然之故。甚幽而明^①，无传而著^②，不可不察也。夫泰山之为大，弗察弗见，而况微眇^③者乎？故案《春秋》而适往事^④，穷其端而视其故^⑤，得志之君子，有喜之人，不可不慎也。

【出处】《竹林第三》

【注释】

①幽而明：隐微但是明确。

②无传而著：没有解说却很显著。传，解说。

③微眇：微细。

④适往事：历数往事。适，计数。

⑤穷其端而视其故：详究它的开端而观察它的原因。

【译文】《春秋》记载天下之事的得失，并且能够显示出事情发生的原因。虽然很隐微但是很明确，没有解说却很显著，不能不仔细观察。泰山虽然高大，但是不去观察它就看不见，何况微细的事物呢？所以根据《春秋》去历数往事，详究事情的开端而观察其发生的原因，得志的君子和有喜事的人，是不能不谨慎的。

【赏析】在这段文字中，董仲舒特别强调了"慎"的重要性，反映出他的忧患意识。"慎德"是上古重要的思想观念，在传世文献中屡见不鲜。《尚书·文侯之命》："克慎明德。"《周礼·地官·司徒》："十有一日以贤制爵，则民慎德。"《礼记·大学》："是故君子先慎乎德。""慎德"在儒家道德体系中占有重要地位，是谨慎与道德相结合的一种行为美德。董仲舒十分重视"慎德"，他举了齐顷公的例子来进行说明。齐顷公是"春秋五霸"之首齐桓公的孙子。齐顷公就是因为不"慎"，没有忧患意识，仗着国家大、地势好，还有爷爷的余威，不但不参加诸侯国会盟，而且威胁鲁国、进攻宋国、得罪晋国，最终落得个"大辱身，几亡国，为天下笑"的结局。所以董仲舒感慨道："是福之本生于忧，而祸起于喜也。"福气的本源产生于忧患，而灾祸起始于骄纵。《周易》中有著名的"三不忘"，即"安而不忘危，存而不忘亡，治而不忘乱"，讲的也是这个道理，处于安、存、治的局面，不能忘记危、亡、乱的可能，永远持有一种忧患意识。习近平总书记曾经引用过唐代诗人杜荀鹤《泾溪》一诗："泾溪石险人兢慎，终岁不闻倾覆人。却是平流无石处，时时闻说有沉沦。"意思是：人在泾溪险石上行走时总是格外小心谨慎，所以一年到头也没听说有人在此落水。而在水流平缓又无险石之处，却常有落水事件发生。以此告诫人们：在一帆风顺时，更要小心谨慎，切不可自满疏忽，乐极生悲。

2. 凡人有忧而不知忧者凶，有忧而深忧之者吉。

【出处】《玉英第四》

【译义】凡是人有忧患而不知道忧惧的就凶险，有忧患而深以为忧的就吉祥。

【赏析】从辩证的观点看，忧与喜、祸与福本就是相互依存、互相转化的，但是对立面的转化又不是随意的、无条件的，而是相对的、有条件的。其中最重要的一个条件就是面对"忧"的态度和所采取的行为。"有忧而不知忧"和"有忧而深忧之"，两种不同的态度，就会导致两种不同的结果，前者凶，后者吉。董仲舒认为"非其位而即之"的君主是"有忧"的，也就是获得的政权没有合法性依据的君主，地位岌岌可危，情况堪忧。如果他即位后不知道反思、忧惧，那么前途就凶险了；如果他即位后能对自己的处境有危机感，并且积极地做好事得民心，那么就能逢凶化吉。董仲舒以鲁桓公和齐桓公为例，进行对比说明。鲁桓公是杀死自己的哥哥隐公即位的，而且他不以此为忧，没有得民心、任贤才的举动，最后祸临其身，被齐襄公派公子彭生杀死。齐桓公的即位也不是光明正大的，然而他即位后深感恐惧，尊敬并任用贤人，用贤人来弥补自己的过失，懂得不背弃哪怕是被胁迫签订的盟约，来为自己洗刷过错，于是成为贤明的君主，称霸诸侯。这就是"鲁桓忘其忧而祸逮其身，齐桓忧其忧而立功名"。中华民族是有忧患意识的民族，即使在和平年代，我们依然唱着"中华民族到了最危险的时候"，时刻提醒自己对可能遭遇到的困境和危难保持警惕。忧患意识不是杞人忧天，它是家国之忧、天下之忧，是一种责任、担当，永远不会过时。

3. 爱人之大者，莫大于思患而豫防①之。

【出处】《俞序第十七》

【注释】

①豫防：预防。

【译文】最爱护别人的表现，没有比关心别人的祸患并提前加以预防更大的了。

【赏析】忧患意识是中华优秀传统文化的一个显著特点，在儒家表现得最为充分，影响最为深远。儒家忧患意识的核心要义是居安思危、有备无患，这充分体现了辩证思维的政治智慧。董仲舒是具有强烈忧患意识的思想家。在《仁义法》篇他以鲁僖公和鲁庄公进行对比，说鲁僖公是等敌军侵犯到边境，才去拯救，所以《公羊传》只给他一个小小的表扬，而鲁庄公是在敌人未到的时候就预先防备，所以《公羊传》给他点了个大大的赞，"善其旧害之先也"。提前思考祸患并加以预防，是仁的重要表现，是"爱之大者"。《战国策》中有一名篇《触龙说赵太后》，讲的是战国时期赵国在秦兵压境的情况下，请求齐国援助，齐国提出要赵太后的小儿子长安君为人质，赵太后执意不肯，触龙用"爱子则为之计深远"的道理，说服赵太后，解除了国家危难。对于父母来说，为孩子"计深远"的爱，才是大爱；对于国君来说，为百姓"计深远"的爱，才是大爱。怎样才是为百姓"计深远"呢？那就是"思患而豫防之"，具体来说，就是要做到对和自己有仇怨的人不可亲近，对敌国不过分亲近，对喜欢抢夺盗窃的国家不长久亲近。和"怨人、敌国，攘窃之国"保持距离，不给自己惹麻烦，也就是不给百姓惹麻烦。因此，不管是对于国家，还是对于个人来说，忧患意识都相当重要。个人如果能够保持忧患意识，就会免遭祸患；国家如果能够保持忧患意识，就会长治久安。

4. 夫救蚤[①]而先之，则害无由起，而天下无害矣。然则观物之动，而先觉其萌，绝乱塞害于将然而未形[②]之时，《春秋》之志也，其明至矣。

【出处】《仁义法第二十九》

【注释】

①蚤：苏舆疑此字应为"害"。

②未形：指事情尚未显出迹象、征兆。

【译义】在祸害产生之前就防止它，那么祸害就无从产生，天下就没有祸害了。那么观察事物的产生，事先发现苗头，把祸乱消灭在将要发生而尚未成形的时候，这是《春秋》的心志，高明到了极点。

【赏析】这段话反映了董仲舒"防患于未然"的思想。这种"防患于未然"的思想，和中医里的"治未病"是同样的道理。古代名医扁鹊为大家熟知。

然而谈及医术，他却说自己不如两位兄长：大哥医术最高，在病情尚未发作、病人尚未觉察之时，已帮病人除去病根；二哥次之，医在病初起之时，症状刚显，已药到病除；他最差，医在病情已很严重之时，不仅病人痛苦，且下大力气才得病除。虽然他看起来能起死回生，其实并没有两位哥哥医术高明。这则故事形象地说出了中医追求的最高境界"治未病"。未发之病最难救治，未形之祸最难预防。苏轼的《晁错论》中有一句话："天下之患，最不可为者，名为治平无事，而其实有不测之忧。坐观其变而不为之所，则恐至于不可救。"意思是：天下的祸患，最难以解决的，莫过于表面上平安无事，实际上却存在着难以预料的隐患。如果坐观其变却不想办法解决，那么祸乱就会发展到无可挽回的地步。在表面"治平无事"时，看到内在的"不测之忧"，及时采取措施，防患于未然，这才是最为高明的智慧！

天人合一

1. 事各顺于名，名各顺于天，天人之际①，合而为一。

【出处】《深察名号第三十五》

【注释】

①天人之际：天道与人事相互之间的关系。

【译文】一切事物都各自顺着名，一切名都各自顺着天意，天和人之间的相互关系就这样统一起来了。

【赏析】天人关系是中国传统哲学的重要命题。在儒家天人之学的发展进程中，西汉的董仲舒和宋代的张载是两个关键人物。董仲舒最早提出系统的天人之学，张载最早明确提出"天人合一"这一思想命题。董仲舒的"天人之际，合而为一"，虽然还没有明确使用"天人合一"这四个字，但"天人合一"观念在其学说中已经形成了一个比较完整的系统，成为其儒学思想体系的基本特征和核心支柱。董仲舒思想的各个方面，无不具有鲜明的"天人合一"印记。

董仲舒依据"名"来探究天人关系。人们用"名"区别万物，体现事物源于"天"的本义；对待和处理万事万物，以天道指导人道，以人伦大道体现天道。"际"的本义是"壁会也"（《说文解字》），两墙相交处的缝。天和人虽有分界，但天人之间不是相隔相对，而是存在一种内在的相互关系。董仲舒将"人"与宇宙间"天、地、阴、阳、木、火、土、金、水"九个元素并举，共同构成天之数"十"，认为人区别于万物，与天地并立，是天地间最重要的存在。人生于天地之间，人心或人的本性是能折射天地的那点灵光，也就是孟子所说的："人之所以异于禽兽者几希，庶民去之，君子存之。"存之则心明，去之则心暗。在此意义上，董仲舒认为天地间只有人能通过事物的名号阐发天意，循着名号体察天道，使自己的言行合乎人伦、合乎中道，由此在考察名号的意义上，天道和人性实现了统一，天人关系相合相顺，达到天人合一的境界。"天人合一"思想不是董仲舒的首创，但是通过董仲舒严密而精细的论证，使得其理论框架更系统，思想内容更丰富，对中华民族思维方式的形成产生了深远影响。

2. 天亦有喜怒之气、哀乐之心，与人相副①。以类合之，天人一也。

【出处】《阴阳义第四十九》

【注释】

①相副：相称、相符。

【译文】天也有喜悦、愤怒之气，悲伤、快乐之心，和人相符。从类的角度相比，天和人是合一的。

【赏析】董仲舒通过天人之间的比附，指出天与人是同一类的，从而得出"天人一也"的结论。首先，在形体构造上，天人同类。天有四时，人有四肢；天有五行，人有五脏；天有日月，人有耳目；天有江川山谷，人有孔窍血脉。人的头大而圆，像天的容貌；人的头发，像天上星辰；人的呼吸，像风。人体有小骨节366个，跟一年的日数相副；人有大骨节12块，跟一年的月数相副。其次，在情感意志上，天人同类。人的喜怒哀乐与天的春秋冬夏四季相应相和。《春秋繁露·天辨在人》中说："天乃有喜怒哀乐之行，人亦有春秋冬夏之气。"人有春气，表现为仁爱宽容；人有秋气，表现为严厉而成功；人有夏气，表现为丰厚养长而欢乐；人有冬气，表现为哀悼逝者而体恤丧亡。同样，天有喜气，才可在春天得温暖而萌生万物；天有怒气，才可在秋天得冷清而使万物凋零；天有乐气，才可在夏天顺阳气而养长万物；天有哀气，才可在冬天散发阴气而闭藏万物。再次，在国家治理上，天人同类。董仲舒以"四政"比副"四时"，以天的春夏秋冬来配人事中的庆赏罚刑。君主表达喜怒哀乐，使用礼乐政刑，要合于天道，能够"正喜以当春，正怒以当秋，正乐以当夏，正哀以当冬"，善于克制自己的喜怒好恶，恰当地使用礼乐刑政，才能体现天的意志，合乎人民的愿望。施行德政，与天道相合，则世治；违背天道，则出灾异，世必乱。宇宙万物是有机整体，人类活动的方方面面，都会直接或间接地影响外部世界的运行，所以"天人合一"，不仅是人与自然和谐相处，还包括人与人、人与社会的平衡协调。

3. 天有和有德，有平有威①，有相受②之意，有为政之理，不可不审也。……德生于和，威生于平也。

【出处】《威德所生第七十九》

【注释】

①和、德、平、威：温和、恩德、公平、威严。

②相受：先后互相承受、接续。

【译文】天有温和、恩德、公平、威严四种德性，有前后互相承接的意志，其中包含从事政治的道理，不能不细加体察。……恩德从温和中产生，威严从公平中产生。

【赏析】董仲舒认为天有和、德、平、威"四德"，与春、夏、秋、冬"四时"相配。春天，代表天的温暖和顺；夏天，代表天的生养恩德；秋天，代表天的公正公平；冬天，代表天的威严。君主也应该用温和、恩德、公平、威严"四德"以配天。上天运行的秩序,是先温和然后施行恩德,先公平然后显示威严。恩德从温和中产生,威严从公平中产生。天施"四德"贵在"当时而出",君主施"四德"也应该"无不皆中"。虽然内心欢愉喜悦,也一定要先以温和的心来恰当地表示,然后才能颁发奖赏来体现恩德;虽然内心愤恨有怒气,也一定要先平静内心来求得公正,然后再颁布刑罚来树立威严。

董仲舒认为,上天的运行公平正直,四时更迭有序,人也不能随心所欲地任由情绪的发泄。尤其是身居要位的君主更要效法天道,在发布政令、实行赏罚时,关键是要管理好内心的情绪,坚持公平公正的原则,防止掺杂主观成见和喜怒哀乐的情感。《礼记·大学》中说:"所谓修身在正其心者,身有所忿懥(zhì),则不得其正;有所恐惧,则不得其正;有所好乐,则不得其正;有所忧患,则不得其正。"对于君主来说,如果心不得其正,则无法"正朝廷""正百官""正万民"。可见,"情绪管理"并不是现代心理学和管理学才有的概念,早在两千多年前的董仲舒就以"职场精英"的身份告诫我们:只有明确自身的职责,管理好内心的情绪,保持平和冷静,才能正确地运用赏罚手段,做到中和公正。

4. 美事召①美类,恶事召恶类,类之相应而起也。

【出处】《同类相动第五十七》

【注释】

①召:招致,引来。

【译文】好事招致同类的好事,坏事招致同类的坏事,类别相同的事物相感应而产生。

【赏析】董仲舒认为天和人是同一类的,而同类的事物是能够相互感应的,因而天人能够感应。同类事物可以相互感应的思想由来已久。《周易·乾卦·文言》载:"同声相应,同气相求,水流湿,火就燥,云从龙,风从虎。""同声相应"是物理学上的共鸣现象，如敲击宫调的钟，其他宫调的钟也发出同样的响声；"同气"，指的是阴阳之气；"水流湿"，指水流向低洼潮湿处；"火就燥"，指火朝向干燥的柴火燃烧；"云从龙，风从虎"，指龙总是伴着云出现，虎总是伴着风出现。《吕氏春秋·召类》："类同相召，气同则合，声比则应，故鼓宫而宫应，鼓角而角动，以龙致雨，以形逐影。"董仲舒的天人感应思想源于这些同类相应思想的影响，他认为不仅物与物之间有阴阳感应，天与人之间也有阴阳感应。从人的生活经验看，天气阴冷时，人的旧病容易复发，情绪较压抑；天气晴暖时，人喜欢活动，心情也愉快。这是最简单直接的"天人感应"。由此比附到政事方面，就是王道兴起则天有祥瑞，王道缺失则天有灾异。天人感应看似荒诞怪异，但从其出发点和归宿看，则充满现实关怀。因此黄朴民教授评价道："荒诞怪异外衣包裹之下的理性灵魂，这正是董仲舒学说的力量与生机之所在，也是董仲舒学说中的经世致用意识最具有说服力的形象写照。"

5.天地之间，有阴阳之气，常渐①人者，若水常渐鱼也。所以异于水者，可见与不可见耳，其澹澹②也。然则人之居天地之间，其犹鱼之离③水，一也，其无间④。

【出处】《天地阴阳第八十一》

【注释】

①渐：浸润。

②澹澹（dàn）：荡漾貌。曹操《观沧海》诗云："水何澹澹，山岛竦峙。"水波荡漾起伏或流动的样子，引申为飘浮游荡之义。

③离（lì）：通"丽"，附丽、附着。

④无间（jiàn）：没有差别、没有隔阂。

【译文】天地之间有阴阳之气，长久地浸润着人，像水长久地浸润着鱼一样。气和水的不同之处，在于水是可见的，而气是不可见的，就这样飘浮荡漾着。那么人类生活在天地之间，就像鱼依附着水一样，二者没有区别。

【赏析】董仲舒认为天人之间是通过"气"这个中介物进行感应的。他认为，人在天地之间，浸润在阴阳之气中，就好像鱼浸润在水中一样。人的一言一行、一举一动，既离不开阴阳之气的流动和传递，又影响着天地自然的变化。说它无形，可它的确存在；说它有形，可它比水更稀薄，流动更通畅、更广远。不要认为人类的活动只会影响到人类自身，天地间万物为一体，人类的活动也会影响天地万物的变化。《春秋繁露·天地阴阳》中说："人主以众动之无已时。"君主带领百姓不停地进行生产生活，气就产生在人们的这些日常言行和活动中，从而影响人类自身和天地的变化。治世时，人间的气和谐，天地化育就美妙；乱世时，人间的气混乱，就出现灾异。因此人类的气由天地产生，又反过来和天地的运行化育混杂在一起，共同产生作用。董仲舒以他朴素而敏锐的眼光体察到：人与天地万物同生共气、鱼水相依，并告诫人类要懂得尊重自然、敬畏自然。如果人类盲目地以自我为中心，任意破坏自然环境，大自然会以它巨大的力量"反噬"人类，到那时，人类将自食其果。

6. 天有十端①，十端而止已。天为一端，地为一端，阴为一端，阳为一端，火为一端，金为一端，木为一端，水为一端，土为一端，人为一端，凡十端而毕②，天之数也。

【出处】《官制象天第二十四》

【注释】

①端：端绪。

②毕：完毕。

【译文】上天有十个端绪，十个端绪之外就没有别的了。天是一个端绪，地是一个端绪，阴是一个端绪，阳是一个端绪，火是一个端绪，金是一个端绪，木是一个端绪，水是一个端绪，土是一个端绪，人是一个端绪，总计有十个端绪而完毕，这是上天的数目。

【赏析】董仲舒把天地、阴阳、五行、人放在一起，指出这些是构成缤纷繁复的宇宙世界的十大要素。这其中，"天有十端"之天和"天为一端"之天显然不是同一个概念，前者指的是宇宙空间之天，后者指的是自然之天。董仲舒构建的这个以"十端"为内容的天的系统，从结构上看，"起于天，至于人而毕"，在天人之间则是阴阳五行；从属性上看，都是气，"天地之气，合而为一，分为阴阳，判为四时，列为五行"；从本体论而言，这"十端"不是万物，而是本体，是派生万物的。天地生万物，而"人，下长万物，上参天地"。董仲舒把人与万物区别开来，人超越万物之上，是天下最尊贵的。这是董仲舒对人的生命意义和价值的肯定，对人类主体意识和精神力量的极大褒扬。

7. 天道施①，地道化②，人道义。

【出处】《天道施第八十二》

【注释】

①施：施与、给予。

②化：化育、滋养。

【译文】天道施与，地道养育，人道按"义"行事。

【赏析】董仲舒将天、地、人并列，它们各有其道，各具其性，各有其理。所谓"天道施"，是说天道的根本是阴阳律动，"天行健，君子以自强不息"，太空宇宙、日月星辰，光明普照大地，运行刚健，周流不息，没有任何私欲地给予万物生命，天道是万物生灵依循的法则；所谓"地道化"，是说地道的根本是柔与刚，"地势坤，君子以厚德载物"，大地化育承载万物，厚重而包容，山川林海、草木鱼虫，莫不因其而长育；所谓"人道义"，是说人道的根本是仁与义，根植于人的本性。天地中和而生万物，人本于天地而生，是万物之灵，有主观能动性，人善于向天地之道学习，掌握事物发展的规律。董仲舒提出"人道义"，是提醒人们要敬畏天道、维护地道、遵循人道的仁爱和正义，清醒地认识人与自然相互依存的关系，承担人类的使命和责任，解决好人类自身的矛盾和争端，使人在天地间的行为更加平衡有序，只有这样，才能构建真正和谐美好的世界。

8. 天者，万物之祖，万物非天不生。

【出处】《顺命第七十》

【译文】天，是万物的祖先，没有天就不能生成万物。

【赏析】在董仲舒的思想里，天是最高概念，具有神灵之天、自然之天、道德之天等多重含义。《春秋繁露·顺命》篇的这句"天者，万物之祖"和《天人三策》中"天者，群物之祖"一样，都是赋予天以万物创造者的地位，认为天是万物得以生存繁衍的根本。董仲舒强调天是万物之祖，地位最尊贵，而受命于天的"天子"，其地位和称号也最尊贵。董仲舒将"天"纳入人伦关系中，认为"天子受命于天，诸侯受命于天子，子受命于父，臣受命于君，妻受命于夫"，所有接受命令的人，所尊皆是"天"。《春秋》重视序位和上下尊卑的排列，既显示地位尊贵，又能凸显其道德的高尚，强调德位相配。比如"德侔天地者"，德行和上天相配，才能号称"天子"，上天才把他看作是儿子。如果无德、失德，即使地位高贵，《春秋》依然从称号上予以贬低。比如，公子庆父本来是鲁庄公的弟弟，地位尊贵，但他杀了子般和鲁闵公，导致鲁国的内乱。庆父有弑君之罪，《春秋》深恶之，所以在记载中把他"开除"出公族属籍，甚至"剥夺"国籍，只称他为"齐仲孙"，不让他与鲁国有任何联系。因此，在董仲舒看来，现实社会中所有等级关系的上下尊卑，都是天命所赋予的，而且所受天命不只是接受一个称号，更重要的是以相应的德行和责任与之相配，否则就会受到上天的惩罚。董仲舒虽然借天命来论证等级制度的合理性和重要性，但他强调"有德配其位享其尊，无德失其位失其尊"，这一观点具有超越历史的价值和意义。

9.天之道，有序而时，有度而节①，变而有常，反而有相奉②，微而至远，踔③而致精，一④而少积蓄，广而实，虚而盈。

【出处】《天容第四十五》

【注释】

①度、节：法度、节制。指天道运行的规律而言。每个月有两个节气，一年有二十四节气；三个月为一季，一年有四个季度。这些都是天道运行的度和节。

②奉：承受、接受。春天生长万物，冬天储藏万物，二者相反而相承。

③踔（chuō）：超越、高超。

④一：指阴或阳。意思是阴气和阳气不会同时兴起运行。

【译文】天道有次序而得时，有法度而节制，变化而有恒常，彼此相反而又相承，微妙而极深远，高超而极精微，阴气或阳气单独运行而少有积蓄，广大而又充实，空虚而又盈满。

【赏析】这句话是董仲舒对"天容"的高度称赞。"天容"即天的容貌，也即天道运行的规律。董仲舒认为天的运行美而善，有时序、有节度、有常变，当暑则暑、当寒则寒，以此引申论述人之为人本于天。君主号称"天子"，君道取于天道，要以天为范本，观察学习天道的运行法度和节律并依据天道行事：懂得节制内心的喜怒，当发则发，当节则节；懂得发布政令时要严肃庄重，实施礼乐教化要清明微妙，潜移默化；重视敦厚忠信的品格而耻于浮华浅薄；赞美广施博爱，兼利天下之道德；时刻反省自己的言行是否合乎天理，言行发出时是否合乎时宜。这是要求君主在治理国家时要有一定的法度并合乎时宜。在这里，董仲舒特别强调天道运行的"有序而时""有度而节""变而有常"，尤其是天道的"有序而时"，有次序又要当其时，认为"可亦为时，时亦为义"，就是说可以做的时候去做就是合道时宜，合乎时宜就是义。

10. 天无所言，而意①以物。

【出处】《循天之道第七十七》

【注释】

①意：意思、意图。

【译文】天不说话，而是用生长的万物来表达意旨。

【赏析】"天"在董仲舒的理论系统中，有意志，有情感。天最大的德性是"生物"，天虽没有任何明确的言说，却用四时轮转、万物生长来表达天意。董仲舒从养生之道来说明天的意旨。四季冷暖交替，阴阳之气转换，孕育出丰富多彩的美好物种，不同的季节生长不同的物品。天并没有说话，而是以这种方式告诉人们，应该选择符合时令的物品来食用，才是正确的养生之道。董仲舒强调，人应该善于仔细观察事物不寻常的地方，于无言无声之处，认真探求上天的旨意。可惜的是，现在很多人过分依赖于现代科技，却忽略了身边来自大自然生灵物种的种种信息提示，哪怕仰望一下头顶的天空，倾听掠过耳边的晨风。另一方面，董仲舒的"天人合一"思想其实是"天人合德"。上天的德性映射人的德性，人积极地向天地自然学习，效法天地之道，成就人的德性。孔子曾经说过："天何言哉？四时行焉，百物生焉。天何言哉？"（《论语·阳货》）天无言，四时照常运转，百物照常生长，这是天之德，反映到人的德行修养上，则是"谨言慎行"。董仲舒说："言行，治之大者，君子之所以动天地也。"（《汉书·董仲舒传》）言行涉及自身荣辱和国家安危，君子当然要谨慎。因此从君子的日常行事、动静语默中，天道"不待言而可见"。"先行后言"或"行而无言"的德行修为即是"天人合德"的最好体现。

11. 同而通理，动而相益，顺而相受，谓之德道①。

【出处】《深察名号第三十五》

【注释】

①德道：犹"道德"。

【译文】天和人相合而通达于道，有感而动时相互补益，彼此顺应而相互承受，这就叫作道德。

【赏析】董仲舒以"天人感应"为依托，在考察名号的基础上阐述天人之间至高的"德道"境界。"道"本身就是法则和规律；"德"，是人们在言行中表现出来的品质，也是应当遵循的准则和规范。既然名号取法于天而达天意，并顺天道而出，那么，深入考察"道""德"的名号，辨析其理，遵循其阐发的天意行事，就是在道理上同天相合相通，不会偏离事物之真。只有掌握了事物的真理，沟通了天人之间的边际，才能在行事中相互补益、彼此顺从，天道自然和社会伦理秩序才不会出现混乱。《天人三策》说："求王道之端，得之于正。"这才是有道之德、有德之道，二者相谐，从而达到至高的"德道"境界。现在我们讲核心价值观，讲伦理道德，假如不深究字面背后的意义，也只能流于形式。董仲舒在天人哲学基础上阐释"德道"，是让人们透过事物表面的现象，从名号开始，探究其中蕴藏的深刻而丰富的智慧和哲理。懂得效法天道，知晓天人关系的内涵，这样才能真正指导我们的言行。

12. 为生①不能为②人，为人者天也。

【出处】《为人者天第四十一》

【注释】

①为生：指人能生育。苏舆注："为生者，父母。"

②为：造就、成就。

【译文】人能生育而不能造就人，能造就人的是天。

【赏析】"天"在董仲舒的天人哲学中具有神圣的权威和各种功能，其中之一就是孕育人的生命、成就人的精神。董仲舒说，人只能赋予后代自然的生理生命，而最终成就人之为人的是上天，所以天和人是同类。人的生理结构，禀受天数变化而成；人的血气，化天志而成就仁德，化天理而成就人的礼义之德；人的喜怒哀乐，也与天的四时变化相对应。从各方面来说，人就是天的副本。在董仲舒看来，天如同有意志、有性情的活泼的生命至上存在，它和人一样，有喜怒哀乐，有伦理价值观念，高高在上却不居功自傲，孕育万物、造就人类却又至善至仁。天是中国人信仰世界里的终极理念，是中国人信仰当中的最大公约数，所有的老百姓都能够接受和认同。人既然从天那里承受了这么多美好的品性，那么，就应该明察自己禀赋的天命，尤其是君王，更应该努力体现天的意志，忠诚地顺应天命来治理国家，"非道不行，非法不言"。所以，董仲舒将纯粹的政治学范畴的理论全部纳入他的天人学说，目的是让统治者效法天道、法天而行。

13. 观人之体，一何①高物之甚，而类于天也。

【出处】《人副天数第五十六》

【注释】

①一何：语气词，多么。

【译文】观察人的身体，相比于万物是多么高妙啊，而与天同类。

【赏析】从人的身体到精神，董仲舒都给予高度的赞美。他说："天地之精所以生物者，莫贵于人。"认为天地精华生长万物，万物中没有比人更为高贵的了。重视人的地位、尊重人的价值，这是儒家思想的重要特点。《论语》中多处体现孔子以人为本的"贵人"思想，看重人的生命价值和意义。孟子认为"天时地利人和"，而"人和"是最为重要的因素。荀子将世间万物分为四等，认为："水火有气而无生，草木有生而无知，禽兽有知而无义，人有气、有生、有知、亦且有义，故最为天下贵也。"《荀子·王制》人之所以"为天下贵"，是因为人有"义"、人能"群"。《礼记·礼运》篇说："故人者，其天地之德，阴阳之交，鬼神之会，五行之秀气也。"董仲舒继承并发展了儒家的"贵人"思想，从不同角度集中论述人副天数、天人同类、天人感应，以此来说明人集天地之精华，贵于万物。这种"贵"不仅是人之生命的宝贵，而且表现为人之仁义道德的高贵。因此，天人同类、天人感应，既不是以天为中心的盲目崇拜和绝对迷信，也不是以人类为中心的妄自尊大和为所欲为，而是充分发扬人的主体性，积极主动地参与天地化育，同时又懂得敬天畏命、尊重自然，只有这样，才是真正懂得了"人为天下贵"的道理。

14.积土成山，无损也；成其高，无害也；成其大，无亏也。小其上，泰①其下，久长安，后世无有去就②，俨然独处，惟山之惪③。

【出处】《山川颂第七十三》

【注释】

①泰：大。

②去就：本义指去留进退，这里指移动的意思。

③惪（dé）：有的版本写作"意"，乃"惪"之误。"惪"，古"德"字。

【译文】堆积泥土成山，对于万物来说并没有减少；山变高，对于万物没有损伤；山变大，对于万物也没有亏损。山顶狭小，山下阔大，长久稳固安定，很多年也不会改变迁移，庄重威严地矗立在那里，这就是山的德行。

【赏析】《山川颂》是《春秋繁露》中少有的"颂"体篇章，整篇言辞优美，章法整饬，化用典故又融合创新。全篇298字，上章写山，下章写水，将人类的德行操守与自然的山水进行比附，充分发挥了孔子"仁者乐山，智者乐水"的思想，继承了中国文化"君子比德于物"的精神传统，并在其仁义观、仁智观下使得山水之德呈现出独特的样貌。董仲舒赞美山的高大雄伟，长久不会崩塌，就像仁人志士一样；赞美山的无私无欲，出产宝贵的物品，供给各种器物，有许多功用却沉默无言，如同君子之德。董仲舒以山为喻，把人性之美与自然之美融为一体，巧妙地诠释了"天人合一"的境界和深意。董仲舒赞颂山之"仁"，强调山无私、无言之德，这其实是赞颂山的"以仁安人"；强调山无损、无害、无亏之德，这其实是赞颂山的"以义正我"。董仲舒说："仁之法在爱人，不在爱我；义之法在正我，不在正人。我不自正，虽能正人，弗予为义；人不被其爱，虽厚自爱，不予为仁。"养育万物是"爱人"，"无损无害无亏"是"自正"，如果山在成其高、成其大过程中有损、有害于万物，那么它就没有做到"自正"，即使仍有养育万物之功，也称不得仁义。董仲舒在上章山颂中很自然地将自己的仁义观融入其中，既强调了山之仁，也强调了山之义。颂扬山长养万物之仁，更多的是对传统儒家的继承，而颂扬山无损无害的"自正"品格，则毫无疑问是董仲舒的创新之见。此外，董仲舒对山之仁的阐发，与其"仁人者，正其道不谋其利，修其理不急其功"的思想也形成呼应关系。

15. 水则源泉混混沄沄①，昼夜不竭，既似力者；盈科②后行，既似持平者；循微③赴下，不遗小间④，既似察者；循溪谷不迷或⑤，奏⑥万里而必至，既似知者；障防⑦止之能清净，既似知命者；不清而入，洁清而出，既似善化者；赴千仞之壑⑧，入而不疑，既似勇者；物皆困于火，而水独胜之，既似武者；咸得之而生，失之而死，既似有德者。孔子在川上曰："逝者如斯夫，不舍昼夜。"此之谓也。

【出处】《山川颂第七十三》
【注释】
①混混（gǔn）沄沄（yún）：大水汹涌奔流的样子。混，通"滚"，

水奔流的样子。沄沄，水流汹涌的样子。

②盈科：把低洼的地方注满。盈，充满。科，坎地、低洼的地方。"盈科"源于《孟子·离娄下》的"源泉混混，不舍昼夜，盈科而后进，放乎四海"一句，描述的是大水奔腾入海，日夜不息，经过很多坎坷，每一个低洼之地都要填满再继续前行，直至奔腾入海。

③微：低微的地方。

④间：空隙。

⑤循溪谷不迷或：沿着山谷流淌而不会迷失道路。或，通"惑"，迷惑。

⑥奏：前进。

⑦障防：堤坝阻碍。障，阻隔。防，堤坝。

⑧千仞之壑：千仞深的山涧。仞，长度单位，古代以七尺或八尺为一仞。

【译文】水从源头之泉处汹涌奔流而出，日夜不息，就好像勉力而行的人；把低洼之地注满后再继续向前奔流，就好像主持公平的人；沿着低微的地方向下流淌，不会留下一点小的间隙，好像是体察入微之人；沿着山谷流淌而不会迷失方向，奔腾万里而一定会到达目的地，好像有智慧的人；受到堤坝的阻挡后能沉淀得清澈洁净，好像知命之人；不洁净的东西放到水里，取出来的时候就会变得很清洁，好像是善于教化的人；奔流进千仞深的山涧而毫无迟疑，好像是勇敢的人；万物都被火所困厄，而水却独能制胜，好像是有威力之人；万物都需要得到水才能生存，失去水就失去生命，就像是有德行的人。孔子在大河的岸边说："君子进德不已，就像这奔腾的流水，日夜都不停息。"说的就是这个意思。

【赏析】水是人类和一切生命得以生存的元素，水代表生命的生生不息、勇于进取、随物应变，水的形象在中国文化中具有重要的地位。孔子以山水喻仁者智者，朱熹也说："智者达于事理而周流无滞，有似于水。"《老子》："上善若水，水善利万物而不争，处众人之所恶，故几于道。"老子赞美人至高无上的品性像水一样，泽被万物而不争名利。董仲舒从自然之水的形态、运动，歌颂人具有的力、持平、明察、智、知命、善化、勇、武、有德等美好品质。从形而下的自然山川万物到形而上的天道德行，中华文化都能从中汲取智慧和美的思想源泉，如果缺少这些山川花草等自然景物，中华文化就缺少了灵动和魂魄。千百年来，那些优美的经典诗篇、画作、文章、乐曲等，无不寄寓着人们深邃的理念和浪漫的情怀，使中华文化散发着永恒的魅力。这一点也是古代哲学和古典美学中"天人合一"思维模式的体现，塑造着中华民族乐山乐水、热爱自然的精神品质。

君随天道

1.天地之行美也。是以天高其位而下其施①,藏其形而见②其光,序③列星④而近至精⑤,考⑥阴阳而降霜露。……为人君者,其法取象⑦于天。

【出处】《天地之行第七十八》

【注释】

①施:施与,给予恩惠。

②见:通"现",显示、显露。

③序:排列次序。

④列星:罗布天空定时出现的恒星。

⑤近至精:苏舆认为乃"积众精"之误。意思是积聚众多的精华之气。精,精气。

⑥考:考察。

⑦取象:以某事物作为榜样。

【译文】天地的运行是完美的。因为天的位置高高在上而向下布施恩惠,隐藏它的形体而展现它的光辉,排列众星的次序而积聚众多的精气,考察阴阳二气而降下霜雪雨露。……作为一国之君，治国之道要以天道为榜样。

【赏析】董仲舒称天地的运行"美"，是因为天道运行有秩序、有规律、有恒常，它化育生长万物，是最完善美好的。"高其位"是说天的地位尊贵；"下其施"是说天施恩惠，是仁爱的；"序列星"是说众星排列有序，运转有恒；"考阴阳"是说阴阳成岁，风调雨顺。天的地位最尊贵，广施仁爱，掌管众星，协调阴阳之气，主宰万物的生长和消亡。董仲舒强调为人君要取法于天道，他一再地说"王者承天意以从事"，"王者配天，谓其道"，"天子者，则天之子也"，认为君主应该以天地之行为榜样，治理国家。具体来说，应该重视爵位以显示尊严；博爱民众以施行仁道；居住深隐，看不见他的形体，以显示他的神妙；任用贤能的人，观察聆听来自四面八方的信息，以使自身明察秋毫；按照能力的大小授予官职，根据贤愚的不同而分别等级，以使他们互相承接；选拔贤能之人在身边为辅佐，以使自己刚强；考核功绩的实际大小，核定高低等级，以形成良好风气；提拔有功劳的人，罢免没有功劳的人，以申明赏罚。因此天把握常道而成为万物的主宰，君主把握常道而成为一国的主宰。总之，"与天同者大治，与天异者大乱"，按天道治理国家，就会长治久安，否则就会天下大乱。

2. 三代①圣人不则②天地，不能至王。阶③此而观之，可以知天地之贵矣。

【出处】《奉本第三十四》

【注释】

①三代：指夏、商、周三个朝代。

②则：遵循，效法。

③阶：凭借。

【译文】三代的圣王，不效法天地，就不能够统一天下而称王。由此观之，可以知道天地的可贵了。

【赏析】董仲舒反复赞叹天地运行之美和天地大道之贵，这句话是歌颂圣王则天而行的功业。在儒家的"崇圣"文化中，尧、舜、禹、汤、文、武、周公是圣王的代表。他们遵循天地自然之道，奠定了中华文明的文脉基因，确立了中华文化的人文精神道统。《论语·泰伯》中孔子赞美尧的德行和功业："大哉尧之为君也！巍巍乎！唯天为大，唯尧则之。荡荡乎，民无能名焉。"董仲舒也多次以圣王为典范，如《春秋繁露·暖燠常多》中说"尧视民如子，民视尧如父母"，《为人者天》中说"尧舜之治无以加"，其他还有"尧舜之德""尧舜之智"等。董仲舒推崇三代圣王的功业，是因为他们继受天命，能则天而行，效法天道治理天下百姓，德位相配。董仲舒所说的"圣人法天"，具体来说主要是指圣人"法天之德""法天之序""法天之意"。"法天之德"，是效法天的仁爱、温和、恩德、公平、威严；"法天之序"，是效法"天之大经"、天地情性，制定出完备而确切的官制、礼制和赏罚之制；"法天之意"，是借助正名号来表达天意之所在。

3.《春秋》之道，奉天而法古①。是故虽有巧手，弗修规矩②，不能正方员③；虽有察耳④，不吹六律⑤，不能定五音⑥；虽有知心⑦，不览先王，不能平天下。

【出处】《楚庄王第一》

【注释】

①奉天而法古：奉天，奉行天道；法古，效法古代圣王的作为。

②弗修规矩：不比照圆规、曲尺。修，或作"循"，按照，根据。规矩，校正圆形和方形的两种工具。

③员：通"圆"。

④察耳：听觉灵敏的耳朵。

⑤六律：定音调的乐器。

⑥五音：音阶之名，指宫、商、角、徵、羽。

⑦知（zhì）心：智慧之心。知，通"智"。

【译文】《春秋》的原则，就是奉行天道而且效法古代圣王的作为。所以，即使有灵巧的双手，不比照圆规、曲尺，也画不出圆形或方形；纵然有聪灵的耳朵，不吹六律，也不能定正五音；纵然很聪明，不考察先王的治国之道，也不能安定天下。

【赏析】董仲舒思想中蕴含着丰富的治国理政智慧，这段话讲的便是"奉天法古"的为政之智。所谓"奉天"，就是顺承天意，按天的意志办事。《春秋繁露·玉杯》中的"以人随君，以君随天""屈民而伸君，屈君而伸天"都是这个意思。所谓"法古"，就是"法先王"，效法先王之道。董仲舒认为先王遗留下来的治国原则，就是天下的"规矩""六律"。孟子也曾经以规矩、六律作比，指出"为政不因先王之道，可谓智乎？"那么"先王之道"到底是什么呢？很简单，就是仁政。《孟子·离娄上》："尧舜之道，不以仁政，不能平治天下。"在董仲舒看来，《春秋》不是单纯记载历史，而是通过记载、评价历史，为后来的"王者"提供治国理政的基本原则。他认为这种治国理政的基本原则就是"奉天法古"，就是"圣者法天，贤者法圣"。遵循这些基本原则就能安定天下，不遵循就会导致天下大乱。

4.《春秋》之法，以人随①君，以君随天。……故屈②民而伸③君，屈君而伸天，《春秋》之大义也。

【出处】《玉杯第二》

【注释】

①随：随从。

②屈：抑制。

③伸：伸张。

【译文】《春秋》的法则，是人民要随从国君，国君要随从上天。……因此，抑制民众而伸张国君，抑制国君而伸张上天，这就是《春秋》的要义。

【赏析】"屈民而伸君，屈君而伸天"，这"两屈两伸"是董仲舒政治哲学最重要的内容之一。"屈民伸君"是为了防止叛乱，巩固大一统政治局面；"屈君伸天"是为了防止君主肆无忌惮，也是为了长治久安。董仲舒将君权的来源归于天，这种"天授君权"说对于君主是把"双刃剑"，它一方面明确了君主权力的合法性和权威性，另一方面又使至高无上的君权受到天的客观限制。有学者认为，和孔子用伦理教化制约君主的"软约束机制"相比，董仲舒这种以天来约束君主权力的约束机制，可以称之为"硬约束机制"。《孟子·尽心下》中说："民为贵，社稷次之，君为轻。"在"民—社稷—君王"的政治格局中，孟子把人民放在第一位，民本主义色彩昭然于世。董仲舒在这里建构的"天—君—民"三级政治金字塔式结构，看似崇天、尊君，但其本质也是民本主义的。在董仲舒的理论体系中，天意实质上是民意的化身。君对民的态度和行为，是天对君考核的内容。对民有利，君主才会受天奖赏；对民不利，君主就会遭天惩罚。所以，"天"对"君"的制约，说到底是"民"对"君"的制约。

5.《春秋》大一统者，天地之常经，古今之通谊也。今师异道，人异论，百家殊方，指意①不同，是以上亡②以持一统；法制数变，下不知所守。臣愚以为诸不在六艺之科孔子之术者，皆绝其道，勿使并进。邪辟③之说灭息，然后统纪④可一而法度可明，民知所从矣。

【出处】《大人三策》

【注释】

①指意：旨意、意向。

②亡：通"无"。

③邪辟：乖谬不正。

④统纪：纲纪。

【译文】《春秋》推重统一，这是天地永恒的原则，是古今共通的道理。如今老师所述的道理彼此不同，人们的议论也彼此各异，各家研究的方向不同，旨意也不一样，所以处在上位的人君不能掌握统一的标准，法令制度多次改变，在下的百姓不知道应当怎么遵守。臣认为凡是不属于六艺的科目和孔子学术的学说都一律禁止，不许它们同样发展。这样乖谬不正的学说消失，然后纲纪可以统一，法令制度就可以明白，人民也知道服从什么了。

【赏析】这是董仲舒《天人三策》中极为重要的一段话，阐述了思想"大一统"的主张。这段话共有三句，分别讲了思想统一的重要性、思想不统一的问题及后果、思想统一的建议，层次清晰，论证严密。

第一句"《春秋》大一统者，天地之常经，古今之通谊也"，"常经""通谊"都是指最普遍、最一般的规律、法则，这一句从经典入手，把"大一统"思想的意义提高到不容置疑的普遍规律的高度，树立起了思想理论的标杆。

第二句"今师异道，人异论，百家殊方，指意不同，是以上亡以持一统；法制数变，下不知所守"，指出了西汉社会的严重问题，统治阶层没有统一的指导思想，下层百姓不知何去何从。从"大一统"的角度来看，文化可以多元，但意识形态必须一元，否则就会"法制数变，下不知所守"。

第三句"臣愚以为诸不在六艺之科孔子之术者，皆绝其道，勿使并进。邪辟之说灭息，然后统纪可一而法度可明，民知所从矣"，提出了解决方案。其中的"皆绝其道，勿使并进"被概述为"罢黜百家"，尊崇"六艺之科，孔子之术"被概述为"独尊儒术"，于是"罢黜百家，独尊儒术"便成为后人贴在董仲舒身上最醒目的标签。但"六艺之科，孔子之术"并不能用"儒术"加以替换，它与"儒术"有重叠交叉但并不完全相等。秦进才教授指出，"六艺之科"指的是《诗》《书》《礼》《乐》《易》《春秋》等经典体现的规则、大义，这是华夏民族共同的精神财富，并非儒家的一家财产；"孔子之术"指的是《论语》中体现的孔子的思想、主张。因此，董仲舒在这里建议的是"以经取士"，而不是"以儒取士"。这是董仲舒最富政治智慧的思想主张，即确立起经典的权威，进而确立儒家在经典诠释中的地位，以经典为中介，沟通政治与儒术。"皆绝其道，勿使并进"，只是断绝不治六艺之科、孔子之术的知识分子的仕进之道，而非禁绝其他学派的思想传播。

6.天志①仁，其道也义。为人主者，予夺生杀，各当②其义，若四时；列官置吏，必以其能，若五行；好仁恶戾③，任德远刑，若阴阳。此之谓能配天。

【出处】《天地阴阳第八十一》
【注释】
①志：心意。
②当：相当、相称。
③戾：罪恶、凶暴。
【译文】上天的心意是仁爱的，它所行之道是公正、适宜的。作为君主，赐予、剥夺、生存、杀害都要符合义，像四季一样；任用设置官吏，一定要依据各自的才能，像五行一样；喜好仁德而厌恶暴戾，施行恩德而远离刑罚，像阴阳一样。这就叫作能与天道相配。
【赏析】董仲舒在这里指出，君主在推行王道时应如何与天之四时、五行、阴阳相配。《诗经·大雅·大明》中说："天难忱（chén）斯，不易维王。"意思是，天道无常，难以依赖，做君王真不容易呀。董仲舒说，天意虽仁，但天道难以明察。作为君王，要通过阴阳五行的出入、虚实、顺逆，来认真观察天道，体悟人道，广施仁爱，以义当先，任人为贤，这样才能带来治世、美世，这是以人道配天的"王者之任"。以德配天是至高的道德境界，孔子就被尊奉为"德侔天地"之人。中国传统文化中，往往把人力无法预知、把控和到达的领域，都归结为天命、天意，认为天有权威、有意志，且至仁至义。这样的天道观于神秘中蕴藏着切切实实的现实关怀，所谓"切切实实"，是说"天"在中国人的观念里是最高的道德评判依据和价值标准，它无所不在，小到个人的安身立命、人与人的相处，大到治理国家，"天道"以不同的形式影响着我们的思想和行为，成为每个中国人最本源的信念和最终极的寄托。

7. 志意①随天地，缓急仿阴阳。

【出处】《如天之为第八十》

【注释】

①志意：志向心意。

【译文】（君主的）志向心意要顺从天地之道，施政的快慢则效仿阴阳的运行。

【赏析】这里的"志意"和"缓急"是指执政者在施行政令、发布赏罚措施时的志向和快慢。董仲舒以天意说人事，从天地阴阳的生杀映射人事的赏罚，论证天道人道的共同性。他认为，天地生育万物，如果有所妨害的，则会立刻诛杀。上天在生长万物的时节也会有消亡，在万物肃杀的季节也会有生长，这是天地阴阳之道。圣人顺从上天的意志来处理政事，施行仁政，对善事加以褒扬；修治道义，对恶事加以惩罚。而且在褒扬善事时，如有恶事，则当机立断，马上铲除；反过来，惩罚恶事时，如有善事，则随时褒扬。董仲舒在这里强调的是赏罚的执行力和实际效果问题，与《六韬》中的"赏信罚必"有相通之处。《六韬·文韬·赏罚》中姜子牙在回答周文王的提问时说："凡用赏者贵信，用罚者贵必。"意思是奖赏时贵在讲信用，该赏的一定奖赏，这是"赏信"；惩罚时贵在必定要做到，该处罚的绝不姑息，这是"罚必"。无论是董仲舒的"见善立赏""见恶立罚"，还是姜子牙的"赏信罚必"，都在无形中具有教化百姓的作用，是治国理政的重要手段。

8. 人之得天[①]、得众[②]者，莫如受命之天子。

【出处】《奉本第三十四》

【注释】

①得天：得天命。

②得众：得民心。众，百姓、大众。

【译文】人之中能够得到上天和大众拥戴的，没有谁能够比得上接受天命的天子。

【赏析】董仲舒认为天子是"得天""得众"之人。在《春秋繁露·三代改制质文》篇，他说："德侔天地者称皇帝，天佑而子之，号为天子。"德行与天地齐同的人称皇帝，上天保佑他并把他当儿子对待，他的名号就称为天子。天子是受命于天的君，其位至尊，这是董仲舒的"尊君"思想。另一方面，董仲舒又以"天"来制约君主的至高无上的权力，其中一个方式就是强调"天子"的德。"天"是最高道德的存在，天子应该视"天"为父，这样就对君主的人格修养和道德自律提出更高的要求，即所为"德侔天地"，这是董仲舒"屈君"的思想。"天子"不仅得天命，还要以"德"得民心、得百姓意。董仲舒神学外衣下面是一颗拳拳爱民之心，构建崇高之天只是为了创造一个更美好的地上王国。他要求国家最高权力者以德配其位，将"天"的哲学与现实社会努力结合，认真探索，始终把政权稳定和天下苍生放在首位。《孟子·离娄上》中说："得天下有道：得其民，斯得天下矣；得其民有道：得其心，斯得民矣。"意思是要得天下，就要得到百姓的支持；要得到百姓的支持，就要得民心。从董仲舒的这句"得天、得众"完全可以看出，董仲舒思想与先秦儒家思想一脉相承，并且能与时俱进，创新发展。

君行王道

1.君人者，国之元①，发言动作②，万物之枢机③。枢机之发，荣辱之端也。失之豪厘④，驷⑤不及追。

【出处】《立元神第十九》

【注释】

①元：根本。

②发言动作：指国君的一言一行。

③枢机：关键。

④豪厘：指极细微的事情。豪，通"毫"。

⑤驷：古代四匹马拉的车。

【译文】君王是国家的根本，一言一行是一切事物的关键。关键的发起，就是荣辱的开端。稍有分毫之差，即使四匹马拉的车也追不回了。

【赏析】董仲舒强调君主的重要作用，指出作为人民的君，是国家的根本。在《春秋繁露·深察名号》篇，他从五个方面概括了"君"的含义："君者，元也；君者，原也；君者，权也；君者，温也；君者，群也。"君主的心志如果不符合正本的原则，那么行动就会丧失根本；行动丧失根本，那么做事就不会成功；做事不成功，就不能有始有终；不能有始有终，就会放弃自己的责任；放弃自己的责任，教化就不能推行；教化不能推行，就会用权术来加以应变、补救；用权术来加以应变、补救，就会有失中道而发生偏差；有失中道而发生偏差，道理就不会公正，德行也不能泽及百姓而温暖人心；道理不公正、德行不能泽及百姓而温暖人心，群众就不会亲附安定；群众不亲附安定，就会分散而不团结；群众分散而不团结，君道就有欠缺了。董仲舒这里所说的"发言动作，万物之枢机。枢机之发，荣辱之端也"，明显来自《周易·系辞上》的"言行，君子之枢机，枢机之发，荣辱之主也"，只不过把对君子的要求，变成了对君主的要求。在董仲舒看来，君王乃国之元本，君王的言行不仅是自身道德修为的"枢机"，更是治理好国家社稷的"枢机"。董仲舒解释"王"字，认为"王"就是贯通天道、地道与人道，法天地之道而用于人道。天是世界的主宰，世间万物的命运都由天决定；同理，君是人类社会的主宰，现实政治的好坏都取决于君主。因此，作为"国之元"的君主，要循天之道，谨言慎行。

2. 天之生民，非为王也，而天立王，以为民也①。故其德足以安乐民者，天予之；其恶足以贼害②民者，天夺之。

【出处】《尧舜不擅移汤武不专杀第二十五》

【注释】

①此句源出《荀子·大略》，原文为："天之生民，非为君也。天之立君，以为民也。"

②贼害：残害。

【译文】上天生养百姓，并不是为了君主，但上天设置君主，却是为了百姓。所以君王的德行足以使人民生活安乐的，上天就把王位交给他；君王的恶行足以残害人民的，上天就把王命夺取回来。

【赏析】在董仲舒构建的政治网络中，天、君、民是三个重要因素，它们之间相互制约平衡,这句话就反映出三者之间的关系。首先,"天—君"关系。董仲舒将君权的来源归于天,既赋予其神圣性和权威性,又用天道秩序对其进行约束限制,要求君主"法天之行"。"为民"是王的责任,"安乐民"是王的义务。否则,天就会夺其王位。"天之生民,非为王也,而天立王以为民也"两句,完全与"政府系为人民而存在,人民非为政府而存在"的思想相符合,这是以民为本的进步政治思想。其次,"君—民"关系。在君民关系中,董仲舒格外重视君主之德,君主之德乃是法天之德。如果"其德足以安乐民",那么君与民就会在"天"的协调下达到和谐的统一。再次,"民—天"关系。在董仲舒的理论体系中,天意实质上是民意的化身。君对民的态度和行为,是天对君考核的内容。对民有利,君主才会受天奖赏,"天予之";对民不利,君主就会遭天惩罚,"天夺之"。所以,"天"对"君"的制约,说到底是"民"对"君"的制约。由此,天、君、民三者形成了一个相互制约的有机整体。

3. 惟圣人能属①万物于一,而系之元也。终不及本所从来而承②之,不能遂③其功。是以《春秋》变一谓之元,元犹原也。其义以随天地终始也。……故元者为万物之本。

【出处】《玉英第四》《重政第十三》

【注释】

①属:归属。

②承:顺承。

③遂:成就、完成。

【译文】只有圣人才知道宇宙万物都可以归属于"一",并把它和"元"联系起来。做事如果不能顺承万物之所从来的"元",那么就不能成功。因此,《春秋》把"一"改称作"元"。"元"就是本原的意思,其义是与天地相终始的。……所以元是万物的根本。

【赏析】在董仲舒思想中,"元"具有十分重要的地位。那么"元"到底是什么呢?有人认为是"元气",有人认为是"天",有人认为是宇宙本源,有人认为是至上神,这些看法虽然不同,但有一点是相同的,那就是都将"元"视为董仲舒哲学的最高范畴。黄开国教授认为,董仲舒所说的"元"并不是一个哲学概念,而是一个政治学概念。在董仲舒看来,孔子在编写《春秋》时把君王即位的"一年"改称"元年"是有深意的,是"大始"。所谓"大始",就是"以始为大",表达了董仲舒对王道之始的极端重视。董仲舒既强调"元"为王道之始,又强调"元"为王道之本。他所说的"元者为万物之本",这里的"本",就是指王道之本,而不是哲学意义上的万物产生之本。董仲舒认为,君王奉行王道,才算是真正抓住了问题的根本,根本确立了,人类社会乃至自然界的万物才会各得其所。这也就是"元"为万物之本的实际意思。

4. 元者,始也,言本正也;道,王道也;王者,人之始①也。

【出处】《王道第六》

【注释】

①人之始:人道的开始。

【译文】元,就是开始的意思,说的是根本性的东西要端正;道,就是王道;王是人道的开始。

【赏析】董仲舒在《春秋繁露·王道》篇集中论述君王行王道的问题。君主接受天命,施行教化,以身作则,使人民崇尚礼义,明辨人伦,所以说王道是人道的开始。除了理论上的论证,董仲舒还以古代圣王的德治仁政来阐述自己的政治理想。他说,君主如果像五帝三王那样,"什一而税",只收取土地所产十分之一的税,而且以仁爱之心教化百姓,以忠诚之心去役使百姓,"不夺民时",不强占老百姓的生产时间,役使老百姓一年不超过三天,那么,老百姓就会"家给人足""修德而美好",还会出现一系列的吉祥现象。反之，如果像桀、纣那样恣意妄为，则会灾害出现，国无宁日。这其实是董仲舒"天人感应"论在君道问题上的反映，它以"人正天顺""人不正天不顺"说明了君王行王道的重要性和必要性，具有很强的现实针对性。尧、舜、禹历来是儒家推崇的古代圣王，不仅是最高的人格典范，也是政治理想的寄托。"夫古之天下亦今之天下，今之天下亦古之天下"（《汉书·董仲舒传》），董仲舒盛赞古代的圣王之治，具有强烈的现实关怀和经世动机。

5. 古之造文[①]者，三画而连其中，谓之王。三画者，天、地与人也，而连其中者，通其道也。

【出处】《王道通三第四十四》

【注释】

①文：记录语言的符号，文字。

【译文】古时候造字的人，先写三画然后在中间把它们连接起来，就叫作"王"。其中的三画，代表的是天、地和人，而把当中连接起来的，就是贯通它们的道理。

【赏析】董仲舒从天人关系的角度对"王"字字形作出独特的解释：三横代表天、地、人，一竖表示贯通天地人之道。他的这一解释影响极为广泛，东汉许慎《说文解字》中解释"王"字，便直接引用了董仲舒之言，说："王，天下所归往也。董仲舒曰：'古之造文者，三画而连其中谓之王。三者，天地人也，而参通之者王也。'孔子曰：'一贯三为王'。"这种天地人"三才相兼"的思想，在先秦典籍中并不少见。《周易·系辞下》曰："《易》之为书也，广大悉备。有天道焉，有人道焉，有地道焉。"《尸子》中有记载，尧问于舜曰："何事？"曰："事天。"问："何任？"曰："任地。"问："何务？"曰："务人。"那么，王者应该如何"贯通天地人"呢？董仲舒认为关键在于王者之自正其身，因为他是贯通天地人之间的纽带。

只有王者自正其身，天地人之间的"通道"才能保持"畅通"，才能正确地顺承天意而将之反映于治民的制度措施之中。董仲舒通过对"王"字释义，一方面把王置于与天地并列的重要位置，另一方面也要求王能够"则天之明，因地之义，通人之情"，恰当谨慎地使用手中的最高权力，贯通天地人三道，这也是"王道通三"的要旨。

6.是故《春秋》之道，以元之深①正天之端，以天之端正王之政，以王之政正诸侯之即位，以诸侯之即位正竟②内之治。五者俱正，而化大行。

【出处】《玉英第四》

【注释】

①深：遥远。

②竟：通"境"。

【译文】所以《春秋》的法则，是用元之深远来端正天之起始，用天之起始来端正王者的政治，用王者的政治来端正诸侯的即位，用诸侯的即位来端正境内的治理。这五个方面都端正了，教化就能顺利施行了。

【赏析】这是"五始"说的最早版本。什么是"五始"呢？《春秋》所记鲁国"隐桓庄闵僖文宣成襄昭定哀"这十二公，正常情况下在每位国君即位的第一年，都记载有"元年春，王正月，公即位"九个字。东汉经学家何休将其概括为"五始"，即"元"为天地之始，"春"为岁之始，"王"为人道之始，"正月"为政教之始，"公即位"为一国之始，认为这是《春秋》中的重要义例。董仲舒在这里所说的"五者俱正"，虽然没有概括出"五始"的说法，但已具备"五始"的意味。"五者俱正"指的是元、天、王之政、诸侯即位、境内之治"五者"都正，强调新王受命从一开始不仅要从上天获得纯正之本，而且还要将这一纯正之本放射性贯穿于整个人类社会的各个层次，体现了对王道之始、王道之本的重视。这就是儒家的王道政治。

从这"五者"来看,"王之政"处于最中心的位置,是端正人间政治秩序的原点,原点不正,一切都将偏离正轨。

7. 故为人君者,正心以正朝廷,正朝廷以正百官,正百官以正万民,正万民以正四方。四方正,远近莫敢不壹于正,而亡①有邪气奸②其间者。

【出处】《天人三策》

【注释】

①亡:通"无"。

②奸:干犯、扰乱。

【译文】所以做君主的,先正心才能正朝廷,正朝廷才能正百官,正百官才能正万民,正万民才能正四方。四方正了,远近就没有不愿意不趋向于正的,而且没有邪气干犯其间。

【赏析】由"正心"到"正四方",层层推进,体现的是儒家的"内圣外王"之道。董仲舒十分强调君主的以身作则,他在《春秋繁露·保位权》中说:"为人君者,固守其德,以附其民,固执其权,以正其臣。"君主"正己"才能够"附其民""正其臣"。君主"正己"先要"正心",将仁、义、礼、智、信的道德要求纳入自己的态度体系,成为自己意识体系的有机组成部分。君主只有将儒家道德内化为"知",才能外显为"行",真正做到以身示范。君王内心诚正、以身作则,不仅可以使人间的朝廷、百官、万民、四方得"正",使社会上下浑然一体、教化大成,还能使阴阳调和,风雨及时,万物和谐,人民长育,五谷丰收,草木茂盛,四海臣服,祥瑞毕至,从而实现儒家所提倡的王道政治。这就是董仲舒"以人感天"的思想。

8. 畅①有似于圣人,圣人者纯仁淳粹②,而有知③之贵也。择于身者尽为德音,发于事者尽为润泽。

【出处】《执贽第七十二》

【注释】

①畅：同"鬯"，秬鬯酒，是古代祭祀用的香酒。

②淳粹：淳厚精粹，不浅薄、无杂滓。

③知（zhì）：通"智"，智慧。

【译文】秬鬯酒和圣人相类似，圣人具有朴实完美的纯粹仁德，毫无杂滓，又具有可贵的智慧。圣人选择说出的话都是有德之言，表现在行事上始终是平和而温润的。

【赏析】董仲舒以秬鬯酒比喻圣人之德，天子以畅为贽（即古代初次拜见尊长时所送的礼物）。因为秬鬯酒芳香至极，古人认为这种强烈而独特的香气能感通天地神灵，所以在祭祀时，先把秬鬯酒洒在地上，用以降神。《礼记·中庸》中说："鬼神之为德，其盛矣乎！视之而不见，听之而弗闻，体物而不可遗。"天地鬼神其德盛，虽无形无声，但体物至明。畅酒至美至淳，能通鬼神，圣人"德合于天地，变通无方"，且"明王视于冥冥，听于无声"（《春秋繁露·王道》），董仲舒认为圣人的德行就像畅酒的纯美芳香一样，说出的话都是纯粹敦厚、睿智仁美之德音，做出的事都是通天地、合人伦之圣行，所以天子以畅为贽，用畅来祭祀上天。这也是董仲舒依据事物的特点进行类比，"观贽之意，可以见其事"，通过所执之贽的德性象征意义，就可以了解其所担负的使命和职责。

9. 王者心宽大无不容，则圣能施设①，事各得其宜②也。

【出处】《五行五事第六十四》

【注释】

①施设：设施、安排。

②宜：合适、恰当。

【译文】如果君王的心胸宽广而没有不能容纳的东西，那么根据其圣明所处理的事务就都是很恰当的。

【赏析】有容，德乃大。为君者之心不可不宽广，不可不包容。"海纳百川，有容乃大；壁立千仞，无欲则刚"，林则徐的这句话，以山河之雄伟比喻人的胸怀宽广，以峭壁陡立比喻人格之刚健。君子心怀仁义之公德，自然心宽志大，表现出舒泰坦荡的气象。董仲舒对君王的德行要求更高，要做到"无不容"，任何相左的意见、极端的观点都能冷静分析、理性接受，这样才能在处理事务时恰如其分。董仲舒的这个观点放到现代社会依然具有重要的启示：对于各级党员干部来说，不管职位高低，都要修养德行，做到内心刚正，心胸宽广，在人民利益面前，不存半点私欲，无半点得失之患，做到心中有人民、肩上有责任，以宽广公正之心面对百姓，这样才能真正实现执政为民。

10.立义[①]以明尊卑之分；强干弱枝[②]，以明大小之职；别嫌疑[③]之行，以明正世之义；采摭托意[④]，以矫失礼；善无小而不举，恶无小而不去，以纯其美；别贤不肖，以明其尊[⑤]。

【出处】《盟会要第十》

【注释】

①立义：奉行大义。

②强干弱枝：增强天子的力量，削弱诸侯的力量。

③嫌疑：疑惑难辨。

④采摭（zhí）托意：择取古代的历史事件，在褒贬评论中寄托自己的看法、心意。

⑤明其尊：表明尊重贤者之意。

【译文】奉行大义以明确尊卑的差别；增强天子的力量而削弱诸侯的力量，以此来表明大小的职分；分辨疑惑难辨的行为，以此来阐明匡正世俗的道理；择取古代的历史事件，在褒贬评论中寄托自己的看法、心意，以此来矫正失礼的行为；对于那些善事，不因为它们小就不列举出来，对于那些恶事，不因为它们小就不去除，以此来纯化美好的东西；区别贤能和无能的人，以此表明尊重贤者。

【赏析】董仲舒认为君主要治理好国家，既需要奉行礼义，又需要拥有智慧。在这里他首先强调"立义以明尊卑之分"，《春秋繁露·正贯》篇也说"立义定尊卑之序"。董仲舒以天道、阴阳为理论依据，建立起一套人间的秩序，规范上下之伦，明确尊卑之序。接下来的"强干弱枝以明大小之职"，在《十指》篇也有类似的提法："强干弱枝，大本小末，则君臣之分明矣。"董仲舒亲身经历过汉初七国之乱，对于诸侯尾大不掉的恶果有着深痛的认识，所以才一再论及"强干弱枝"，加强中央集权，稳固社会秩序。

至于后面所说的"别嫌疑""别贤不肖"，则需要君主具备足够的政治智慧。《竹林》篇讲到逢丑父和祭仲二人都是"枉正以存其君"，违反正道来保存他们的君主，但是祭仲被表扬而逢丑父遭指责，因为这两个人的所作所为看起来"嫌疑相似"，但是道理不同，如果不审查清楚，就无法确立正确的规则，达到匡正世俗的目的，因此必须"别嫌疑"。"别嫌疑"需要一双慧眼，"别贤不肖"也需要一双慧眼。董仲舒认为君主治理百姓需要在五个方面加强修养，即貌、言、视、听、思。其中"视"就是眼光，眼光要做到"明"，"明者，知贤不肖，分明黑白也"，所谓明，就是要具备一双能够识别贤与不肖、是非黑白的"火眼金睛"。

11. 天地人，万物之本也。天生之，地养之，人成之。天生之以孝悌，地养之以衣食，人成之以礼乐，三者相为手足，合以成体，不可一无也。

【出处】《立元神第十九》

【译文】天地人，是万物的根本。天生长万物，地养育万物，人成就万物。天用孝悌生长万物，地用衣食养育万物，人用礼乐成就万物，这三者的关系就好比人的手和足，合起来成为一个整体，缺一不可。

【赏析】董仲舒认为君主治理国家最重要的是崇尚根本。什么是根本呢？就是天地人。为什么天地人是根本呢？因为万物的生长、养育、成就全依赖它们来完成。董仲舒在《春秋繁露·为人者天》篇中引用古书之言"天生之，地载之，圣人教之"，《荀子·富国》篇也有"天地生之，圣人成之"的话，这是董仲舒对先贤思想的继承。那么具体来说，君主应该怎么对待"三本"呢？首先，对待"天本"。君主作为"天子"要事天以孝道，通过祭天祀地表达孝敬之意。董仲舒在《郊祭》《郊祀》篇详细申述了郊祭、郊祀的重要性。而且，在社会中要宣扬孝悌、表彰孝行。其次，对待"地本"。君主须以身作则，亲耕藉田，皇后须亲自采桑养蚕，除草种谷。再次，对待"人本"。君主要担负起教化民众的职责，设立各级各类学校，修习孝悌、恭敬、谦让等美德，并用礼乐进行熏陶。由此可见，董仲舒提出的君主对待天地人"三本"的主张与孔子的"庶之""富之""教之"思想遥相呼应。对个体生命而言，这是生命发展的三个阶段；对整个社会而言，这是儒家治国的三个层次。

12. 亲近以来远，未有不先近而致远者也。故内其国①而外诸夏②，内诸夏而外夷狄，言自近者始也。

【出处】《王道第六》

【注释】

①内其国：亲近鲁国。内，亲近。其国，指鲁国。

②外诸夏：（相对于鲁国）疏远华夏各诸侯国。外，疏远。诸夏，华夏各诸侯国。

【译文】对身边的人亲善以吸引远方的人，没有不首先亲善身边的人而能够吸引远方的人归服的。所以，首先要亲近鲁国的人，其次才是华夏各诸侯国的人，亲近华夏各诸侯国的人，最后才到更遥远的夷狄，说的就是要从近处开始。

【赏析】"亲近来远"是儒家王道政治的一贯主张,"内其国而外诸夏,内诸夏而外夷狄"是董仲舒为王者实现"亲近来远"一统天下设计的"三步走"方略。这里的内、外是相对而言的。对于鲁国来说,诸夏就是外,对于诸夏来说,夷狄才是外。《春秋繁露·俞序》中说《春秋》"详己而略人,因其国而容天下",其中的"己",指的就是鲁国,"人",指其他诸侯国,《春秋》记鲁国事详细,记他国事简略,这是先安内、再安外,先治理自己的国家而后兼济天下的意思。内外关系有亲疏、远近之别。董仲舒把天下分为鲁国、诸夏、夷狄三个层次,提出:第一步先治理好自己的邦国,第二步治理好华夏各诸侯国,第三步教化周边夷狄。由内而外,由近及远,最后实现一统天下,所以叫"自近者始"。儒家处理人与人之间的关系,强调"仁爱",仁爱是建立在以血缘关系为基础的差别之上的,是有差等的爱,儒家要求根据人之间关系的亲疏远近,采用不同的对待处理方式。同样,这一理念也可以扩展适用于国家、民族间,大一统也不是一步到位的,而是循序渐进的。

13. 王者,民之所往;君者,不失其群者也。故能使万民往之,而得天下之群者,无敌于天下。

【出处】《灭国上第七》

【译文】所谓王,就是人民归往的意思;所谓君,就是不会失去他的民众的意思。因此,能够使万民归向,并得到天下民众拥戴的人,天下就没有人能够和他抗衡了。

【赏析】董仲舒采用"声训"的训诂学方法对"王"和"君"进行阐释。"王"与"往"、"君"与"群"音近相训。"王"是"民之所往","君"是"不失其群",君王就是以自己的美好德行聚合天下民众的人。民心所向,则天下无敌。《荀子·王制》篇也讲到"群"的问题,荀子认为人论力气不如牛，论速度不如马，但牛、马却被人役使，就是因为人能"群"，而动物不能结合成社会群体。人靠什么结合成社会群体呢？靠的是等级名分。等级名分又是靠什么维系呢？靠的是道义。所以，根据道义确定了名分，人们就能和睦协调、团结一致、力量强大。荀子不仅指出了"人能群"，还提出了"君者，善群也"，君主应该善于把人组织成社会群体，只有"善群"，政策法令才能适时，老百姓才能被统一起来，有德才的人才能被使用。董仲舒吸收了荀子的观点，也十分重视君主"群"的能力。他分析了春秋时期被弑的君主三十六位、被灭亡的国家五十二个，其败亡的一个重要原因就是"不同群"，不和其他诸侯国会聚结盟，遇到危难的时候没有人来相救。尤其是小国，实力不足以自守、外交又不谨慎，那就会导致灭亡。

14. 事在强勉而已矣。强勉①学问，则闻见博而知益明；强勉行道，则德日起而大有功。

【出处】《天人三策》

【注释】

①强（qiǎng）勉：努力、尽力而为。

【译文】事情在于（君主）发奋努力、尽力而为罢了。发奋努力钻研学问，就会见闻广博使才智更加聪明；发奋努力行道，德行就会日渐崇高，而且获得大的功绩。

【赏析】此乃董仲舒回答汉武帝第一策关于天命的问题时所说，意在告诉汉武帝天对人君是仁爱的，人君有错，天先是灾害谴告，接着是怪异警惧，只要能改，就可以安全。如果不是非常无道，天总是尽力扶持和保全人君，因此作为君主只要勤勉努力就好了，"治乱废兴在于己"，国家的治乱废兴不是天命所定，而是在于自身努力。董仲舒还引用《诗》中的"夙兴夜寐"、《书》中的"茂哉茂哉"等表达强勉之意的话，来进行说明，借助经典的权威，更有力地阐明自己的观点。

强勉，就是自主的、能动的进取精神。儒家一贯重视道德修养中人的主观能动性。《周易·乾卦·象传》云："天行健，君子以自强不息。"这代表着儒家的普遍观念，表达的是一种积极进取的精神。《礼记·中庸》讲："人一能之己百之，人十能之己千之。果能此道矣，虽愚必明，虽柔必强。"勤勉努力能够改变先天之不足。《韩诗外传》中说："望人者不至，恃人者不久。君欲治，从身始。人何可恃乎？"依靠、指望别人是不行的，任何人都不能代替自己的努力。董仲舒在《春秋繁露》中也多处提到强勉学问的重要性，如在《重政》篇说"圣人思虑不厌，昼日继之以夜"，在《执贽》篇说"不知则问，不能则学"。董仲舒主张强勉学问，他本人就是一个强勉学问的儒者，留下了"目不窥园"的勤学故事。他勉励汉武帝要"夙夜不懈行善"，强勉学问，立身行道，正己以正百官，将自己所体认到的"天意""善道"外化。"人能弘道，非道弘人"，"行道"需要这种执着不懈的强勉精神。

15.此皆内自强①，从心之败己②，见自强之败，尚③有正谏而不用，卒皆取亡。

【出处】《王道第六》

【注释】

①内自强：内心自信太过。

②从心之败己：师心自用而导致自己失败。

③尚：通"倘"，倘若。

【译文】这都是内心自信太过，师心自用而导致自己失败，看见因刚愎自用导致的失败，倘若再不听从别人正确的劝谏，最后都自取灭亡。

【赏析】在这里董仲舒讲的是君主应该虚心纳谏的道理。他用四个历史故事进行说明。故事一：春秋时期，北方的戎人要来侵略曹国，曹伯想亲自去迎敌。大夫曹羁（jī）进谏说："戎人最不讲道义，君主您不能亲自去迎战。"曹伯不听。曹羁进谏三次，尽到做臣子的道义之后就离开了。后来曹军被戎狄打败，国君也死在戎人手里。成语故事"三谏之义"便源自于此。故事二：伍子胥劝谏吴王，认为不应该攻打齐国，而应该攻取越国，吴王不听从，还把伍子胥置于死地，过了九年，越国果然把吴国灭亡了。故事三：秦穆公将要偷袭郑国，百里奚、蹇（jiǎn）叔劝谏说："奔波千里去偷袭别人，没有不失败的。"穆公不听从，结果袭郑失败，不得不退兵西归。晋乘机在崤（xiáo）山追击秦军，秦军大败，连一匹马、一只车轮都没能回来。这就是著名的"崤之战"。故事四：假虞灭虢（guó）。晋国向虞公借道，虞公收下晋国的美玉、宝马就欣然答应了。大臣宫之奇劝谏说："嘴唇没有了，牙齿就会感到寒冷，虞国和虢国应该是互相救助，不是互相施予恩惠，请君王不要答应晋国的要求。"虞公不听从，后来虞国果然被晋国灭亡了。这就是"唇亡齿寒"的故事。董仲舒是一个善于讲故事的人，他用四个历史故事讲明了"有正谏而不用"的君主，最后都会自取灭亡的道理。

16. 故知其气矣，然后能食①其志也；知其声矣，而后能扶其精也；知其行矣，而后能遂其形也；知其物矣，然后能别其情也。故倡而民和之，动而民随之，是知引其天性所好②，而压其情之所憎者也。

【出处】《正贯第十一》

【注释】

①食（sì）：培养。

②引其天性所好：指引之于善。

【译文】所以要了解人民的精神状态，然后才能培养他们的心态；了解他们的语言，然后才能扶持他们的精神；了解他们的行为，然后才能成就他们的形质；了解他们的事情，然后才能辨别他们的性情。因此君王倡导而人民就会附和他，君王行动而人民就会跟随他，因为君王知道引导人民天性所喜好的，压制人民性情上所憎恶的。

【赏析】在《春秋繁露·正贯》这一篇，董仲舒强调君主要了解人民的性情，只有符合人性民情的政治才是真正有效的政治。汉武帝在策问中就着重询问了关于性情的问题，他说："性命之情，或夭或寿，或仁或鄙，习闻其号，未烛厥理。伊欲风流而令行，刑轻而奸改，百姓和乐，政事宣昭，何修何饬而膏露降，百谷登，德润四海，泽臻草本，三光全，寒暑平，受天之祐，享鬼神之灵，德泽洋溢，施乎方外，延及群生？"意思是关于性命问题，有的长寿，有的夭折，有的仁爱，有的卑鄙，常听这类说法，没有弄清楚其中的道理。如果想实现风调雨顺、五谷丰登、令行禁止、国泰民安，那需要怎么做呢？董仲舒的回答是：民众的性情是复杂的、可塑的，就看君主如何塑造他们。圣王可以使人民品德高尚、长寿，暴君则会使人民鄙薄、夭折。君主有操纵人民的主动权，但这主动权不能乱用，要服从天意。董仲舒重视对人民性情的了解，认为"明于情性乃可与论为政，不然，虽劳无功"，只有了解人民性情的人，才可以跟他一起讨论为政的道理。不然的话，即使再勤劳也是没有用处的。真正有效的政治一定是符合人性人情的政治，这种以人为本的德政精神，对于我们今天建设中国特色社会主义，加强社会主义精神文明建设依然有着重要的借鉴意义。

17. 务致民令有所好，有所好，然后可得而劝①也，故设赏以劝之；有所好，必有所恶，有所恶，然后可得而畏②也，故设罚以畏之。既有所劝，又有所畏，然后可得而制。

【出处】《保位权第二十》
【注释】
①劝：劝勉。
②畏：畏惧。
【译文】一定要使百姓有所喜好，有所喜好，然后才能对他们进行劝

勉，于是设立奖赏来劝勉他们；有所喜好，一定有所厌恶，有所厌恶，然后才能使他们畏惧，所以设立刑罚来使他们畏惧。既有所劝勉，又有所畏惧，然后就可以节制他们。

【赏析】董仲舒的思想具有兼容的特色，他广泛吸收先秦诸子百家之学，构建起新的儒学体系。《春秋繁露·保位权》篇便充分体现出董仲舒对法家思想的吸纳融合。在这句话里，董仲舒指出统治者要根据人情好恶进行有效的统治。人们是喜欢奖赏、害怕惩罚的，所以君主要用奖赏对他们进行劝勉，用刑罚使他们畏惧。这种观点在法家那里多有所见。《商君书·错法》载："人情而有好恶，故民可治也。人君不可以不审好恶。好恶者，赏罚之本也。夫人情好爵禄而恶刑罚，人君设二者以御民之志，而立所欲焉。"《韩非子·八经》载："凡治天下必因人情，人情者有好恶，故赏罚可用，赏罚可用则禁令可立，而治道具矣。"正如范文澜先生所说，董仲舒的贡献就在于他把战国以来各家学说在孔子的名义下，在《春秋公羊》学名义下统一起来。经过董仲舒这个巨大的加工厂，向来被看作"不达时宜，好是古非今"的儒学，一变而成为"霸王道杂之"，合于汉家制度的儒学了。

18.国之所以为国者，德也；君之所以为君者，威也。……是故为人君者，固守①其德，以附②其民；固执其权，以正其臣。

【出处】《保位权第二十》

【注释】

①固守：坚守。

②附：归附。

【译文】国家之所以成为国家，靠的是德政；君王之所以成为君王，靠的是权威。……因此做君王的人，坚守自己的道德，以使老百姓归附；牢牢掌握住权力，以使大臣归正。

【赏析】董仲舒既重视君主之"德"，也重视君主之"威"，认为德、威不可或缺。至于"德"，在董仲舒看来，作为一国之君的统治者必须施行德政，只有这样才能用道德团结人民、匡正臣下。要做到以德治国，君主必须"同民所欲"，想人民之所想，乐人民之所乐。具体来说，就是要轻徭薄赋，不夺民时，使百姓家给人足，使国家长治久安，这是儒家理想的德治。至于"威"，董仲舒吸收了法家的势治理论。韩非子认为君主的统治是靠威势和权力，威势临下，民莫不服。《韩非子·五蠹》中讲了个故事：一个不成器的孩子，父母发脾气，他不改；乡人训斥，他无动于衷；老师教诲，他也不听；直到执法人员拿着武器前来搜捕的时候，他才害怕，赶紧改掉坏毛病。于是韩非子说"民固骄于爱，听于威"，"民者固服于势，势诚易以服人"，认为只要掌握了生杀予夺的权柄，有了威势就能进行统治。董仲舒在《春秋繁露·威德所生》篇说："为人主者，居至德之位，操生杀之势，以变化民。民之从主也，如草木之应四时也。喜怒当寒暑，威德当冬夏。"除了增加了一点春夏秋冬的比附之外，与法家势治的精神别无二致。

19. 吾本①其端，无义而败，由轻心②然。孔子曰："道千乘之国，敬事而信。"③知其为得失之大也，故敬而慎之。……行身不放④义，兴事不审时，其何⑤如此尔。

【出处】《竹林第三》

【注释】

①本：推究。

②轻心：轻慢不经之心。

③道千乘（shèng）之国，敬事而信：语出《论语·学而》。道，通"导"，治理。乘，古时四马一车为一乘。

④放：依从。

⑤何：此乃"祸"之讹误。

【译文】我推究他的祸端，在于不守道义而失败，由于轻率放纵导致这样的结果。孔子说："治理拥有一千辆兵车的国家，要认真办理政事而且坚守信用。"知道施政的得失对于国家存亡关系重大，所以恭敬而又慎重地去处理。……立身行事不遵照正道，做事不审时度势，就会遭受同样的祸患。

【赏析】这是董仲舒评价郑悼公时所说的一段话。郑悼公是春秋时期郑国的第十四任君主，在其父亲死去当年的冬天他就攻打许国，这是违背礼制的"以丧伐"。郑悼公的父亲郑襄公当年是在服丧期间攻打卫国，是违背礼制的"伐人丧"。董仲舒评价这父子二人是"父负故恶于前，己起大恶于后"，父亲先犯下旧恶，儿子接着又干起大坏事。最后的结果是惹怒诸侯，几近亡国。《春秋》成公四年记载了郑悼公在父丧期间伐许国的事情，称之为"郑伯伐许"。按照《春秋》的一般原则，新君在为先君服完三年丧之后，方称其本爵，在这之前要称"子"，体现的是孝子对于先君的思慕之情，不忍心在先君去世之后就马上"当父之位"，这是礼义内在的要求。郑悼公在父亲刚死不到一年时就出兵伐许，因此《春秋》就像称呼正式的国君一样称之为"郑伯"，讽刺其全无孝子之心。做事情不守道义，就会遭到天的抛弃，其后果是可怕的，这对于在位国君来说无疑具有强大的威慑力。

20. 君子不耻其困，而耻其所以穷。昭公虽逢此时，苟不取同姓，讵①至于是？虽取同姓②，能用孔子自辅，亦不至如是。时难而治简③，行枉而无救④，是其所以穷也。

【出处】《楚庄王第一》
【注释】
①讵（jù）：怎么。
②取同姓：取，通"娶"。周代礼制规定"同姓不婚"，吴国和鲁国

都是姬姓，不能通婚，可是鲁昭公娶了吴王长女，这是违背礼制的。

③时难而治简：时难，处于危急艰难之时；治简，治理国家过于疏忽。

④行枉而无救：行枉，行为不合正道；无救，没有贤人匡救。

【译文】君子不因遭遇困顿感到羞耻，而因导致困顿的行为感到羞耻。鲁昭公虽然时运不济，生逢乱世，但是如果他不违背礼制娶同姓女子为妻，怎么会到如此地步？虽然娶了同姓女子，如果能任用孔子辅佐自己，也不至于这样。处于危急艰难之时，又疏于治理，行为不合正道，又没有贤人匡救，这就是他遭受困顿的原因。

【赏析】董仲舒的这句话强调了"守礼"和"任贤"对于国家治理的重要性，并且以鲁昭公为例从反面进行论证。鲁昭公违背当时"同姓不婚"的礼制，又不能任用孔子这样的贤人，所以把国家治理得一塌糊涂。历史上关于鲁昭公知不知礼有一场讨论。根据《左传》记载，鲁昭公五年（前537年），鲁昭公去晋国朝拜晋平公，所有的外交仪式都做得非常到位。但是晋国大夫女（rǔ，姓）叔齐一针见血地指出，鲁昭公擅长的只是仪式，而不是周礼，"是仪也，不可谓礼"。那么什么是礼呢？女叔齐解释说："礼所以守其国，行其政令，无所失其民者也。"礼是用来守卫国家、执行政令、不失去百姓的东西。鲁昭公知"仪"而不知"礼"，他熟悉外交礼节，却在治国上犯错，这就叫"小事明白，大事糊涂"。作为一国之君，若不能很好地治理国家，而只是把精力用在学习表面的仪式上，那无疑是舍本逐末。

21. 自内出者，无匹①不行；自外至者，无主不止。

【出处】《王道第六》

【注释】

①匹：配合。

【译文】从内心产生的贪欲，如果没有外物诱惑与之配合，则不能显现出来；外物的诱惑，如果没有内心定力主宰，则不会停止。

【赏析】这句话在《公羊传》宣公三年和《白虎通·郊祀》篇都有出现，应该是一句古语。董仲舒举了"假虞灭虢"的历史故事说明这个道理。虞国的国君贪财，只看见了晋国的玉璧和名马，看不到借道的后果，最后落得个身死国灭的下场。所以董仲舒说"物不空来，宝不虚出"，财物不会凭空拿来，宝物不会无故拿出，天上不会掉馅饼。内有贪欲，外有诱惑，最终必将走上败亡之道。

22. 亡者自亡也，非人亡之也。

【出处】《王道第六》

【译文】它的灭亡是自己灭亡的，而不是别人把它灭亡的。

【赏析】《春秋繁露·立元神》中有一句话表达了同一个意思："莫之危而自危，莫之丧而自亡。"就是没有人威胁而自己处于危险的境地，没有人要消灭他却自己灭亡了。董仲舒讲了很多古代君主版的"不作死就不会死"的例子。春秋时期的宋闵公是宋国第十七任君主，他的大臣南宫万力大无穷，屡立战功。有一次在和鲁国的战争中，南宫万中了箭伤被擒。宋鲁两国和好后，鲁国又把他放回来了。可是回来后，闵公动不动就当着满朝文武、后宫姬妾的面笑话南宫万做过俘虏，终于惹怒了南宫万，在一次搏戏中把闵公的脖子折断了。董仲舒认为宋闵公是自失为君之礼，惹来杀身之祸。他还讲到梁国灭亡的例子。梁国国君对内无休止地役使百姓，老百姓受不了了纷纷逃亡，他又用残酷的连坐法恣意屠戮，最终把国家搞得就像鱼从腹中坏烂一样灭亡了。所以《春秋》书"梁亡"，这是自亡之辞，体现着对梁君的贬义。不管是宋闵公还是梁国国君，都严重违背了君主之德，这是自取灭亡之道。

无为而治

1.故为人主者法天之行,是故内深藏,所以为神;外博观①,所以为明也;任群贤,所以为受成②;乃不自劳于事,所以为尊也;泛爱群生,不以喜怒赏罚,所以为仁也。

【出处】《离合根第十八》

【注释】

①博观:广泛地观察。

②受成:享受成果。

【译文】因此作为君王应该效法上天的行为,于是在内深深地隐藏形迹,以此来表示其玄妙莫测;在外广泛地观察外物,以此来表示其明察秋毫;任用众多贤能之人,以此来享受成果;自己并不亲自去做事情,以此来表示其尊贵;广泛地爱护老百姓,不因为一己的喜怒而赏罚,以此来表示其仁爱。

【赏析】在这段话中,董仲舒描述出了他心目中"无为而治"的理想政治。一说到"无为而治",很多人会认为这是老子及其道家学派的专利,实际上这是一种误解。"无为"是儒、道、法各家通用的概念、共有的思维模式，各家都认为"无为"是圣王明君之治的极致状态，只是各家赋予"无为"的内涵各不相同。道家的"无为"强调清静无事，儒家的"无为"强调统治者要端正自身、任用贤才，法家的无为强调制度设置。

董仲舒认为天道是"无为"的。在《春秋繁露·深察名号》篇他说："天不言，使人发其意；弗为，使人行其中。"天并不说话，而是让人用言语来阐发它的意志；天并不作为，而是让人在行事上合乎中道。在这里，董仲舒将君道"无为"抬高到了天道的层面，强调人主应该法天之行。天是"无为"的，具有"高其位""下其施""藏其形""见其光"的特点。"高其位"，位置很高，代表尊贵；"下其施"，下施雨露，代表仁爱；"藏其形"，隐藏形体，代表神妙；"见其光"，显露光芒，代表明亮。君主要向天学习，为神、为明、为尊、为仁。《淮南子·泰族训》中也有一段类似的表述："其生物也，莫见其所养而物长；其杀物也，莫见其所丧而物亡，此之谓神明。圣人象之，故其起福也，不见其所由而福起；其除祸也，不见其所以而祸除。"同样也是讲上天"无为"，在物长物亡之际表现出神明、仁爱；圣人"无为"，在起福除祸之际表现出神明、仁爱。

2. 故为人主者，以无为为道，以不私为宝。立无为之位而乘①备具②之官，足不自动而相者③导进，口不自言而摈者④赞辞⑤，心不自虑而群臣效当⑥，故莫见其为之而功成矣，此人主所以法天之行也。

【出处】《离合根第十八》

【注释】

①乘：凭借。

②备具：齐备、完备。

③相者：帮助主人传命或导客的人。

④摈（bìn）者：接引宾客的人。摈，古同"傧"。

⑤赞辞：帮助致辞。

⑥效当：犹效能。当，才能。

【译文】因此，做君主的要把"无所作为"当作治理国家的正道，把大公无私当作治理国家的法宝。处于无所作为的位置上而依凭完备的官吏，自己不用亲自走路而自有辅佐礼仪的人引导进去，自己不用亲自说话而自有接引宾客的人帮助致辞，自己不用亲自思考问题而各位大臣都会尽职尽责，所以没有人看见他有什么作为而他的功业就完成了，这就是君王效法上天的行为。

【赏析】这段话是董仲舒从君臣职责角度来讲"君无为而臣有为"。他指出，君主的职责就是"法天之行"，不插手具体的政治事务，将其交与臣下去完成，最终达到"莫见其为之而功成"的效果；臣子的职责则是"法地之道"，充分展示自己的才能、性情，以便君主能够根据其才能加以任用，然后积极地建功立业。正因为如此，董仲舒在面对不同对象时，会对"事功"有不同的说法。对群臣他讲"争进其功"，对诸侯王他讲"不急其功"。关于"事功"的标准因对象不同而不同，呈现出一种层次的差异。这种"君无为而臣有为"的模式，有利于限制君权的恶性膨胀，维护政治稳定，同时也为更多大臣拥有政治话语权，积极有效治理国家提供了保障。

3.故为人君者，谨本详始①，敬小慎微②，志如死灰③，形如委衣④，安精养神，寂寞无为。

【出处】《立元神第十九》
【注释】
①谨本详始：谨慎地对待根本的、起始的事情。
②敬小慎微：对细微的事也持谨慎小心的态度。
③志如死灰：心志如死灰一样平静。
④委衣：陈设的衣服。

【译文】所以做君主的，应该谨慎地对待根本的、起始的事情，对细微的事情也持谨慎小心的态度。他的心志如死灰一样平静,他的形体如陈设的衣服一样无所作为,安心修养精神,寂寞而无有作为。

【赏析】这句话反映了董仲舒关于君主需要先"有为"才能后"无为"的观点。董仲舒虽然主张君主"无为",但那只是最终的理想境界,在这之前君主的"有为"是重要且必要的。"谨本详始,敬小慎微",这就是对君主"有为"的要求。君主从一开始就应该谨慎对待的一项重要任务就是选任贤才。君主之所以"无为",儒者多认为是有贤才辅助形成的。《论语·泰伯》中说:"舜有臣五人而天下治。"《大戴礼记·主言篇》说:"昔者舜左禹而右皋陶,不下席而天下治。"舜之所以能够"无为而治",是他得到了多位贤臣的协助,他们不仅分担了君主的忧劳,而且用自己的才智使国家得以善治。董仲舒在对策中也以尧舜为例,说明有贤才辅佐才能实现"无为而治"。他说尧帝在受命为王之后,积极"有为",先诛杀乱臣,再寻求圣贤,最终得到了舜、禹等贤臣,于是"众圣辅德,贤能佐职,教化大行,天下和洽",达到"无为"的境界。关于选任贤才的重要性,董仲舒多有论述。如"欲为尊者在于任贤""圣人务众其贤"等等。他还将君与天相类比,认为天的刚健来自精气的充盈,明君的强大则来自众多贤臣的辅佐,所以要达到尊贵必须"任群贤"。君主"劳于求贤",才能"逸于得贤",先行"有为",才能实现"无为",最终实现"居无为之位,行不言之教""以不求夺,以不问问"的高妙的境界。

爱民利民

1.君者，民之心也；民者，君之体也。心之所好，体必安①之；君之所好，民必从之。

【出处】《为人者天第四十一》

【注释】

①安：安逸、安适。

【译文】君主，是人民的心脏；人民，是君主的身体。心所喜好的，身体一定安于其所好；君主所喜好的，人民一定顺从其所好。

【赏析】这是董仲舒的"君民一体"思想。在《春秋繁露·天地之行》中他也提到"一国之君，其犹一体之心也"，"君臣之礼，若心之与体"。在国家管理体系中，必须有相当于"心脏"的核心领导层，而且这颗"心脏"要非常刚健、贤明，"身体"才能和顺、安稳。上位者的德行修养对百姓会产生直接影响，百姓跟从君王的好恶，上以德感，则下以善应。《礼记·大学》中说："尧舜帅天下以仁，而民从之。"作为君主，一定要认识并处理好与民众的关系。《春秋繁露·王道》中说："五帝三王之治天下，不敢有君民之心。"王者拥有天下，身居高位，却不敢自谓"君民"，是敬畏之至，百姓才是国家真正的"天"。君王不能凭借位重权贵而轻民，应该以民为贵，胸怀爱民之心，君民一体，才可得治世。对于今天的执政者来说亦应如此，不管职位高低，只要是关涉到国家治乱和民生问题，就必须真正意识到自己与百姓为一体，"脚下沾有多少泥土，心中就沉淀多少真情"。关切民众，体察民情，时刻把百姓放在心中，只有人民安居乐业，社会才能安定有序，国家才得长治久安。

2.《春秋》之法，凶年^①不修旧^②，意在无苦民尔。苦民尚恶之，况伤民乎？伤民尚痛之，况杀民乎？

【出处】《竹林第三》

【注释】

①凶年：灾荒之年。

②修旧：重修旧的宫室台榭。

【译文】《春秋》的法则是灾荒年不重修旧的宫室台榭，用意就在于不得劳苦人民。劳苦人民尚且要予以反对，更何况是伤害人民呢？伤害人民尚且要表示哀痛，更何况是杀害人民呢？

【赏析】这句话体现了董仲舒的爱民思想。其中提到了伤害老百姓的"苦民""伤民""杀民"。兴徭役，夺民时，是"苦民"；重赋敛，夺民财，是"伤民"；滥征伐，夺民命，是"杀民"。凶年即灾荒之年，君主如果在灾荒之年无偿地征用民力去建造城邑、修筑楼台，就意味着逼迫老百姓饿着肚子为其服役。对这样毫无仁德之心的行为，《春秋》要么讥讽、要么隐讳，体现出的是爱民之义。对于"杀民"，有人提出疑问：《春秋》记载战争的事情非常谨慎，但是为什么没有厌恶战争的说法呢？董仲舒的回答是：《春秋》虽然没有直接说厌恶战争、反对战争，但是它在书写战争的时候，总是把挑起战争的一方放在次要地位，表明对战争的厌恶。董仲舒认为这是《春秋》的书写特点，即对于小问题明确地批评，对于大问题隐晦地指责。

3. 天之意，常在于利人，人愿止雨，敢告于社①。

【出处】《止雨第七十五》

【注释】

①社：社神。

【译文】上天的意志，常常是在于有利于百姓的方面，百姓们都希望停止下雨，在此冒昧地祭告社神。

【赏析】《春秋繁露》中《求雨》和《止雨》两篇详细记载了古代求雨、止雨的仪式。《止雨》篇记述了董仲舒任江都相期间具体指导的一次止雨活动，这是止雨祝词中的一句话。董仲舒认为，天与人不是外在对立的关系，而是内在的相互感应的关系。人们试图把握"天人相与之际"的自然规律，用以造福于人类，因为他们相信"天之意，常在于利人"，天生万物，其最大的德就是"仁"。董仲舒以天下百姓的愿望向上天祷告，为民请愿："幸为止雨，除民所苦……人愿止雨"。祝词充分体现了董仲舒的爱民之心与悲悯情怀。不管是求雨还是止雨，表面上是呼风唤雨、撒豆成兵的巫术，实际上却是紧紧围绕人的需要、人的请求，其最终目的是怜惜广大民众、安抚百姓，表现出儒家一贯的顺天应民、重农爱民的思想。

4. 圣人之为天下兴利也，其犹春气之生草也，各因其生小大而量其多少；其为天下除害也，若川渎①之写②于海也，各随其势倾侧而制于南北③。……是以兴利之要，在于致之④，不在于多少；除害之要⑤，在于去之，不在于南北。

【出处】《考功名第二十一》

【注释】

①渎：泛指通海的河流、大川。

②写（xiè）：通"泻"，倾注、倾泻。

③制于南北：流向南方或北方，即因势利导之意。

④致之：达到、取得。

⑤要：关键。

【译文】圣人为天下之人谋取福利，就像是春天温暖之气生长草木一样，根据草木的大小而各如其分地给予温暖之气；圣人为天下之人消除祸害，就像是河川奔流注入大海一样，顺着它们各自所处的地势而流向南方或北方。……因此谋取福利的关键，在于最终的获得，不在于行动的多少；消除祸害的关键，在于真正消除它，不在于采取什么手段。

【赏析】董仲舒认为圣人应该效法天道的生育养长功能为天下"兴利"。这种思想在《春秋繁露》的很多篇章都有体现。《诸侯》篇曰："生育养长，成而更生，终而复始，其事所以利活民者无已。天虽不言，其欲善足之意可见也。古之圣人，见天意之厚于人也，故南面而君天下，必以兼利之。"意思是：万物的生长养育，是长成后再孳生，终了后又再开始，这些都是为了不停地养活人民。上天虽然不说话，但是它想要使人民生活富足的意图是可以看出来的。古时候的圣人看到上天对人民十分厚爱，因此当他统治天下的时候，必定要使天下的人民都受到多方面的好处。在这里董仲舒不但指出圣人要效法天道，为民"兴利"，而且强调要"兼利之"，使老百姓的物质欲望得到多方面的满足，从而为社会治理奠定物质基础。《王道通三》中也提到"天常以爱利为意，以养长为事，春秋冬夏皆其用也"，天覆育万物，既化生又养成，人君也必须向天学习，"常以爱利天下为意"，给天下人民以利益。董仲舒虽然主张"正其谊不谋其利"，但是为天下人民所兴的利是公利，区别于追求个人利益的私利。"为天下兴利""为天下除害"，讲的就是"天下之公利"。董仲舒尤其提倡注重实效的"兴利"，"兴利之要在于致之，不在于多少"，这或许是强调民众"获得感"的最早表述。

5. 大富则骄，大贫则忧。忧则为盗，骄则为暴，此众人之情也。圣者则于众人之情，见乱之所从生，故其制人道而差上下①也，使富者足以示贵②而不至于骄，贫者足以养生③而不至于忧。以此为度而调均④之。是以财不匮⑤而上下相安，故易治也。

【出处】《度制第二十七》

【注释】

①制人道而差上下：制定社会制度，区分上下等级。人道，指社会制度。差，区分。上下，指社会等级。

②示贵：显示高贵的地位。

③养生：维持生命。

④调均：古代国家运用行政、法律和经济等手段，干预和调控社会财富的分配和占有，防止贫富过度不均，以安民、保民，维护政治统治。

⑤匮（kuì）：缺乏。

【译文】太富有就会骄横，太贫困就会忧愁。为生存忧愁就会做盗匪，为人骄横就会暴戾，这是一般人的心理。圣人根据一般人的心理，看到了祸乱产生的原因，所以他制定社会制度，区分上下等级，使富有的人足以显示自己的高贵而不至于骄横，贫穷的人足够生存而不至于忧愁。以此为标准调剂人们的财富。这样财富就不会匮乏，上下就会相安无事，所以就容易把国家治理好。

【赏析】在这里董仲舒论述了他的"调均"思想。首先，指出"调均"的原因是"大富""大贫"的贫富两极分化。两极分化容易造成"盗"与"暴"，"盗"者起而造反，引发祸乱，"暴"者不守礼法，僭越作乱，这都是社会不安定的重要因素。为了维护社会安定，巩固封建统治，就要限制两极分化，缩小贫富差距，具体办法就是"调均"。接着，董仲舒阐发了其"调均"思想的两个主要内容："贫富有差"和"贫富有度"。所谓"贫富有差"，也就是社会制度要区分上下等级，"贵贱有等，衣服有制，朝廷有位，乡党有序",只有不同等级的人各就各位,社会才能稳定和谐。可见,董仲舒的"调均"不是无差别的"平均",他主张有差别,但是这种差别要适度。那么,适度的标准是什么呢?董仲舒提出是"富者足以示贵而不至于骄,贫者足以养生而不至于忧"。富的能示贵,穷的能生存,这就是那个最合适的"度"。董仲舒在这里不仅提出了要"调均",更提出了明确的调均的标准和原则,这相对于先秦儒家的均平思想是一个进步。"调均"思想体现了儒家的公平观,是中国文化的优秀传统,也是我们今天增强文化自信的重要思想资源。

6.天不重与①,有角不得有上齿,故已有大者,不得有小者,天数也。夫已有大者,又兼小者,天不能足之,况人乎?故明圣者象天所为②为制度③,使诸有大奉禄④,亦皆不得兼小利、与民争利业,乃天理也。

【出处】《度制第二十七》

【注释】

①重(chóng)与:重复地给予。

②象天所为:仿照上天的行为。

③制度:制定具体的度。

④奉禄:俸禄。奉,通"俸"。

【译文】上天不会重复地给予好处,有角的动物不能再有牙齿,所以已经拥有大的利益,就不能再拥有小的利益,这是天数。已经有了大的利益,又兼得小的利益,上天尚不能满足,何况是人呢?所以圣明的人仿照上天的行为制定制度,使那些拥有高俸禄的人,也都不能兼有小利、去和人民争夺利益,这是符合天理的。

【赏析】董仲舒对为政者的一个基本要求就是"不与民争利",这也是儒家仁政思想的一贯主张。《荀子·大略》中说:"故天子不言多少,诸侯不言利害,大夫不言得丧,士不言通财货。……从士以上皆羞利而不与民争业。"《礼记·坊记》记载孔子之言"君子不尽利以遗民",主张为政的君子不能把好处都占了,要留一点给百姓。《礼记·大学》载孟献子之言"畜马乘不察于鸡豚,伐冰之家不畜牛羊,百乘之家不畜聚敛之臣",意思是拥有马匹车辆的士大夫之家,就不该去计较喂鸡喂猪的小利,有资格伐冰备用的大夫之家,就不该饲养牛羊去谋利,拥有百辆兵车的有领地的卿大夫之家,就不该养活那聚敛民财的家臣。《诗经》里也讲收割庄稼要留一些给无依无靠的寡妇。

董仲舒秉承儒家"不与民争利"的理念,提出"仕则不稼""田则不渔",当官有俸禄的也"不食于力"。在《天人三策》中他说"夫皇皇求财利常恐乏匮者,庶人之意也;皇皇求仁义常恐不能化民者,大夫之意也",庶人求利,为官者应该是求仁义,如果"居君子之位而为庶人之行",为官者也求利的话,那么"其患祸必至也"。董仲舒还举到了鲁国国相公仪休"拔葵去织"的故事,说公仪休见到自己家种了葵菜,就生气地拔掉,认为自己有俸禄还种葵菜,就是与菜农争利;看见自己妻子织布,就把妻子休了,说这是与女工争利。董仲舒本人也将这一主张落实到行动中,"及去位归居,终不问家产业,以修学著书为事"。

董仲舒"不与民争利"的建议后被汉武帝所接受,力行于政治改革之中。直到现在,我国的《公务员法》规定,公务员不得有"从事或者参与营利性活动,在企业或者其他营利性组织中兼任职务"等行为。官吏兼商、权钱通兑,违背"上天之理",会给整个社会的政治、经济造成严重的混乱和危害。董仲舒"不与民争利"的思想,意义深刻,影响深远,值得深思。

7. 古井田法虽难卒①行,宜少近古,限民名田②,以澹③不足,塞并兼之路。盐铁皆归于民。去奴婢,除专杀④之威。薄赋敛,省徭役,以宽民力。然后可善治也。

【出处】《汉书·食货志》

【注释】

①卒（cù）：通"猝"，立刻、即时。

②名田：以私人名义占有田地。

③澹（shàn）：通"赡"，满足。

④专杀：擅自杀人。

【译文】古代的井田制虽然难以立刻实行，应尽量接近古制，限制百姓以私人名义占有田地，用来补充不足，并堵住兼并的道路。使盐铁的利润都回到百姓手中。释放奴婢，废除擅自杀人的权威。减轻赋税，减省徭役，来减轻百姓的负担。然后就可以很好地加以治理了。

【赏析】这是《汉书·食货志》中所载，董仲舒建言的几项具体的经济改革政策。首先，限民名田。土地兼并自秦代已相当严重，"富者田连仟伯（阡陌），贫者亡（无）立锥之地"，董仲舒希望通过限制私人占有田地的数量，解决土地兼并问题以及由此导致的大量农民沦为奴婢的状况，让农民回归到土地中去。其次，盐铁皆归于民。盐铁业直接关系千家万户的生产和生活。汉武帝实行盐铁官营，由朝廷来垄断盐铁的生产与销售，为国家谋取高额利润，有效遏制了商人和豪强的利益，但是客观上却加重了人民的经济负担。因此，董仲舒关注"民利"，提出"盐铁皆归于民"。在后来汉昭帝时期的盐铁会议上，贤良、文学大肆抨击盐铁官营的经济政策，大多以董仲舒的理论为据，可见董仲舒关于盐铁政策的理论很有代表性和影响力。再次，轻徭薄赋。董仲舒主张效法古代的赋税和徭役政策，"税民不过什一""使民不过三日"，这样就能够减轻民众负担，令民众家财充足，增强抵抗天灾人祸的能力，进而得到民众的认同与拥护。董仲舒虽然预见到社会危机，提出了这些经济改革措施和调节贫富分配的方案，但却无力阻止问题的恶化，于是"仲舒死后，功费愈甚，天下虚耗，人复相食"。

任贤养士

1.以所任贤,谓之主尊国安;所任非其人,谓之主卑国危。万世必然,无所疑也。

【出处】《精华第五》

【译文】任用了贤人,就会君主尊贵、国家安定;用人不当,就会君主卑弱、国家危亡。世世代代必定都是这样,这是毫无疑问的。

【赏析】董仲舒在这里阐明了任贤则安、不任贤则危的道理。班固《汉书》中的"任贤必治,任不肖必乱,必然之道也",以及刘向《说苑》中的"得贤者则安昌,失之者则危亡。自古及今,未有不然者也",讲的都是同样的治国之道。能否任人唯贤关系到国家兴衰、君主成败。《晏子春秋》中曾记载了一段齐景公与晏子的对话,很能说明这个道理。齐景公问晏子:过去我的先君桓公,只有战车三百乘,而能多次召会诸侯,安定天下。现在我有战车千乘,是不是可以成为先君之后称霸诸侯的人呢?晏子回答说,桓公之所以能一匡天下,并不是因为兵力强大,而是由于他左有鲍叔牙、右有管仲的辅佐。如今君主您"左为倡,右为优,谗人在前,谀人在后",纵然有兵车千辆,又怎么能赶得上先君桓公呢?齐桓公时"主尊国安",

是因为他有任人唯贤的智慧和识见；齐景公时却是"所任非其人"，前后左右都是倡伎、俳（pái）优、阿谀奉承之辈。这些围绕在君主身边的小人，正是齐桓公的贤相管仲所说的"社鼠"。亲小人，则必定远贤臣，不要说成就霸业，就是国家得以保全都是难以做到的。

2. 夫知①不足以知贤，无可奈何矣。知之不能任②，大者以死亡，小者以乱危。

【出处】《精华第五》

【注释】

①知（zhì）：通"智"，智慧。

②任：任用、给予职务。

【译文】如果国君的智慧不能够知道谁是贤人，那就无可奈何了。如果知道谁是贤人，可是却不能任用，严重的会身死国亡，轻微的也会混乱危险。

【赏析】董仲舒认为作为君主既要知贤，更要任贤，既要有识别千里马的眼光，更要有驾驭千里马的本事。唐代诗人李商隐的那首咏史诗《贾生》："宣室求贤访逐臣，贾生才调更无伦。可怜夜半虚前席，不问苍生问鬼神。"借古讽今，指出统治者求贤而不知贤，更不会任贤的行为。即使寻找来千里马，也不知道千里马的用途，只会把千里马当驴使。董仲舒举了鲁庄公、宋殇公知贤而不能任贤的例子：鲁庄公难道不知道季友贤能吗？要是不知道的话，那为什么临死召季友来，把国家大事托付给他？宋殇公难道不知道孔父（孔子的先祖，宋国的大司马）贤能吗？他要是不知道的话，那为什么大夫华督去杀孔父的时候，殇公就知道孔父死了自己也会性命不保，急匆匆赶去相救？鲁庄公和宋殇公属于智商在线、"足以知贤"的君主，只是犹豫不决，没有任用贤才，最终落得个"鲁庄以危，宋殇以弑"的结局。汉初的贾谊说过：不懂治国大道的君主就像喝醉酒之人，认识到求贤重要性的君主是"先醒"者，有了沉痛的教训才发现用人失误的是"后醒"者，国家面临灭亡还不听谏言、不知悔悟的是"不醒"者。以此看来，鲁庄公和宋殇公则属于"晚醒"者。刘向将"有贤而不知""知而不用""用而不任"称为国家的"三不祥"。既然任用贤人治国如此重要，那为什么统治者不去做呢？东汉荀悦在《申鉴》中总结出十条不能任贤的原因："一曰不知，二曰不进，三曰不任，四曰不终，五曰以小怨弃大德，六曰以小过黜大功，七曰以小失掩大美，八曰以讦（jié）奸伤忠正，九曰以邪说乱正度，十曰以谗嫉废贤能，是谓十难。"要任贤，就是防止"十难"，使人才各安其位，各司其职。

3. 欲为尊①者在于任贤，欲为神②者在于同心。

【出处】《立元神第十九》

【注释】

①尊：尊贵。

②神：神圣。

【译文】想让自己尊贵，就在于任用贤人；想让自己神圣，就在于上下一心。

【赏析】董仲舒从君王为尊、为神的角度阐述任贤的重要性。他说，治理国家的道理，就在于尊贵和神圣。尊贵，是用来辅助政治的；神圣，是用来成就其教化的，因此不尊贵就不能使人敬畏，不神圣就不能教化别人。那怎么才能让自己尊贵呢？答案就是任用贤才。怎么才能让自己神圣呢？答案就是上下一心。贤能的人充任辅佐的大臣，那么君王就尊贵威严而国家安宁；君臣心思互相契合，那么变化莫测就像神明一样，看不到君王有什么作为，而功业和德行却成就了，这就叫作尊贵和神圣。君主要"无为而治"，必须有"贤者备股肱"。《论语·颜渊》载："舜有天下，选于众，举皋陶，不仁者远矣。汤有天下，选于众，举伊尹，不仁者远矣。"

在孔子看来，若想遵循先王之道，就要像先王一样力举贤才。《孟子·公孙丑上》载："尊贤使能，俊杰在位，则天下之士皆悦而愿立于其朝矣。"在孟子看来，只有尊贤使能，天下的有识之士才能够纷至沓来。《荀子·王霸》中认为一个国家如果能够"其法治，其佐贤，其民愿，其俗美"，就可以不战而胜，其中辅臣贤明是一个重要条件。《墨子·尚贤上》载："夫尚贤者，政之本也。"将尚贤提升到国家之本的高度予以重视。可见，治国须任贤，历来都是学者们的共识。

4. 天积众精①以自刚，圣人积众贤以自强。

【出处】《立元神第十九》

【注释】

①精：精气。

【译文】上天积聚众多精气以使自己刚健，圣人积聚众多贤人以使自己强大。

【赏析】董仲舒在这里提出了"积众贤"的主张，这是对墨子"众贤论"思想的继承和发展。董仲舒认为"积众贤""任众贤"是天意，是人主取法于天的王道。天之所以刚健，不是靠一种精气的力量；圣人之所以强大，不是靠一个贤人的德行。只有群贤毕至，各司其事，人君才能立无为之位，获自然之功。齐桓公得到一个管仲可以成霸业，但是只能支撑一时，而不能永保天下无忧；尧就不一样，他有舜、禹、稷等众多贤人辅佐，使教化大行，天下和洽，真正达到了尽善尽美。所以，天道是积聚众精以致其光，圣人更要积聚众善才为有功。

董仲舒所在的武帝朝就涌现出亘古少见的"人才群"，所以班固赞道："汉之得人，于兹为盛。儒雅则公孙弘、董仲舒、兒（ní）宽，笃行则石建、石庆，质直则汲黯（jí'àn）、卜（bǔ）式，推贤则韩安国、郑当时，定令则赵禹、张汤，文章则司马迁、相如，滑稽则东方朔、枚皋（gāo），应对则严助、朱买臣，历数则唐都、洛下闳（hóng），协律则李延年，运筹则桑弘羊，奉使则张骞、苏武，将帅则卫青、霍去病，受遗则霍光、金日䃅（mìdī）。其余不可胜记。是以兴造功业，制度遗文，后世莫及。"（《史记·平津侯主父列传》）这种情况与武帝选才、用才、育才的政治智慧是分不开的。据明人李贽统计，在从战国到元末的1800年间，共有名臣名将计340余人，而汉代自"独尊儒术"后，仅在350年间，便有123人，多达三分之一还强。这更是与董仲舒的立太学、养贤士、重教化的思想主张密不可分。

5.气之清者为精，人之清者为贤。治身者以积精为宝，治国者以积贤为道。

【出处】《通国身第二十二》

【译文】气之中纯净的是精气，人之中纯净的是贤人。保养身体的人把积蓄精气作为宝贵的信条，治理国家的人把积聚贤人作为遵行的正道。

【赏析】《春秋繁露·通国身》篇的篇名即"通治国于治身"的意思。董仲舒不但会通天人之理，而且贯通治国治身之道，他将治国与治身相类比，提出治身的关键是积蓄精气，治国的关键是积聚贤才。他认为，人身体之气有清浊之分，人应该使自身充满澄清之气而远离秽浊之气，进而使自己的精气充实饱满。国家也是一样，有贤才、有庸人，君主应该把贤才选拔出来辅佐左右，才能使国家安定富足。《韩诗外传》中有一则故事，讲到晋平公游于河上，与船人盍胥（héxū）的一段对话，晋平公认为自己养了大规模的食客，"门左千人，门右千人"，是好士爱贤之人。但是船人盍胥告诉他：鸿鹄之所以能一举千里，靠的是"六翮（hé）"，也就是它羽翼上的六条强劲有力的茎羽，而背上的粗毛、腹下的细毛，多一把，也不会使之飞得更高，少一把，也不会使之飞得更低。对君主来说，贤德之人就好比鸿鹄之六翮，而庸碌之人则如鸿鹄"背上之毛、腹下之毳（cuì）"，纵然有上千人，对于治理国家也并无太大助益。

6.治身者，务执虚静①以致精；治国者，务尽卑谦以致贤。能致精，则合明②而寿；能致贤，则德泽洽③而国太平。

【出处】《通国身第二十二》

【注释】

①虚静：清虚恬静。

②合明：聚合精神。

③德泽洽：恩德广博。

【译文】保养身体的人，一定要做到清虚恬静，以此来获得精气；治理国家的人，一定要做到态度谦卑，以此来获得贤人。能获得精气，就能聚合精神而长寿；能获得贤人，就能恩德广博而国家太平。

【赏析】既然贤才对于治国十分重要，那么如何把贤才召集来呢？董仲舒在这里指出"务尽卑谦以致贤"，要态度谦卑才能招来贤才。关于"礼贤下士"，历史上最著名的就是刘备"三顾茅庐"的故事，而西汉刘向的《新序·杂事》中则记载了齐桓公"五顾茅庐"的故事。齐桓公听说小臣稷是个贤士，就想见他一面，与他交谈一番。一天，齐桓公连着三次去见他，小臣稷都托故不见，跟随桓公的人就说："万乘之主，见布衣之士，一日三至而不得见，亦可以止矣。"齐桓公却说不可如此，因为贤士看不上爵禄富贵，所以才敢轻视君主；如果其君主看不上霸主之位也就会轻视贤士。纵然贤士可以傲视爵禄，我哪里敢傲视霸主呢？这一天，齐桓公接连五次前去拜见，才得以见到小臣稷。

要召集众多贤才，除了君主谦卑以致贤，更应该鼓励臣下荐贤。在《孔子家语·贤君》中记载了"子贡问贤臣"的故事。孔子以齐国鲍叔牙与郑国子皮为贤，而子贡以为齐国管仲和郑国子产似乎更为贤能，因为二人都协助国君把国家治理得井井有条。孔子却说："我听说鲍叔牙力荐管仲，子皮举荐子产，却没有听说过管仲和子产推荐过比自己更为贤能的人才。"在夫子眼中，能够举荐贤才的人，比自己是贤才更应受到敬重。董仲舒在对策中建议汉武帝制定荐贤制度，让诸侯、郡守、二千石的大官每年推荐两人，并且以此来考察大臣的识人之才，进贤者赏，进不肖者罚，把能否为国家推荐贤才作为评价官员政绩的一个重要标准。

7. 夫不素①养士而欲求贤，譬犹不琢玉而求文采也。故养士之大者，莫大虖②太学；太学者，贤士之所关③也，教化之本原也。……愿陛下兴太学，置明师，以养天下之士，数考问④以尽其材，则英俊⑤宜可得矣。

【出处】《天人三策》

【注释】

①素：平时。

②虖：通"乎"，于。

③关：由。

④考问：考查询问。

⑤英俊：才智出众的人才。

【译文】平时不培养人才却想寻求贤人，就好比不雕琢玉却要求玉有美丽的纹饰一样。所以培养人才没有比办好太学更重要的了；太学是产生贤士的地方，是教化的本原。……希望陛下兴办太学，聘请高明的教师来教育培养天下的士人，经常考查询问他们而使他们充分发挥自己的才能，那么才智出众的人才就可以得到了。

【赏析】太学，既是推行教化的核心阵地，也是培养贤才的重要机构。董仲舒认为治理好国家的关键是任用贤才，任用贤才的关键是培养贤才，即"养士"。董仲舒的"养士"建议不是空泛之谈，而是提出了具体可行的方案——"兴太学"。对于如何办好太学，董仲舒很注重师资和生源质量。首先，在师资方面，他提出要"置明师"。汉武帝置五经博士为太学的老师，聘用标准以个人品德和才能为主。据《汉官仪》记载，武帝初置博士，取学通行修，博识多艺，晓古文、《尔雅》，能属文章者，为高第。其次，在生源方面，汉代太学已经冲破了古代贵族教育的限制，开始向平民开放。入学途径主要有二：一是太常直接录取，二是郡国举送。不管是太常直录还是地方举送，只要有志于学并且遵纪守法，就有资格进入太学学习。对于这些太学生，要进行各种方式的测评和考试，这样才可以培养出出类拔萃的人才。"兴太学"是中国高等教育发展史上的一个重要里程碑，汉朝政府"立太学以教于国""设庠序以化于邑"，从学制上确保了人才资源的取之不尽、用之不竭。汉武帝对董仲舒这一建议的积极采纳奠定了后世科举的体制基础。

选官考绩

1.人之材固有四选，如天之时固有四变①也。圣人为一选，君子为一选，善人为一选，正人②为一选，由此而下者，不足选也。

【出处】《官制象天第二十四》

【注释】

①四变：指春夏秋冬四季。

②正人：正直的人。

【译文】人的材质本来有四种选择，就像天的时节本来就有四种变化一样。圣人是一种选择，君子是一种选择，善人是一种选择，正直的人是一种选择，从这里再往下的，就不值得再去选择了。

【赏析】董仲舒认为天子建立官制应该取法于天，这也是本篇题目《官制象天》之意。在官制的设立上，董仲舒主张"官副天数"，极力将天与官在数目上进行比附，并且尤其重视"三"和"四"两个数字。他说一季有三月，一年有四季，官制亦然，按照三个人一组进行选拔，经过四次选拔而停止。天子用三公来辅佐自己；三公各用三个卿来辅佐自己，即"九卿"；九卿各用三个大夫来辅佐自己，即"二十七大夫"；二十七大夫各用三个士来辅佐自己，总计一百二十人，这就是群臣之数。在这句话里，董仲舒具体谈到了公、卿、大夫、士的四种人选，即圣人、君子、善人、正人。天有"四季之选"，人有"四位之选"，"天以四时之选与十二节相和而成岁，王以四位之选与十二臣相砥砺而致极"，天由四季的选择划分与十二个阶段的相互调和而构成一年，君主则依靠四种官位的选拔和十二个臣子的相互磨炼而达到政治上的最高境界。通过"官副天数"的比附，董仲舒强化了政治与天之间的关系，这样一方面使天成为官制设计的终极根据，另一方面也将儒家思想隐藏于天意之后，使之成为官制设立、官员为政的真正标准。

2. 天之数，人之形，官之制，参①相得②也。人之与天，多此类者，而皆微忽③，不可不察也。

【出处】《官制象天第二十四》

【注释】

①参（sān）：三，指天、人、官三者。

②相得：相配、相称。

③微忽：极言细小，隐约细微。

【译文】天的数目、人的形体、官的制度，三者相配相称。人事与天道，大多是这一类的，隐约细微，人不可以不明察。

【赏析】在官制的设立上，董仲舒远取诸天、近取诸人，不但强调"官副天数"，而且强调"官副人形"，将天、人、官联结起来，使之成为可以相互参照甚至互相影响的同类。其实，"天之数"与"人之形"是密切联系的，天数遥远而神秘，如何探知，莫过于从人自身探求。在《春秋繁露·人副天数》篇，董仲舒论述了天与人是同一类的。他说："天地之符，阴阳之副，常设于身，身犹天也，数与之相参，故命与之相连也。"天地的符信，阴阳的副本，常常设置于人身上。人的身体好像是天，人身上的数目与天相参照，所以命运与天相连。董仲舒认为天数、人形与官制三者之间都是相通的。天有四季，每季三月，三四十二，一年终矣；人有四肢，每肢三节，三四十二，人形立矣；官有四选，每选三人，三四十二，政事行矣。董仲舒对"天之数，人之形，官之制"都作了相当细致的分析，并使之一一对应起来，为官制设置找到了最理想、最具说服力的依据，这也是其"天人感应"思想体系的重要组成部分。

3.考绩黜陟①，计事除废②，有益者谓之公，无益者谓之烦③。擥④名责实，不得虚言，有功者赏，有罪者罚，功盛者赏显，罪多者罚重。不能致功，虽有贤名，不予之赏；官职不废⑤，虽有愚名，不加之罚。赏罚用于实，不用于名，贤愚在于质，不在于文。

【出处】《考功名第二十一》

【注释】

①黜陟（chùzhì）：降级与升迁。

②除废：任命与罢免。

③烦：烦扰，指扰民的无益之事。

④擥（lǎn）：通"揽"，掌握。

⑤官职不废：官吏执掌其职而不废弃，指官吏恪守职责。职，执掌。

【译文】根据考核政绩的优劣来决定官吏的升迁或降级，审查政事的好坏来决定官吏的任命或罢免，对人民有益的叫作"公"，对人民无益的叫作"烦"。根据名声来求取实效，不能只是空谈，有功劳的人要奖赏，有罪过的人要处罚，功劳大的奖赏多，罪过大的处罚重。对不能建立功勋的人，即使有贤能的名声，也不应该对他进行赏赐；对恪守职责的人，即使有愚钝的名声，也不应该对他进行处罚。也就是说，赏罚的施行要根据实际情形，而不能依据官吏的名声；贤能与否在于官员的实质，而不在于他们的外在表现。

【赏析】董仲舒十分重视官员考绩的实事求是原则。要以实际政绩作为评定标准，使得官员的升迁和奖惩更加透明。在《汉书》中常能看到对务实为民之官的褒扬。《汉书·兒宽传》载兒宽是一位不求名声、为民做实事的官员。他收租税，根据季节收成裁定，不急于征收，并将租税借贷与民，因此租多不入库。考课的时候，兒宽因为欠租名列最后，应当免官。百姓听说他要被免官，都怕失去这个好官，输租接连不断，结果交租税跃居第一。《汉书·冯奉世列传》载成帝时，先后任上郡太守的冯野王、冯立两兄弟，都是为民谋利的好官。百姓歌之："大冯君，小冯君，兄弟继踵相因循，聪明贤知惠吏民，政如鲁、卫德化钧，周公、康叔犹二君。"为此，冯立迁为东海郡太守。通过实事求是的赏功罚过，可以树立典型、弘扬正气，鼓励先进者再接再厉，敦促后进者见贤思齐，从而营造良好的政治氛围。董仲舒关于官员考绩的建议，对汉代乃至后来的历朝历代都有深刻的影响。在一定意义上可以说，正是这种机制的建立，才使得封建官僚体系得以有效运行。

4. 考试之法：大者缓，小者急，贵者舒，而贱[①]者促[②]。

【出处】《考功名第二十一》

【注释】

①大、小、贵、贱：在这里指爵位和功名的高下。

②缓、急、舒、促：在这里指考试频率的高低。

【译文】考试官吏的方法：对大官的考试要频率低一些，对小官的考试要频率高一些；对地位高的官吏考试要频率低一些，对地位低的官吏考试要频率高一些。

【赏析】董仲舒认为对不同级别的官吏应制定不同的考试频次。地位高、官职高的考试频率低一些，地位低、官职低的考试频率高一些。这是因为不同级别官吏的职责不同，级别低的基层地方官吏，他们负责的任务小而杂，但与民众最为相关。为确保工作落实，避免民怨丛生，对他们要进行经常性的测试考核。这样一方面可以起到监督作用，另一方面也便于朝廷及时掌握地方情况，制定更恰当的施政纲要。为此，他认为对低级地方官员的考察周期要短，而对较高级别的官员来说，其政绩可能短时间内无法显现，应该延长考核周期。不仅如此，董仲舒还认为对官吏要进行定期考课，诸侯应该每个月在其国对官吏进行一次小型的考核，州长每个季度在其所辖范围内举行一次小型的考核，在四次小型考核之后就应该举行一次大型的考核。天子应该每年在全国范围内举行一次小型的考核，三次小型考核之后就应该举行一次大型考核。先后进行三次大型的考核而根据官吏的政绩来决定其升迁或贬退。董仲舒关于官吏考核的建议，为汉王朝选拔官吏与人才提供了参考，也为其后两千多年封建社会制定官吏考核制度奠定了基础。

5.考试之法，合其爵禄①，并其秩②，积其日③，陈其实④，计功量罪，以多除少，以名定实。

【出处】《考功名第二十一》

【注释】

①合其爵禄：综合被考核者的爵位俸禄。

②秩：职位。

③日：资历、年资。

④实：实绩。

【译文】考试的方法，综合被考试者的爵位俸禄，连同他的职位，累计他的资历，列出他的实绩，以此来计算他的功劳与过错，功劳多就用功劳减去过错，过错多就用过错减去功劳，用名称来确定他的实质。

【赏析】董仲舒认为考试官吏应该综合考虑、量化分析。综合考虑爵位、职位、年资、政绩等因素，尤其要以实际的政绩为评判的重要标准。

董仲舒曾经针对当时官吏考核"累日以取贵，积久以致官"的弊病进行批评，提出"毋以日月为功，实试贤能为上"。他还以古代为例进行论述，"古所谓功者，以任官称职为差，非谓积日累久也。故小材虽累日，不离于小官；贤材虽未久，不害为辅佐"，古时候考核官吏的功劳，是按照做官是否称职来区分的，不以在任时间长短为标准。所以才能小的，即便任职时间很长，还是小吏；有才能的，即便任职不久，也并不妨碍升迁其为辅佐大臣。至于"计功量罪，以多除少"，用现代的词语表述就是量化考核。功绩加分，过错扣分，最后核算总分。董仲舒提出依据官吏政绩进行等级划分，分为上、中、下三等，每等又分为三级，共九级。其中一级为最，九级为殿，五级为中。各级官吏以"中"的标准为参照，等级高于中的会加分，低于中的要减分；与此同时，朝廷还将根据官吏的功、过，在考核的基础上加、减一至四分。由此可见，董仲舒的考课法既综合考虑又量化分析，全面、细致、合理。

6. 有大功德①者受大爵土②，功德小者受小爵土，大材者执大官位，小材者受小官位。如其能宣③，治之至也。

【出处】《爵国第二十八》

【注释】

①功德：功业和德行。

②爵土：官爵和封地。

③宣：用。

【译文】有大的功业和德行的接受大的爵位和封地，功业和德行小的接受小的爵位和封地，才能大的执掌大的官位，才能小的接受小的官位。如果能够根据官员们的才能来加以任用，这是治理国家的最佳方式。

【赏析】董仲舒在这里提出德才应与爵位相配的原则。这也是儒、墨、法各家都认同的用人原则。《荀子·富国》曰："德必称位，位必称禄，禄必称用。"德行必须和职位相称，职位必须与俸禄相称，俸禄必须与用度相称。荀子认为，德、位相称，则秩序井然；德、位不称，会带来灾难。《墨子·尚贤》曰："以德就列，以官服事，以劳殿赏，量功而分禄。"主张按品德的高低安排职位，按职位的尊卑授予处事权限，按功劳的多少确定赏额，按业绩的大小分配食禄。《韩非子·八奸》："贤材者，处厚禄任大官；功大者，有尊爵受重赏。官贤者量其能，赋禄者称其功。"同样主张任命贤能的人要依据才能，给予俸禄要与功劳相称。董仲舒在《天人三策》中提出："量材而授官，录德而定位。"但是，德位相配是一种理想状态，在现实政治操作层面往往不能尽如人意，许多有才德之人不被重用，无奈发出士不遇的悲鸣。董仲舒本人即是如此。

更化改制

1.王者必改正朔①，易服色②，制礼乐，一统于天下，所以明易姓非继人，通以己受之于天也。

【出处】《三代改制质文第二十三》

【注释】

①正朔：指帝王新颁的历法。"正"是年之始，"朔"是月之始。这是制定历法的关键。

②易服色：改换服饰所崇尚的颜色。

【译文】新王必定改变历法，改换服饰所崇尚的颜色，制作新的礼乐，把天下统一起来，用以表明换了一个姓的新王坐天下，他不是继承前朝帝王的位子，而完全是自己从上天那里接受过来的。

【赏析】董仲舒重视改制，在这里提到了改制的内容"改正朔，易服色，制礼乐"，改制的目的"明易姓，非继人"。在《天人三策》中也有类似的表述："改正朔，易服色，以顺天命而已；其余尽循尧道，何更为哉！故王者有改制之名，亡变道之实。"明确了改制的性质是"改制不易道"。

正朔，是指一年和一月的开始，是制定历法的关键点。新王朝建立要改变历法。夏朝把寅月（正月）作为一年的开始，以天大亮时为朔；商朝把丑月（十二月）作为一年的开始，以鸡鸣时为朔；周朝把子月（十一月）作为一年的开始，以夜半为朔。这就是"改正朔"。由于正朔的时间不同，因而物萌呈现的颜色也不同。《白虎通义·三正》篇说"十三月之时，万物始达，孚甲而出，皆黑"，所以夏尚黑；"十二月之时，万物始牙而白。白者阴气"，所以殷尚白；"十一月之时，阳气始养根株，黄泉之下，万物皆赤"，所以周尚赤。夏朝崇尚黑色，以黑色为服饰主色调；商朝崇尚白色，以白色为服饰主色调；周朝崇尚赤色，以赤色为服饰主色调。这就是"易服色"。每一个朝代，都是建立在破除前一朝代的基础上。通过"改正朔，易服色"的制度变化，表明前朝已经被上天所抛弃，天命已经归属于自己，因此要应天承运，建立起新气象，作出新的改变，这既是对新政权的政治认同，也是一种潜移默化的文化认同。

2.若夫大纲、人伦、道理、政治、教化、习俗、文义①尽如故，亦何改哉？故王者有改制②之名，无易道③之实。

【出处】《楚庄王第一》

【注释】

①文义：文字训诂。

②改制：改革制度。

③易道：改变治国大道。

【译文】至于说治国的大原则，如人伦、道理、政治、教化、习俗、文字完全照旧，有什么可以改变的呢？所以，君王有改革制度的名义，没有改变治国大道的事实。

【赏析】这段话中的两个关键词"改制"和"易道"，是中国古代政治生活中的重要命题。"道"是国家政治的根本准则，"制"则是政治生活中的一些具体的制度和措施。"制"可改,而"道"不可变。在《天人三策》中董仲舒也说过:"王者有改制之名,亡变道之实。"那么,"改制"的主要内容是什么呢?就是"徙居所、更称号、改正朔、易服色"以及重新制定新朝的庙堂音乐,统称之为"改制作乐"。其中"徙居所、更称号、改正朔、易服色"这些礼制形式的改变是在新王即位之初,目的是"明天命",宣告新朝政权受之于天,具有合法性;制定新朝的庙堂音乐,则必须是"功成"之后,在新王执政给民众带来福祉,得到民众赞同、拥护之后,目的是"见天功",表示天命的成功。

3.道之大原出于天,天不变,道亦不变,是以禹继舜,舜继尧,三圣相受①而守一道,亡②救弊③之政也,故不言其所损益④也。繇⑤是观之,继治世⑥者其道同,继乱世者其道变。

【出处】《天人三策》

【注释】

①相受:相继、交替。

②亡:通"无"。

③救弊:纠正弊端。

④损益:增减。

⑤繇(yóu):通"由"。

⑥治世:太平盛世。

【译文】道的根本来自于天,天不变,道也不变,所以禹继承了舜的道,舜继承了尧的道,三位圣人相继,遵守一个道,没有纠正弊端的措施,所以不说他们对道的增减。由此看来,继承太平盛世的,他们的道是相同的;继承乱世的,他们的道是要改变的。

【赏析】董仲舒的"天不变,道亦不变"曾经在历史上引发无数争辩,一度被视作形而上学的典型命题,认为其代表了孤立、静止、片面的观点。

但是董仲舒是最讲辩证的思想家,他这里所说的"道",是依天道而行、万世无弊、百世不易的"大道",是抽象的、永恒的"本体之道"。"本体之道"落实到实践之中,就会有所偏颇,成为具体的、特殊的"实践之道"。"本体之道"和"实践之道"一个是理想,一个是现实;一个是完美,一个是有缺,二者存在着间距。儒家把尧舜禹三世作为理想的社会,把尧舜禹三圣作为理想的圣君,因此,董仲舒认为,尧舜禹之道尽合于"大道",不需要损益、变革,这是"继治世者其道同"。但是夏商周"三王之道"因为时势的差异而在践行大道时侧重于某一部分的内容,夏政"忠",商政"敬",周政"文"。"忠"有弊端用"敬"来补救,"敬"有弊端用"文"来补救,"文"有弊端用"忠"来补救。董仲舒认为汉朝承周秦之"文"的偏弊,应该以"夏之忠"来救。这就是"继乱世者其道变"。因此,董仲舒在这段话的前半部分说"天不变,道亦不变",后半部分说"其道变",这"不变"与"变"看似冲突,却绝不矛盾,因为不变的是"大道""本体之道",变的是"实践之道"。人君的"实践之道"有所偏离,就需要通过"变"回到不变的"大道"之上,正所谓"拨乱世反诸正"。

4.当更张[①]而不更张,虽有良工[②]不能善调也;当更化[③]而不更化,虽有大贤不能善治也。故汉得天下以来,常欲善治而至今不可善治者,失之于当更化而不更化也。

【出处】《天人三策》

【注释】

①更张:重新张设。

②良工:古代泛称技艺高超的人。

③更化:改制、改革。

【译文】应当重新张设琴弦而不改弦更张的,虽然有技艺高超的工匠也不能调理好;应当改革而不改革的,虽然有大贤人也不能治理好。所以汉朝得天下以来，常想好好治理，可是到现在还没治理好，问题就在于应当改革而没有改革。

【赏析】西汉初年推崇黄老之术，实行休养生息的政策，社会经济得到恢复和发展，日益繁荣，但随之也出现了很多社会问题，如诸侯坐大影响到国家稳定，匈奴入侵问题得不到有效解决，指导思想保守，社会风俗败坏，造成汉武帝执政初期"虽欲善治之，亡可奈何"的窘境。为此，董仲舒提出"更化"之说，主张改弦更张、复修教化。

更化是一个复杂全面的系统工程。首先，更新治国理念。董仲舒提出改变"黄老无为"的治国之策，采用儒家学说，这是"更化"的核心内容。其次，改良政治制度。董仲舒提出"徙居处，更称号，改正朔，易服色"等一系列新王改制的措施，意在强调"王者受命于天"的合法性和神圣性，并提出强干弱枝、德主刑辅、调均安民等诸多施政建议。再次，调整文教政策。董仲舒认为秦朝奉行法家政策，用刑罚不用教化，造成社会风气的败坏，汉初沿袭秦末弊政"循而未改"，仍然是"独任执法之吏治民"，对于教化未加重视，于是他提出"兴太学，置明师"等一系列教化改革的建议，后被汉武帝采纳实施。总之，董仲舒的"更化"思想，顺应民心，与时俱进，对于当代中国国家治理体系的现代化，仍具有重要的参考价值和借鉴意义。

5. 汤受命而王，应天变夏作殷号，时正白统[①]。……文王受命而王，应天变殷作周号，时正赤统。……《春秋》应天作新王之事[②]，时正黑统。

【出处】《三代改制质文第二十三》

【注释】

①时正白统：时代正好循环到白统。

②《春秋》应天作新王之事：《春秋》顺应天命而做新王的事务。

【译文】商汤接受天命而称王，顺应天命将国号由夏变为殷，时代正好循环到白统。……周文王接受天命而称王，顺应天命将国号由殷变为周，时代正好循环到赤统。……《春秋》顺应天命而做新王的事务，时代正好循环到黑统。

【赏析】"三统说"是董仲舒重要的历史观之一。董仲舒认为每一个受命的王朝都与一定的"统"相对，夏、商、周三代分别对应黑统、白统、赤统，并且按照此"三统"来改正朔、易服色，建立与此相应的一整套制度。这是董仲舒纵观自五帝、三代以来的历史，从中总结出来的历史变易观。商代夏、周代商是朝代的更替，那《春秋》"作新王"是什么意思呢？董仲舒认为，孔子作《春秋》，乃是为汉立制，所以他所说《春秋》"作新王之事，时正黑统"，即为汉制。董仲舒答汉武帝策问明确说过："今汉继大乱之后，若宜少损周之文致，用夏之忠者。"这表明，在他看来汉是代周的，至于秦朝，暴政短命，算不得合法的历史存在。因此，继周的"赤统"之后，应是汉，属"黑统"，秦则被排除在"三统"循环之外。董仲舒的"三统说"虽然神秘玄虚，但却在政治生活中发挥着重要的作用，既为王朝更替提供了合法性论证，又为新朝改制提供了合理性说明；既为君主行使权力提供了神圣的依据，又蕴含着制约王权的因素，因为"天命"不是永驻的，"三统"也是变换的。

德 主 刑 辅

1.《春秋》之所恶者，不任德而任力，驱民而残贼之；其所好者，设而勿用①，仁义以服之也。……夫德不足以亲近②，而文不足以来远③，而断断④以战伐为之者，此固《春秋》之所甚疾已，皆非义也。

【出处】《竹林第三》

【注释】

①设而勿用：设置武力而不使用。

②亲近：爱护身边的人。

③来远：招致远方的人。

④断断：专一的样子。

【译文】《春秋》所痛恨的，是不用仁德而用武力，驱使并残害人民；它所喜欢的，是设置武力而不使用，而是用仁义来使人归服。……仁德不能够爱护身边的人，礼乐教化不能够招致远方的人，而一门心思使用战争手段来达到目的，这当然是《春秋》所深恶痛绝的，都不是合乎道义的行为。

【赏析】这段话反映了董仲舒主张"以德服人"、反对"以力服人"的思想。儒家历来都是反对战争的，"仁者爱人"，底线是爱护人的生命，这与战争杀人是不相容的。《论语·述而》中说："子之所慎：齐（斋），战，疾。"孔子对斋戒、战争、疾病这三件事格外慎重。董仲舒明确地反对战争，他认为最好的状态应该是武力"设而勿用"，用"德以亲近""文以来远"。在四夷来归的问题上，董仲舒多次提出"亲近来远"的主张。如《春秋繁露·王道》篇的"亲近以来远，未有不先近而致远者也"，《十指》篇的"亲近来远，同民所欲，则仁恩达矣"，《精华》篇的"亲近者不以言，召远者不以使"。亲睦近国不是靠言语，吸引远国不是靠使者，靠的是什么？是文德。文德与四夷来归是相辅相成的，修文德的结果是四夷来归，同时四夷来归又是具有文德的根据。因此，董仲舒在《天人三策》中既称赞武帝"至德昭然，施于方外"的功绩，同时又赞扬四夷"殊方万里，说（悦）德归谊"的盛况。

2. 教，政之本也；狱，政之末也。其事异域①，其用一②也，不可不以相顺③，故君子重之也。

【出处】《精华第五》

【注释】

①异域：不同的领域。

②一：相同。

③相顺：相互依从。

【译文】教化是政治的根本，治狱是政治的末节，它们虽属于不同的领域，但功用是一致的，不能不相互依从，所以君子对此十分重视。

【赏析】对于治理国家而言，教化和治狱是相辅为用的。治狱的效果显著，立竿见影，而礼教是通过潜移默化来达到移风易俗的效果，所以一般人不容易看到，只有具有远见卓识的君子才会重视教化的作用。教化和刑罚，一为阳，一为阴；一为劝善，一为惩恶，相反相成，殊途同归。教化使人"主动地为善"，刑罚使人"被动地不为恶"，都是维护统治和社会秩序的需要。重视教化，是儒家治国思想的重要特点。《论语·为政》篇中孔子讲："道之以政，齐之以刑，民免而无耻；道之以德，齐之以礼，有耻且格。"用政令来领导百姓，用刑罚来整顿百姓，只能让他们暂时免于犯罪，却没有羞耻之心；用道德来引导百姓，用礼义来教化百姓，百姓不仅有羞耻心，而且言行都能合乎正道。董仲舒亦认为教化乃政治之根本，主张治国应该"德主刑辅"，这一认识在今天仍不失其有效性。

3. 王者欲有所为，宜求其端①于天。天道之大者在阴阳。阳为德，阴为刑；刑主杀而德主生。是故阳常居大夏，而以生育养长为事；阴常居大冬②，而积于空虚不用之处。以此见天之任德不任刑也。

【出处】《天人三策》

【注释】

①端：端底、究竟。

②大夏、大冬：指盛夏、隆冬。

【译文】君王想要有所作为，应该向天去求个端底。天道最大的就是阴阳。阳作为德，阴作为刑；刑主杀，德主生。所以阳常常处在盛夏，把生育养长作为自己的事；阴常常处在隆冬，积聚在空虚不起作用的地方。由此可以看出，天是任用德教，不任用刑罚的。

【赏析】"任德而不任刑"是董仲舒从阴阳秩序中总结出来的天道。在《春秋繁露》多个篇章中都有以阴阳论刑德之处。《天道无二》："天之任阳不任阴，好德不好刑。"《天辨在人》："刑者德之辅，阴者阳之助。"《基义》："此见天之亲阳而疏阴，任德而不任刑也。"《阳尊阴卑》："天数右阳而不右阴，务德而不务刑。"《天地阴阳》："好仁恶戾，任德远刑，若阴阳。"董仲舒认为，上天以阳居大夏之时，以"生育养长"为其功能，以阴居大冬之时，将其置于"空虚不用"之地。这说明天是"任阳而不任阴"的。阳为"德"，阴为"刑"，王者效法上天，也应该"任德不任刑"。德政，历来被儒家所推崇，董仲舒继承先秦儒家的德政思想，并将其与天道阴阳相联系，从而为德政的合理性找到了终极根源，这是对儒家德政理论的创新性发展。至于"不任刑"，也并非不要刑罚，因为刑虽为阴，阴却是不可缺少的。阴为阳之助，因此要"德主刑辅"，综合运用赏罚两种手段，"庆赏以立其德，刑罚以立其威"。总之，董仲舒的"德主刑辅"论反映了儒家治国理政的基本方略。

4.故文德①为贵，而威武为下，此天下之所以永全②也。

【出处】《服制像第十四》

【注释】

①文德：礼乐教化。

②永全：长治久安。

【译文】因此礼乐教化最为可贵，而威武却是次要的，这就是天下得以长治久安的原因所在。

【赏析】董仲舒主张"任德不任刑"，也主张"重文不重武"。文与德、刑与武两组观念各自匹配，其内涵有共通之处，也存在一定的差异。"德"强调仁心、仁政，"文"突出文治、文化；"刑"偏于个体惩戒，"武"突出整体威势。儒家虽不否定武，但认为武乃不得已而采取的下策，偃武修文才是长治久安之道。从董仲舒所描述的四种最盛大的配饰，也可以看出其对"武"的态度。左侧的宝剑象征青龙，右侧的宝刀象征白虎，身前的蔽膝象征赤鸟，头上的冠帽象征玄武。这四种神兽中，玄武是外貌最威严的，在象征意义上把它排在最后，而且冠帽戴在头上，意味着虽然勇武，但却不使用它。那些手执干戈披甲执锐抵抗敌人的人，并不是圣人所看重的。周武王攻打殷商的时候，身穿礼服，头戴礼帽，把笏板插在腰带上，勇猛的武士就自动解除武装了。不一定要用武力杀人显示威严，君子的仪容服饰更为重要。人们看到他矜持庄重的样子，效果就已经达到了。

灾异谴告

1.观天人相与①之际，甚可畏也。国家将有失道之败，而天乃先出灾害以谴告②之；不知自省，又出怪异以警惧之；尚不知变，而伤败乃至。

【出处】《天人三策》

【注释】

①相与：相处、相交往。

②谴告：谴责警告。

【译文】观察天和人相处的关系，情况十分使人畏惧。如果国家将要发生违背道义之事，天就降下灾害来谴责警告；如果不知道自我反省，天又生出一些怪异的事情来警戒恐吓；还不知道悔改，那么伤害和败亡就会降临。

【赏析】董仲舒在《春秋繁露·二端》篇有一段与此大致相同的文字："凡灾异之变，尽生于国家之失，国家之失乃始萌芽，而天出灾害以谴告之；谴告之，而不知变，乃见怪异以惊骇之；惊骇之，尚不知畏恐，其殃咎乃至。"关于灾异，从先秦孔子时起就备受关注，《春秋》中记载灾异之事多达122条，但并没有明确地将灾异与人事联系起来。《公羊传》中已经开始把灾异同人事联系在一起，认为人事是灾异之由。董仲舒继承了《公羊传》的灾异理论,并构建起一个更为丰富的灾异理论体系,使其具有更强大的政治功效。董仲舒对"灾"和"异"作了区分,提出"灾先异后""灾小异大",有着先后和轻重程度的差别。"灾"在先,是上天善意的提醒;"异"在后,是上天严厉的批评。降"灾"是因为君主有小过;生"异"则源于君主犯大错。天只有在"灾"之提醒不达目的的情况下,才会进一步施加"异"以警告。但不管是"灾"还是"异",天的目的都是为了匡正人君,而不是要惩罚人君,所以董仲舒认为灾异是"天心之仁爱人君而欲止其乱",这是董仲舒灾异理论中最深刻的地方。

2. 灾异以见①天意。天意有欲也,有不欲也。所欲、所不欲者,人内以自省,宜②有惩③于心;外以观其事,宜有验于国。

【出处】《二端第十五》

【注释】

①见:通"现",显示、显露。

②宜:应该。

③惩:警戒。

【译文】灾异可以显露上天的心意。上天的心意有要求人们这么做的,也有要求人们不那么做的。所要的、所不要的,人要向内自我反省,应该在心中加以警戒;向外观察事物,应该在国家中有所征验。

【赏析】董仲舒认为天是有意志的,有"所欲"和"不欲",体现出天的价值规范,人们应该通过对《春秋》中所载灾异的思考,去体会这些灾异背后的天的价值规范。董仲舒在对策中说:"《春秋》之所讥,灾害之所加也,《春秋》之所恶,怪异之所施也。"《春秋》所讥讽、厌恶的,也就是上天施加灾异之处。因此,君主对灾异的思考一定要和天意联系起来,在内心深处对自己的行为举止、为政得失进行彻底的反思和省察,以天意约束自己、规范政治。灾异说是专制制度下儒生参政、议政的重要思想武器，对皇权具有一定的制衡和约束作用。周桂钿先生曾经把哲学按照真善美的标准，分为求真的哲学、求善的哲学、求美的哲学。求真的哲学是科学哲学，求善的哲学是政治哲学与宗教哲学，求美的哲学是艺术哲学。西方的传统哲学主流是求真的科学哲学，中国传统哲学主流是求善的政治哲学。董仲舒的"灾异说"，借助于天的意志对现实政治作出批判，旨在建立一种和谐的政治秩序，是十分典型的求善的政治哲学。

3.内动于心志，外见于事情，修身审己①，明善心以反道②者也，岂非贵微重始、慎终推效者哉？

【出处】《二端第十五》

【注释】

①审己：审视自己，明悉自己所做。

②反道：还归正道。

【译文】在内在的心志上产生震动，在外在的事情上表现出来，修养身心，审视自己，彰明善心并返归正道，这难道不是重视细微和开端之处，谨慎对待结果并推究效验的做法吗？

【赏析】在这里董仲舒强调君主面对上天的灾异谴告，应该积极反省，正心归道。在《天人三策》中，董仲舒认为君主应该"正心以正朝廷，正朝廷以正百官，正百官以正万民，正万民以正四方"。这里的"修身审己，明善心以反道"，其实就是"正心"。面对上天降下的灾祸，君主应该也必须罪己、正心，这是消除灾祸的有效方法，也是人君不可逃避的责任。《吕氏春秋·顺民》中记载了商汤在"天大旱，五年不收"的情况下，罪己自责，祈祷上天，"余一人有罪，无及万夫。万夫有罪，在余一人。无一人之不敏，使上帝鬼神伤民之命"。在历史上，君主面对灾异反省改过的一项重要举措就是下"罪己诏"。罪己以收人心，改过以应天道。汉代是帝王下"罪己诏"最多的朝代，据学者统计有50多份。从"罪己诏"的内容看，诏书中除了对自身治理国家失误的悔过自责之外，还包括对灾异的补救措施，如减免赋税、选拔人才、整顿吏治等，客观上促进了社会的发展。

4.天下者无患，然后性可善；性可善，然后清廉①之化流；清廉之化流②，然后王道举，礼乐兴，其心③在此矣。

【出处】《盟会要第十》

【注释】

①清廉：不求曰清，不受曰廉。

②流：传播、流行。

③心：心意，即思想旨趣。

【译文】天下没有祸患，然后人性才可以向善；人性可以向善，然后清正廉洁的教化才会流行；清正廉洁的教化流行，然后王道才能施行，礼乐才会兴盛，《春秋》的思想旨趣就在于此。

【赏析】对于灾异祸患之事，《春秋》的记载是"不敢阙（quē，同'缺'）"。为什么要把这些事情都记载下来呢？《春秋繁露·奉本》篇说："天无错舛（chuǎn）之灾，地有震动之异。天子所诛绝，所败师，虽不中道，而《春秋》者不敢阙，谨之也。"上天没有发生差错的灾害，大地有震动的怪异现象。天子所责备并与之断绝关系的人，所打败的军队，即使不完全合乎道理，但是作《春秋》的人不敢遗漏，态度上十分恭敬谨慎。董仲舒认为《春秋》之所以把天下的祸患之事记载得十分详尽周遍，是因为想通过把这些祸患全盘展示出来的方式，来达到消除天下祸患的目的。无患才能向善，向善才能清廉，清廉才能"王道举""礼乐兴"。

畏天敬神

1.孔子曰："畏天命，畏大人，畏圣人之言。"……此三畏者，异指①而同致②，故圣人同之，俱言其可畏也。

【出处】《顺命第七十》

【注释】

①指：通"旨"，旨意。

②致：到，这里引申为目的。

【译文】孔子说："敬畏天命，敬畏身居高位的人，敬畏圣人的话。"……这三件要敬畏的事情，虽然旨意不同而目的却相同，所以圣人将它们统一起来，都说它们是可敬畏的。

【赏析】敬畏意识是儒家的道德传统。《论语·季氏》载孔子之言："君子有三畏：畏天命，畏大人，畏圣人之言。"董仲舒对此进行了解释。为什么要"畏天命"？因为人类的认知能力是有限的，很多事情人类并不了解，更无法掌控，所以要"畏天命"，这是对超自然物的宗教意义上的敬畏之情。为什么要"畏大人"？因为大人专有诛杀的权力，《春秋》中记载的那五十多个被灭亡的国家，就是因为不知畏天命、畏大人造成的，所以要

"畏大人"，这是政治伦理意义上的敬畏之情。为什么要"畏圣人之言"？鲁宣公实行"初税亩"，违背了圣人之言，改变古代的制度和通常的准则，灾祸就立即到来了，所以要"畏圣人之言"，这是道德意义上的敬畏之情。从畏神圣的天命，到畏世间的大人，再到畏建立合法性基础的圣人话语，三者是相互联系不能分割的，因此"圣人同之"，将它们统一起来。而大人承接了天命，圣人阐释了天命，可见，"畏天命"是"三畏"的核心，因此董仲舒说它们是"异指而同致"。儒家的这种敬畏精神，即使在今天依然有着重要的现实意义，它告诉我们：要敬畏自然秩序、敬畏社会政治秩序、敬畏人类生活秩序。人类只有常怀敬畏之心，才会不张狂、不放肆、不妄为。

2. 尊天，美义也；敬宗庙，大礼也。圣人之所谨也。不欲多而欲洁清，不贪数[①]而欲恭敬。

【出处】《祭义第七十六》

【注释】

①数（shuò）：屡次、频繁。

【译文】尊崇上天，是美好的"义"；敬奉宗庙，是重大的"礼"。这是圣人所谨慎的事情。不贪求祭品的数量多而讲求干净清洁，不贪图祭祀的次数频繁而讲求内心的谦恭诚敬。

【赏析】董仲舒要求君子在祭祀时要心存诚敬，只有这样，才能够和上天、先祖相交接，体悟祭祀的真正意义。《论语·八佾》说："祭如在，祭神如神在。"祭祀祖先时，就好像真有祖先在受祭；祭祀神灵时，也好像真有神灵降临在面前一样。这就是民间俗语所说的"心诚则灵"。如果没有诚敬之心，外在的形式搞得再隆重也是毫无意义的。《论语·阳货》中说："礼云礼云，玉帛云乎哉？乐云乐云，钟鼓云乎哉？"礼乐并不仅仅是玉帛、钟鼓这些器物。只有玉帛没有"敬"，不成其为礼；只有钟鼓没有"和",不成其为乐。"敬"与"和"才是礼乐的灵魂与生命。也正因为如此,董仲舒才说在祭礼中,祭品不在数量多而在干净清洁,祭祀不在频次多而在谦恭诚敬。儒家重视祭礼,因为可以从中培养诚敬、感恩、孝亲之心,正所谓"慎终追远,民德归厚矣"。当今社会,仍然会有一些重要的礼仪活动,如丧礼、婚礼、成人礼或祭拜祖先的礼仪等。古今礼仪形式虽有损益,但礼的功用和核心不会随时代变迁而改变,所以始终保持谨慎、诚敬之心对待各种礼仪,依然是每一个人所必需的修养。

3. 夫流深者其水不测①,尊至者②其敬无穷。

【出处】《奉本第三十四》

【注释】

①不测:不可测量。

②尊至者:地位极高的人。

【译文】水流深的地方其水量不可测量,地位极高的人受到的恭敬是无穷尽的。

【赏析】董仲舒以流水的深不可测来比喻地位极高的人获得的无穷尊重和恭敬。董仲舒认为,《春秋》非常重视大人的所作所为,记录他们的言行时态度十分谨慎,即使上天降给大人的是灾害,《春秋》也毫不遗漏地全部加以记载。孔子曾经说过,对于有德有位的大人,要心存敬畏。大人尊贵的地位和承担的责任是一致的,他们手中掌握权柄,维系家国安危,承载苍生的命运和祸福,他们的威严和威信直接关系到共同体秩序的稳定,自有其不可撼动和不能左右之处。因此,地位高的人所获得的尊贵,从某种意义上说,是他的角色和使命所赋予的。同时,大人尊贵的地位和高尚的德行也应该是一致的,即德位相配。今天,我们仍然要求尊敬家长、师长和尊长,这是最起码的礼仪和个人修身的要求。

4. 不谨①事主，其祸来至②显；不畏敬天，其殃来至闇③。

【出处】《郊语第六十五》

【注释】

①谨：恭敬、谨慎。

②至：极、最。

③闇（àn）：通"暗"，隐藏不露。

【译文】如果不恭敬地事奉君主，祸害就来得十分明显；如果不敬畏上天，灾祸会到来，而表面上不明显。

【赏析】虽然董仲舒赞同孔子的"三畏"，认为如果对天命、大人、圣人之言不敬畏的话就会有祸殃临头，但是他认为祸殃的表现形式是不一样的。不畏大人，祸殃来得明显；不畏天命，祸殃来得隐秘。因为手握生杀大权的大人，会用革职、下狱等方式直接对不敬畏之人进行处罚，而上天只会用灾异来对不敬畏之人进行谴告。上天降下的祸殃是微渺的，"默而无声，潜而无形"，但是不管是明显的"主罚"还是不明显的"天殃"，无疑都会到来。天地神灵的想法、人事成败的根本原因，这些本来是看不见的，只有圣人能看见，所以也要敬畏"圣人之言"。令人担忧的是，现在仍有一些人对天道自然毫无敬畏之心，对经典传统诋毁诬蔑，对古圣先贤肆意抹黑，对于这样的言论或行为，一定要痛定思痛，防微杜渐，否则祸患到来还一无所知。

5. 天子不可不祭天也，无异人之不可以不食①父。

【出处】《郊祭第六十七》

【注释】

①食（sì）：供养、奉养。

【译文】天子不可以不祭祀上天，这与百姓不可以不奉养自己父亲的道理没有什么不同。

【赏析】"天子"的概念形成于西周,在先秦文献中多有出现,用以指称帝王。董仲舒延以"天子"代指皇帝,把天子与皇权制度相结合,这样,"天子"就不再只是简单的一个称呼,而是拥有核心地位、重要使命的一国之君。在董仲舒看来,"天子"是天的儿子,是天下最可尊贵的,代表天来管理天下、治理百姓。《春秋繁露·郊祭》篇说:"天子父母事天,而子孙畜万民。"皇帝要以"天"为父母,以"万民"为子孙。《深察名号》中提出:"故号为天子者,宜视天如父,事天以孝道也。"皇帝既然承受了天之子的称号,就要"视天为父",依天子之礼而祭天,就如同为人子要侍奉父母一样。祭天是天子对上天表示尊重,重建社会秩序,分别上下尊卑的重大礼节,不能因任何原因而废除。董仲舒认为,皇帝不祭天就好比是"不食父母",必将引起整个伦理秩序的崩塌。董仲舒把父子关系的孝道,扩充到天与皇帝之间,建构起一种虚拟的伦理关系,以实现对最高统治者的约束和限制。"天子不可不祭天也,无异人之不可以不食父",董仲舒在这里用了双重否定,以示肯定急切之义,再次重申天子祭天的重要性,也加深了"屈民而伸君、屈君而伸天"的理论力度。

6. 天者,百神之大君也,事天不备,虽百神犹无益也。

【出处】《郊语第六十五》

【译文】上天,是众神的君主。如果事奉上天不周备,即使事奉众神再好也没有用。

【赏析】董仲舒强调"屈君而伸天",作为天之子的君主,要尊敬上天,因此必须重视郊祭,也就是祭祀上天的礼仪。如果不祭祀上天而去祭祀其他的神灵,那是毫无用处的。《春秋》中对于那些不祭祀上天却去祭祀山川的事情进行讥讽,认为这是颠倒了主次,违背了礼制。董仲舒认为郊祭属于"天地之礼",其重要地位在很多方面表现出来:其一,郊祭之前要先进行占卜，占卜结果吉利才可以举行，而祭祀其他神灵就不需要提前占卜；其二，根据《春秋》之义，国君或国君的父母去世，要停止宗庙祭祀，但是不能停止郊祭，不能因为父母的丧事废止天地之礼，只有祭天的礼仪可以"越丧而行事"；其三，天子要在每年的岁首举行郊祭，把它放在一年所有事情之前，以示尊重。董仲舒一再强调在郊祭这个问题上，是没有讨价还价的余地的。有人对郊祭提出质疑，认为百姓还很贫困，没有必要劳民伤财去搞这套仪式，董仲舒对此严厉驳斥，说上天就是父母，百姓就是子孙，岂有因为子孙没饭吃就不奉养父母之理？实际上，对天的敬畏，就是人类对于天理道德的崇敬，对头顶的星空和内心道德律的谨慎和畏惧，这也是中华民族最可宝贵的文化基因。

7.五谷食物之性①也，天之所以为人赐也。宗庙上②四时之所成，受赐而荐③之宗庙，敬之至也，于祭之而宜矣。

【出处】《祭义第七十六》
【注释】
①性：通"生"，生长。
②上：进献。
③荐：献，进献祭品。

【译文】五谷食物的生长，是上天赐给人类的。在宗庙中进献四时收成的食物，接受上天的赏赐而进献给宗庙，这是非常恭敬的表示，用来进行祭祀是合适的。

【赏析】董仲舒重视祭祀，指出应该按照时节进行祭祀。首先，上天在一年中随着季节的变化而生长不同的谷物，以此养育人民，这是上天对人最大的恩德和赐予。人类得以代代相传，生得以安养，死得以安息，对给予我们生命的父母和逝去的先祖，要懂得感恩追念。因此，祭祀的第一层含义是：人们以四季不同的最新收成和物产供奉到宗庙之中，表达对天地神灵和先祖的崇敬和感念之情。其次,宗庙祠堂是中国人的精神道场。天地运转,时节变换,生命轮回,都离不开祭祀礼仪。人们举行庄严的祭祀活动,有重要的教化和移风易俗的社会功能,正如《礼记·祭统》所言:"祭者,教之本也。"因此,祭祀的第二层含义是:人们在祭祀的礼乐仪式中,敬天法祖,进而敦化人心,化民成俗。再次,董仲舒提到祭祀的礼仪要"敬之至也"。祭祀本来就是为天地神灵和鬼神而设,表面的仪式固然重要,但内心的恭敬和诚意更重要,否则就失去了祭祀的真正意义。对天地鬼神的敬意,不以天地之远、鬼神之缥缈而倦怠,不因生死存亡之相隔而有别。因此,祭祀的第三层含义是:有其神存其敬,这也是祭祀更为深刻的意义所在。

8. 四祭者,因四时之所生,孰①而祭其先祖父母也。故春曰祠,夏曰礿,秋曰尝,冬曰蒸②,此言不失其时以奉祭先祖也。

【出处】《四祭第六十八》

【注释】

①孰:通"熟",成熟。

②祠、礿(yuè)、尝、蒸:古代宗庙祭祀的名称,分别指春祭、夏祭、秋祭、冬祭。蒸,也作"烝"。

【译文】四次祭祀,是根据四季中所生长的农作物,在其成熟后用来祭祀祖先和父母。所以春天的祭祀叫作祠,夏天的祭祀叫作礿,秋天的祭祀叫作尝,冬天的祭祀叫作蒸,这是说按照季节去祭祀祖先。

【赏析】按时节进行宗庙祭祀,乃恭敬谨慎地侍奉先祖之意。《左传》成公十三年说:"国之大事,在祀与戎。"祭祀同军事一样,是国家的重大事件。古代祭祀之前,要沐浴更衣、变饮食、迁居所,整洁身心然后才能交于神明。在祭品上要依据天时进行选择,以表达对上天和祖先的敬意。正月的春祠用韭菜做祭品,四月的夏礿用麦子做祭品,七月的秋尝用黍稷做祭品，十月的冬蒸用刚成熟的稻米做祭品。一年四季不同的时间节点，会有不同的食物来体达天意，这是天地精华最丰盈、最饱满的展现，因此选择它们祭祀祖先，最能表达子孙之孝心诚意，所以董仲舒说以时令食物进行四时之祭，"此天之经也，地之义也"。

深察名号

1.治天下之端①，在审辨大②；辨大之端，在深察名号。

【出处】《深察名号第三十五》

【注释】

①端：首先、开端。

②审辨大：审查事物的类别和大纲。审，审察；辨，类别；大，大纲。

【译文】治理天下的第一步，在于审察清楚事物的类别和大纲；审察清楚事物的类别和大纲的第一步，在于深入考察名号的本义。

【赏析】董仲舒在《春秋繁露·深察名号》中开篇便将"名号"提升到"治天下之端"的重要地位，明确了"深察名号"服务王道教化的政治目的。儒家一贯重视"名"在政治上的作用。《左传》成公二年记载孔子之言"唯器与名，不可以假人"，因为这是国君所掌握的"政之大节"，把这些给了别人，就是把政权给了别人。《论语·子路》篇中记载了孔子有关"正名"的言论："子路曰：'卫君待子而为政，子将奚先？'子曰：'必也正名乎！'"孔子把"正名"作为"为政之先"。因为"名"是礼制和秩序的象征，关乎上层建筑的稳固与良性运转。"名不正，则言不顺；言不顺，则事不成；

事不成，则礼乐不兴；礼乐不兴，则刑罚不中；刑罚不中，则民无所措手足"。名号便是治理天下最关键的"第一粒扣子"，这粒扣子扣不正，下面的就全乱套了。春秋战国时期名不副实、礼崩乐坏的乱象丛生，因而引发诸子对名实问题的思考和重视。

　　董仲舒面对汉朝弊政，提出更化、重建礼制，因此也格外重视名实问题。他继承并发展了孔子的正名思想，提出要深察名号，并用"首章"来形容考察名号的重要性，意思是像通过目录窥见书的整体内容一样，"名号"就是治国为政的首要环节。董仲舒认为"正名"是《春秋》大义之一，在《春秋繁露·玉英》篇他把《春秋》"变一为元"与"治国之端在正名"联系起来。在这一思想理论下，董仲舒考察论述了关于"天子、诸侯、大夫、士、民"这五种称号的含义，并深入探讨了人性的名实问题，最后归结到重视圣王教化的政治思想。因此，周桂钿先生认为："董仲舒讲'深察名号'主要不在于讲学问，他的立脚点在于利用这么一点学问来为政治服务。"

　　2. 是非之正①，取之逆顺；逆顺之正，取之名号；名号之正，取之天地，天地为名号之大义②也。

　　【出处】《深察名号第三十五》
　　【注释】
　　①正：辨正。
　　②大义：正道、根本。
　　【译文】是非的辨正，取决于逆顺；逆顺的辨正，取决于名号；名号的辨正，取决于天地，天地是名号的根本。
　　【赏析】董仲舒把"名号"的意义本源归之于"天"，从而使"名号"具有了神圣性。首先，名号的制定要顺应天道。《春秋繁露·天道施》篇说："名号之由人事起也，不顺天道，谓之不义。"名号是依据人类的生活而制定的，制定名号如果不遵循天道，就是不合理的。反之，遵循天道的名号，就是合理的，所以"顺名"就是"顺天"，"事各顺于名，名各顺于天，天人之际，合而为一"，"天人合一"便在"事—名—天"的承顺和谐中得以实现。其次，名号的真实性来源于天。"天"是检验"名号"是非逆顺的标准，符合天意的"名号"便可以顺正逆、辨是非，违背天意的"名号"就要被抛弃。董仲舒从"天人关系"的角度来解释"名号"，认为"名号"是天人沟通的媒介，也是"天人感应"的结果，使"名号"带有了"天"的属性，从而把先秦诸子纯粹探讨名实关系及其治国功用的名号理论向前推进了一大步。

3. 名之为言鸣与命也，号之为言謞[1]而效也。謞而效天地者为号，鸣而命者为名。名号异声而同本，皆鸣号而达天意者也。天不言，使人发[2]其意；弗为，使人行其中。名则圣人所发天意，不可不深观[3]也。

【出处】《深察名号第三十五》

【注释】

①謞（xiào）：呼喊、大叫。

②发：阐发。

③深观：深入体察。

【译文】名就是"鸣"和"命"的意思，号就是"謞"和"效"的意思。大声呼叫而效法天地之意叫作"号"，发出声音而给事物命名叫作"名"。"名"和"号"虽然声音不同而根本含义却是一样的，都是用"鸣"和"謞"来表达天意。天并不说话，而是让人用语言阐发它的意志；天并不行动，而是让人在行事上合乎中道。"名"就是圣人所表达的天意，是不可以不深入体察的。

【赏析】董仲舒以声为训，将"名""号"分别解释为表达天意的"鸣"和"謞"，因此，名号本身即蕴含着天对该事物的要求和命令。根据这一原则，便可知道"天子、诸侯、大夫、士、民"各自的天赋职责和使命了。号为"天子"者，就应当视天如父，以孝道来事天；号为"诸侯"者，就应当小心谨慎地事奉天子；号为"大夫"者，就应该格外地忠诚，恪守礼义，成为民众的楷模；号为"士"者，就应该认真做事，服从上级的命令；号为"民"者，懵懂无知，需要圣王教化才能唤醒。可见，董仲舒的名号理论，其实质乃是借天意为社会确立等级名分、伦理义务的一种理论形式，具有强烈的经世致用意图。

在"名号"的制定上，董仲舒特别强调圣人的作用，他以"圣人"为中介，建立起一套"天—圣人—名号"的天人感应系统。董仲舒认为普通民众并不具有体察天意的能力，只有德配天地的圣人才能够正确地体察天意，从而制出符合事物真实性的名号。天地生出万物，圣人根据万物的形象来给它们命名，而且名号制定好以后就不能随便改变了，因为它们都代表着一定的意义。这就是《春秋繁露·天道施》中所说的："万物载名而生，圣人因其象而命之，然而不可易也，皆有义从也。"可见，依据天意，由圣人制定的名号，不但具有神圣性而且具有确定性。

4. 名者，所以别①物也。亲者重，疏者轻，尊者文，卑者质，近者详，远者略，文辞不隐情②，明情不遗文，人心从之而不逆③，古今通贯而不乱，名之义也。

【出处】《天道施第八十二》

【注释】

①别：区别、区分。

②情：实情。

③逆：违背。

【译文】所谓名，是用来区别事物的。亲近的用重名，疏远的用轻名，尊贵的用文名，卑贱的用质名，时代近的用详名，时代远的用略名，修饰辞藻但不会隐瞒实情，揭示实情但不会忽视修辞，人们在心里遵从它而不违背它，它贯通古今而不紊乱，这是制名的道理。

【赏析】万物纷繁复杂，所以制名加以区别，这叫"名以别物"。董仲舒认为《春秋》是正名辨物的经典，他根据《春秋》用辞特点，指出制名的原则是根据亲疏、尊卑、远近确定相应的用辞，而且要遵循"文辞不隐情，明情不遗文"的原则，既要真实，又要善美。在《春秋繁露·楚庄王》篇，董仲舒讲到《春秋》用辞在亲疏、尊卑、上下的差别，"于外，道而不显；于内，讳而不隐。于尊亦然，于贤亦然"，对其他诸侯国所犯大恶，用委婉之词表达，对鲁国所犯大恶，要隐讳不要隐瞒。比如，鲁庄公八年，鲁国灭了郕国，郕国是鲁国的同姓国，灭同姓国属于大恶，但是这个大恶又是自己君主犯下的，因此不能直书又不能不书，于是只能使用隐讳的曲笔，把被灭的"郕国"改成了"成国"，为本国国君隐讳。这样既没有隐瞒灭同姓国的实情，又用文辞表达了对本国国君的尊重。孔子作《春秋》，通过文辞来体现"微言大义"，清代著名经学家庄存与在《春秋正辞》中说："《春秋》详内略外，详尊略卑，详重略轻，详近略远，详大略小，详变略常，详正略否。"正是在这该详则详、该略则略的用辞中，贯穿着圣人制名的大原则。

5. 名众[①]于号，号其大全[②]。名也者，名其别离分散也。号凡[③]而略。名详而目[④]。

【出处】《深察名号第三十五》

【注释】

①众：多。

②大全：指事物的全体，总称。

③凡：大凡、大概。

④目：细目。

【译文】名比号多，号是事物的全体。名是区分辨别事物的各个分散部分。号是概括的、大略的。名是详细的、具体的。

【赏析】董仲舒对名、号作了明确的区分。他认为，号是总称，用以指称事物种类；名是分称，用以指称具体事物。号乃名之总，名乃号之分。号是概括性的，可称为"凡号"；名是分散性的，可称为"散名"。比如"祭祀"是享鬼神之"号"，是总称，散到一年四季，则有不同的"名"：春天名"祠"，夏天名"礿"，秋天名"尝"，冬天名"蒸"，用这些不同的"名"表示不同时节的"祭祀"之"号"。先秦时期《荀子·正名》曾对"名"进行过详细的区分，其中最高层次的"物"，无所不包，叫"大共名"，具体事物的个体之名，叫"大别名"，二者是一般和个别的关系。从董仲舒对名、号的分类看，他继承并发展了荀子"大别名""大共名"的分类方式。在《春秋繁露·天道施》篇，董仲舒把"物"这个"号"称为"洪名""皆名"，也就是"大共名"，而把区分"此物也，非夫（fú，那一个）物"的"名"称为"私名"，也就是"大别名"。与荀子对"大别名""大共名"的区分不同的是，董仲舒更为细致地划分了名、号二者的区别，在逻辑上建立起外延大的"号"与外延小的"名"之间"属"与"种"的联系，从这一点上来说，董仲舒的名号思想发展了先秦儒家的"正名"思想。

6. 名生于真①，非其真，弗以为名。名者，圣人之所以真物也，名之为言真也。

【出处】《深察名号第三十五》

【注释】

①真：真实。

【译文】名产生于真实，不真实就不能用来命名。名就是圣人用来表现事物之真的，名是为了用语言表达真实的。

【赏析】关于名与实的关系，董仲舒提出了"名生于真""名为言真"的观点。实是名的来源，名是实的表现。《说文解字》中在解释"名"时提到了"名"之源起，即"冥不相见，故以口自名"，夜间看不清楚，无法靠视觉获取事物的信息，只能靠言语传达事物的信息，"名"因此产生。

传递的信息是否准确非常重要，因此"名"从产生之初便自然具有准确地反映真实情况的内在要求。

董仲舒对名实关系的看法是通过解读《春秋》经义进行阐述的。《春秋》鲁僖公十六年载："春，王正月，戊申朔，陨石于宋五。是月，六鹢（yì）退飞过宋都。"《公羊传》解释《春秋》之所以说陨石的时候先说陨石再说数字，而说鹢鸟的时候先说数字再说鹢鸟，是因为陨石从天降落到地上，发出磌（tián）然之声，人们闻声而走近，发现原来是石头，再一看，是五块；而鹢鸟飞在天上，人们抬头观看，首先会注意到六只鸟，再仔细观察，原来是鹢鸟，最后发现它们竟然是在倒退着飞。对不同的事物，人们察看和感觉的次序是不一样的，所以《春秋》在记载时所用之词相应也会不同。董仲舒对《公羊传》的此种解释进一步引申，认为"石五六鹢"的记载表明孔子对记事之言态度极其严谨，"名物如其真，不失秋毫之末"。儒家对于名的真实性、神圣性的重视，影响极为深远。李泽厚先生曾经说过："至今人们批判某人行为活动时，用的是'不像话'。可见，'话'（语言）在中国从来具有严重的神圣性。语言不只是散发在空气中的声音而已，它不仅代表而且本身即是人的行为、活动。"

7. 欲审①曲直，莫如引绳②；欲审是非，莫如引名。名之审于是非也，犹绳之审于曲直也。

【出处】《深察名号第三十五》

【注释】

①审：判断。

②引绳：用绳墨来做标准。绳，绳墨，木工用来校正曲直的器具。

【译文】想要辨别一个东西的曲或直，只有使用绳墨来做标准；要判断一件事情的是或非，只有用"名"来做标准。"名"对于辨别是非的作用，和绳墨对于辨别曲直的作用是一样的。

【赏析】 在董仲舒看来，"名"是沟通天人的工具、承载天意的载体、认识真理的中介，也是判别是非的标尺。由于名以"真"为基础，所以它能用来作为判断是非曲直的准绳。如何"引名"来审是非呢？就是用"名"的实际内涵来比量事物的实际状况，与名相离，则可判定为非；与名相合，则可判定为是。比如，董仲舒对"王"与"君"的名号进行了分析。王之名号有五种含义，即"皇""方""匡""黄""往"，意思是说，作为一个圣王，必须仁心博大、正直端方、德泽普遍、天下归服。与之相符的，才称得上是王，与之不相符的就不称其为王。君之名号也有五种含义，即"元""原""权""温""群"，意思是说，作为一国元首，要善于抓住为政根本，遇事要懂得权变，对待臣民要宽惠温和，能够使民众合群团结。与之相符的，才称得上是君，与之不相符的就不称其为君。在《春秋繁露·尧舜不擅移汤武不专杀》篇，董仲舒明确指出桀纣行为已经不符合"君"名之规定，因此汤武革命根本不是弑君。

董仲舒还指出，如果事物的真实状况混乱不清，那么就要重新回到"名"来，通过深察名号，达到澄清事物之"实"的目的，这叫"返名求实"。在考察人性论时，董仲舒便运用了这一方法。他认为历史上人们对人性的看法之所以多种多样，是因为大家不明白什么叫"性"，因此应该"反（返）性之名"进行考察，于是通过对"性""心""民"等名的考察分析，提出了自己的人性主张。总而言之，"名"是一把标尺，量一量可以明白是非对错、校正长短偏颇。

人性善恶

1.吾质①之命性者,异孟子。孟子下质于禽兽之所为,故曰性已善;吾上质于圣人之所为,故谓性未善。

【出处】《深察名号第三十五》

【注释】

①质:研究、评判。

【译文】我研究、评判"性"的命名标准,和孟子是不同的。孟子降低标准去和禽兽的行为比较,所以说人性已经是"善";我提高标准去和圣人的行为比较,所以说人性还没有"善"。

【赏析】董仲舒的人性论是其思想体系中非常重要的内容,是其政治哲学、教化思想的起点,在《春秋繁露》的《深察名号》《实性》两篇有集中的论述。在这里,董仲舒从正名的角度驳斥了孟子的性善论,提出了自己的"性未善"说。他认为人们之所以讲起"性"来五花八门各不相同,是因为对"性"的本义没有搞清楚。本义没搞清楚,怎么能讨论善不善的问题呢?于是董仲舒首先从本义入手,明确提出"性者,质也",性就是人天生的自然本质,不依靠任何外在因素而生成,是本来就具有的。规定了"性"的本义，那么从善之名中去寻找性之质，找得到吗？找不到。因此不能说"质善"，没有"质善"，自然也就没有"性善"。接下来，董仲舒还用圣人的言论驳斥孟子的性善论。圣人所说的善是"循三纲五纪，通八端之理，忠信而博爱，敦厚而好礼"，这自然比孟子所说的"童之爱父母，善于禽兽"的善的标准要高得多。董仲舒从性的概念、圣人之言两个方面对孟子性善论进行驳斥之后，提出了自己的人性论观点"性未善"。

2. 仁、贪之气，两在于身。身之名，取诸天。天两有阴阳之施①，身亦两有贪、仁之性。天有阴阳禁②，身有情欲栣③，与天道一也。

【出处】《深察名号第三十五》

【注释】

①施：施行。

②阴阳禁：以阳禁阴之意。

③栣（rèn）：节制、禁制。

【译文】仁、贪两种气质，在人的身上都存在着。"身"的名称，取自于"天"。天兼有阴、阳二气的施行，人身也兼有贪、仁两种本性。天道中的阴气需要加以禁制，人身上的情欲也需要加以节制，这和天道是一致的。

【赏析】董仲舒从天道阴阳的角度对人性进行分析，指出人身所以有贪仁之气，乃是天施阴阳之气的结果。阴阳之气如何成为贪仁之性的呢？董仲舒认为"身之有性、情也，若天之有阴、阳也"，一个人身上兼有"性""情"，好像天道兼有阴和阳一样。"性生于阳，情生于阴"，性、情分别来自阳气和阴气。因此，阴阳二气成为贪仁二性的过程是这样的：天—阴气—情—贪；天—阳气—性—仁。董仲舒认为主张性善论的，是只看到了阳，主张性恶论的，是只看到了阴。对于性中的恶质，董仲舒提出用心来"栣众恶于内"，即要人们发挥心的主观能动作用，加强自身道德修养，主动弃恶向善。董仲舒的"性未善论"着重为外在的道德教化提供理论依据，他的"性善情恶论"则为内在的道德修养提供了理论依据。我们可以用四句话来总结一下董仲舒的"性未善论"和"性情论"：性有善质而未善，须经教化才成善；身有性情即仁贪，栣恶于内自求善。董仲舒的"性善情恶论"，后来到宋代就演变成了"天理"和"人欲"的关系，宋明理学家的"存天理，灭人欲"无疑受到了董仲舒人性论的影响。

3.性比于禾，善比于米。米出禾中，而禾未可全为米也；善出性中，而性未可全为善也。善与米，人之所继①天而成于外，非在天所为之内也。

【出处】《深察名号第三十五》

【注释】

①继：继承、秉承。

【译文】"性"好比禾苗，"善"好比大米。大米是从禾苗来的，但禾苗并不完全是大米；"善"是从"性"来的，但"性"并不完全就是"善"。"善"和米都是人们秉承着天的创造，又另外加工而成的，不是在天所创造的范围以内的。

【赏析】为了说明"性"和"善"的区别，董仲舒用了大量的例子来类比，以禾与米、粟与米、璞与玉、卵与雏、茧与丝、麻与布来比喻性与善的关系，说明性是天生的，有善质，但性又不全善，需要后天加工，通过教化才能成其善。董仲舒认为性不全善，纠正孟子"性善"的说法；认为人性不全恶，有善质，纠正荀子"性恶"的观点。董仲舒还将性中的"善质"与眼睛的视力作类比，睡着的人是看不到东西的，只有睡醒了睁开眼才能看到东西，人的"善质"也是一样，也需要被激活，才能真正成为现实的"善"。如何激活？靠的是王教之化。董仲舒和孟子都认为人性有天生的善端、善质，但对于如何将善端、善质变成善，二人所强调的方向却不相同，孟子强调"扩而充之"，董仲舒强调的则是"王教"。

4.圣人之性，不可以名性；斗筲①之性，又不可以名性；名性者，中民②之性。

【出处】《实性第三十六》

【注释】

①斗筲（shāo）：量器。斗，容十升；筲，容一斗二升。斗筲用来比喻人的才识短浅、器量狭小。

②中民：庸民，即平常人。

【译文】圣人的"性"，不可以用来确定"性"的名称；小人的"性"，也不可以用来确定"性"的名称；确定"性"的名称，是根据平常之人的"性"。

【赏析】董仲舒是"性三品"论的开山鼻祖。他在《春秋繁露·深察名号》中说："名性不以上，不以下，以其中名之。"以上、中、下区分人性层次，在这里，则明确提出了圣人之性、中民之性和斗筲之性三种不同的人性层次命名。所谓"圣人之性"，乃是"天之性"，是纯善的，超越人性，能够配天行德，是无须别人教化而是要去教化别人的。所谓"斗筲之性"，则是"兽之性"，是纯恶的，即使施以教化也不可能改为善，所以不必教化。《春秋繁露·玉杯》篇中说："诸斗筲之民，何足数哉！弗系人数而已。"这部分人极少，可以不计算在人数内。所谓"中民之性"，才是"人之性"，有善质亦有恶质，可以通过王者的教化导向善。董仲舒的人性论对后世影响广泛。他的"性三品"说对东汉的王充、荀悦影响颇深，后来到唐代韩愈，形成了完整而系统的"性三品"说。

5.性者，天质①之朴也；善者，王教之化也。无其质，则王教不能化；无其王教，则质朴不能善。

【出处】《实性第三十六》

【注释】

①天质：天生本性。

【译文】"性"，是天生的质朴；"善"，是圣王教化的结果。没有天生的本质，圣王之教就无从感化；没有圣王的教化，质朴的"性"就不能变为"善"。

【赏析】董仲舒认为性分三品，其中只有中民之性是可以经过教化成善之性。所以这里所说"性者，天质之朴也"，指的是中民之性。其实无论是董仲舒，还是孟子、荀子，都是以"生"训"性"，主张"性"就是天生的、自然的、原生态的。但是他们对于什么是天生、什么是自然、什么是原生态的理解各有不同。孟子认为初生的人性具有仁义礼智善端，荀子认为初生的人性是恶的，董仲舒认为初生的中民之性兼有善恶之质。至于成善的范围，孟子讲"人皆可以为尧舜"，荀子说"涂之人可以为禹"，所有人都有成善的可能，而董仲舒认为只有中民之性才能够经王教而成善。"无其质，则王教不能化；无王教，则质朴不能善"，这一句是进一步说明"性有善质"与"王教成善"之间的辩证关系。"性有善质"是"王教成善"的前提；"王教"是中民之性成善的保障。二者既有联系，又有区分。如果只看到联系，就会误会其与孟子的性善论近似；如果只看到区别，就会误会其与荀子的性恶论接近。

王教之化

1.天地之数,不能独以寒暑成岁①,必有春夏秋冬;圣人之道,不能独以威势成政②,必有教化。

【出处】《为人者天第四十一》

【注释】

①岁:年。

②政:治理国家。

【译文】天地的定数,不能仅靠寒暑来完成一年,必须要有春夏秋冬四季;圣人治理国家的大道,不能仅靠威势来达到为政的目的,必须要有教化。

【赏析】在《春秋繁露·为人者天》这一篇,董仲舒说明了天生人之后,圣王继以教化,以促进人的自我完善。他以天的四时论政治教化,认为天地运行,不能只有冬寒、夏暑两季,还要有调和寒暑的春与秋。圣人之道,合于天地,治理国家效法天道四时,不能只依靠政令刑罚的威势,还要自上而下施行教化。那么在为政中如何发挥教化的作用呢?董仲舒说"政有三端":如果父子之间不亲密,就尽力激发他们的慈爱之心;大臣之间不和睦，就大力提倡礼节；百姓不安定，就勉励他们实行孝悌，而且自己身体力行做表率。这些不是靠威势能达到效果的，只能靠圣王教化。以道德来引导教化百姓，以礼法来规范整齐，这样才合于天地之数。

2.道者，所繇^①适^②于治之路也，仁义礼乐皆其具也。故圣王已没，而子孙长久安宁数百岁，此皆礼乐教化之功也。

【出处】《天人三策》

【注释】

①繇（yóu）：通"由"。

②适：往、归向。

【译文】道，就是由此走向国家大治的道路，仁义礼乐都是治理国家的工具。所以虽然圣明的君王故去了，可是他的子孙还能长久统治，安宁数百年，这都是礼乐教化的功效。

【赏析】"教化"一词在《汉书·董仲舒传》中一共出现了 16 次，可见董仲舒对教化的重视。在这里，董仲舒将教化与政治紧密联系起来，阐述了礼乐教化之所以重要的原因和礼乐教化的作用。"治之道"是目标，是唯一；"治之具"是仁义礼乐，是工具。汉武帝要想把庞大的汉帝国治理好并"传之无穷"，就必须通过礼乐教化来实现。董仲舒不仅重视德教，而且重视乐教。他认为乐在改变民风、感化民俗方面有着显著的功效，"声发于和而本于情，接于肌肤，臧（藏）于骨髓"，声音从和谐的气氛中发出，依据于情感，接触到肌肤，深藏于骨髓，因此，即使在王道衰微之时，管弦之声依然流传，这也是为什么孔子在齐国能听到虞舜时期尽善尽美的《韶》乐的缘故。正是这样的正乐之声，能够纯化人心，使得天下人心向善，彼此和谐相处，在潜移默化之中发挥其应有的政治功能。

3.圣人天地动、四时化①者,非有他也,其见义大,故能动,动故能化,化故能大行②,化大行故法不犯,法不犯故刑不用,刑不用则尧、舜之功德。此大治之道也,先圣传授而复③也。

【出处】《身之养重于义第三十一》

【注释】

①化:变化。

②大行:流行、普遍推行。

③复:重复、反复,指先圣、后圣做法相同。

【译文】圣人能够感动天地、变化四时,没有别的缘故,因为他晓得大义,所以能够感动;能够感动,所以能够变化;能变化,所以能教化普及;教化普及,所以人民不犯法;人民不犯法,所以不必使用刑罚;不使用刑罚,就是尧、舜的功业德行。这是天下大治之道,是古代圣王传授后人可遵循的治国之道。

【赏析】董仲舒重视教化的治国功用,这句话说明通过推行教化、以德治国才是大道。《论语·颜渊》中季康子向孔子询问,治理国家可否用"杀无道"的方法,孔子回答说:"子为政,焉用杀?子欲善而民善矣。君子之德风,小人之德草,草上之风必偃。"上位者的德行是风,老百姓的德行是草,草上刮风,草必然随风而倒,上位者用心向善,老百姓就会随之向善,哪里还用得着"杀"?这既是儒家的教化观,也是为政以德的治国大道。董仲舒认为,圣人因为能感天地之动,化四时之变,将天地之道用于人道,从而推行普及教化。教化自上向下施行,上位者阐明义理,以礼乐道德来引导和治理百姓,那么百姓受到教化,不仅免受刑罚,还能懂得礼义廉耻,起到不令而行、不禁而止的治理效果,这是教化的政治功能,而刑罚政令在国家治理中只是辅助手段。发展教育,推行礼乐教化,实施仁政德政,才能建立和谐有序的社会秩序,实现国家的稳定和繁荣。孔子曾说,以礼乐治国,"其或继周者,虽百世可知也"。这是古今相通的治国之大道。

4.夫上之化下，下之从上，犹泥之在钧①，唯甄②者之所为；犹金之在镕③，唯冶者之所铸。

【出处】《天人三策》

【注释】

①钧：制陶器所用的转轮。

②甄（zhēn）：陶匠。

③镕（róng）：铸器的模型。

【译文】在上的君主教化在下的人民，在下的人民服从在上的君主，好像泥土放在模型里，听凭陶匠的加工；也好像金属放在容器里，听凭冶匠的铸造。

【赏析】董仲舒将君主对人民的教化比喻为陶匠、冶匠之加工、铸造，形象生动且通俗易懂。董仲舒善用譬喻来表达自己的观点和主张。在论述"性"与"善"时，运用"禾""米"之喻，"性比于禾，善比于米；米出禾中，而禾未可全为米也；善出性中，而性未可全为善也"（《春秋繁露·深察名号》），将"性"需要教化加工才能成"善"说得明白透彻。在论述不用贤臣、不结盟友导致亡国后果时说，"此无以异于遗重宝于道而莫之守，见者掇之也"（《春秋繁露·灭国上》），就好像把珍宝放在大道上，而且不去看守，当然会被人家轻而易举地捡走。在讲效法先王之道时，将先王之道比喻为"规矩""六律"。在讲君子学习时，将其比作制玉，"常玉不瑑（zhuàn），不成文章；君子不学，不成其德"（《天人三策》），普通的玉如果不雕刻就不能成就美丽的花纹；君子不学习，就不能成就美德。在讲"积善""积恶"时，将"积善"比作"长日加益，而人不知"，就像人的身形日渐长高，可是自己觉察不出；将"积恶"比作"火销膏，而人不见"（《天人三策》），就像灯烛燃烧时耗费油膏一样，人也不容易看出来。在讲更化时，用"朽木粪墙"比喻汉承秦弊的不可救药，用"以汤止沸，抱薪救火"（《天人三策》）比喻延用秦制的严重后果，说明更化的必要性和紧迫性。总之，在《春秋繁露》和《天人三策》中董仲舒多处运用比喻的方式，深入浅出地论述深刻的道理，增加了文章的说服力和可读性。

5. 天下所未和平者，天子之教化不行①也。

【出处】《郊语第六十五》
【注释】
①行：施行。
【译文】天下之所以没有和平，是因为天子的教化没有得到施行。
【赏析】教化对于国家的长治久安有着重要的功用。教化的功能不只是传承文化，还有更为重要的一项职能是移风易俗、引领风尚。《礼记·学记》中说"君子如欲化民成俗，其必由学乎"，意思是君子如果要教化人民，形成良好的社会风俗，一定要从教育入手。"古之王者建国君民，教学为先"，教化是建立国家、治理百姓首要的事情。董仲舒认为，圣王的礼乐教化可以定邦安民，教化是治国大道。圣王施行教化，以显著的德政润泽于天下，那么四方的百姓和其他国家没有不响应的，如果天下还没有和平，是因为天子的教化还没有得到施行，"远人不服，则修文德以来之"（《论语·季氏》），君王要以教化引导百姓，以德政感化四方。

6. 夫万民之从利也，如水之走下，不以教化堤防之，不能止也。是故教化立而奸邪皆止者，其堤防完①也；教化废而奸邪并出，刑罚不能胜者，其堤防坏也。古之王者明于此，是故南面而治天下，莫不以教化为大务。立大学②以教于国，设庠序③以化于邑，渐④民以仁，摩⑤

民以谊,节民以礼,故其刑罚甚轻而禁不犯者,教化行而习俗美也。

【出处】《天人三策》

【注释】

①完:完好、完备。

②大学:太学,古代设于京城的最高学府。

③庠序:古代的地方学校。

④渐(jiān):浸润。

⑤摩:砥砺。

【译文】万民追逐利益,就好像水向下流一样,不用教化做堤防,就不能禁止。因此教化建立而奸邪停止,是因为堤防完好;教化废止而奸邪一起出来,用刑罚也不能禁止,是因为堤防坏了。古代的君王明白这个道理,没有不把教化当作主要任务的。在国都设立太学进行教育,在县邑设立县学、乡学实施教化,用仁来教育人民,用义来感化人民,用礼来节制人民,所以,虽然刑罚很轻却没有人违反禁令,这是教化施行、习俗美好的缘故。

【赏析】董仲舒在这段话中论述了教化的必要性和实施路径。为引起汉武帝对教化的重视,董仲舒由祥瑞谈起,他指出汉武帝有地位、有资质,可是上天却没有降下祥瑞,这是因为"教化不立而万民不正"的原因。逐利乃万民之性,君王要做的不是堵住万民逐利的本性,而是通过筑起教化的堤防,对其进行疏导、调控,使之不至于泛滥成灾。董仲舒以正反两个例子进行说明:其一,周武王行大义、平残贼,周公制礼作乐以教化天下,之后出现了成康盛世,国家的监狱里四十多年没有关押一个罪犯;其二,秦朝抛弃礼义教化,专行酷法,"憎帝王之道,以贪狼为俗",十几年的时间就覆亡了。这两个例子说明,教化的兴与废直接关系国家的安与危。

至于如何推行教化,董仲舒明确提出了"立太学""设庠序"的具体措施。太学作为最高学府,是进行教化的源头。董仲舒希望这些受过儒学教育的太学生将来能够切实担当起"民之师帅"的职责,既为"师",又为"帅",真正实现教化与管理的统一。汉武帝接受了董仲舒的建议,元朔五年(前124年)在长安设立太学,之后,太学得到迅速发展。武帝初立太学时,为博士官置弟子共五十人,昭帝时博士弟子增加到一百人,宣帝末年增到二百人,元帝时增至一千人,成帝末年达到三千人,到东汉质帝时竟猛增到三万人。至于地方官学,汉武帝时曾"令天下郡国皆立学校官"。中央和地方官学的设立,对于汉帝国的稳定、文化的发展发挥了举足轻重的作用。因此,班固将董仲舒的倡立之功载入《汉书》本传,"立学校之官,州郡举茂材孝廉,皆自仲舒发之"。

治学为师

1.《诗》《书》序其志①,《礼》《乐》纯其美②,《易》《春秋》明其知③。六学④皆大,而各有所长。《诗》道志,故长于质⑤;《礼》制节⑥,故长于文⑦;《乐》咏德,故长于风⑧;《书》著功,故长于事;《易》本天地,故长于数⑨;《春秋》正是非,故长于治人。

【出处】《玉杯第二》

【注释】

①序其志:抒发情志。序,通"叙",抒发。志,情志。

②纯其美:净化心灵、陶冶情操。纯,净化。美,审美情趣。

③知(zhì):通"智",智慧。

④六学:六艺、六经。

⑤质:朴实的本质。

⑥节:节制。

⑦文:文饰。

⑧风:社会教化。

⑨数:道数、方法。

【译文】《诗经》和《尚书》能够抒发情志，《礼经》和《乐经》能够净化心灵、陶冶情操，《周易》和《春秋》能够使人增长智慧。六经的学问都很重要，又各有所长。《诗经》抒发情志，所以它的特点是朴实的本质；《礼经》节制人欲，所以它的特点在于文饰；《乐经》歌颂圣王之德政，所以它的特点在于创造良好的社会风气；《尚书》记载历代功绩，所以它的特点在于记载史事；《周易》依据天地阴阳四时五行概括出变化的规律，所以它的特点在于道数；《春秋》确定是非，所以它的特点在于政治。

【赏析】 这段话是董仲舒对六经要旨的概括和对六经长处的总结。六经（六艺），是华夏民族的原典文献，是中华民族的文化基因，是诸子百家的共同文化资源，不仅儒家以六经作为教科书来传授、引用，诸子百家中的墨家、道家、法家、杂家等学派也征引、传播六艺经典。董仲舒将六经的要旨概括为"序其志""纯其美""明其知"，将六经的长处总结为"质""文""风""事""数""治人"。六经的要旨明确，长处实用，每一经都有每一经的大义，可以从不同的方面塑造人。英国哲学家培根有这样一段阐述读书与人的性格气质的名言："读史使人明智，读诗使人灵秀，数学使人周密，科学使人深刻，伦理学使人庄重，逻辑、修辞使人善辩，凡有所学，皆成性格。"董仲舒这段"六艺论"则精辟中肯地阐述了"凡有所学，皆成道德"的道理。由六经的内容可以看出，儒家教育的目标是立德树人，因此选择六经来培养贤明君主所必备的优良道德品格。

2. 人主大①节②则知闇③，大博④则业厌⑤。二者异失同贬⑥，其伤必至，不可不察也。

【出处】《玉杯第二》
【注释】
①大：通"太"。
②节：节制。

③闇（àn）：通"暗"，愚昧。

④博：广博。

⑤厌：自满。

⑥异失同贬：过失不同，损失一样。

【译文】国君的学问太狭窄，就会知识浅陋，愚昧糊涂；学问太广博，就可能满足于学术，荒废政务。两个极端的过失不同，损失一样，都会导致败亡，不可不明察。

【赏析】六经各有所长，人君不可不学。"太节""太闇"是就教学内容而言，包含了广度和难度两个方面。太窄太浅，就会让人"吃不饱"；太宽太深，就会让人"吃不了"，因此应该"节""博"适度。这一教育思想在汉代已经是很多知识分子的共识，比如贾谊在《新书》中也说过类似的话："人主太浅则知闇，太博则业厌。二者异失同败，其伤必至。"董仲舒是《春秋》博士，但是他对《诗》《书》《礼》《易》也相当精通，在著作中时常引用。他认为不能只通一经，那样局限性太大，各经均有自己的特点，全面学习能提高人各方面的素质，因此读书要博。可是，如果读书太多，也会导致贪多嚼不烂，不能理解书中的精华，所以要"节""博"适度，留出足够的思考、消化、吸收的时间。时至今日，这一思想对于教育仍然具有重要的指导意义。

3. 是故善为师者，既美其道①，有②慎其行，齐时蚤晚③，任④多少，适疾徐⑤，造而勿趋⑥，稽而勿苦⑦，省其所为⑧，而成其所湛⑨，故力不劳而身大成。

【出处】《玉杯第二》

【注释】

①道：六艺之学。

②有：通"又"。

③齐(jì)时蚤晚：调剂时间的早晚。齐，通"剂"，调剂。蚤，通"早"。

④任：胜任、担任。

⑤适疾徐：掌握适当的进度。适，恰好。疾徐，快慢。

⑥造而勿趋：不断前进而不急促。造，到达。趋，急促。

⑦稽而勿苦：放慢节奏又不停顿。稽，缓慢。苦，停顿。

⑧省其所为：少花力气。

⑨成其所湛(zhàn)：所成就的结果很丰富。

【译文】善于做老师的人，既能赞美六艺的道理，又能够慎重地实施教学。（在教学方法上）能适时教学，调剂学生学习时间的早晚，掌握适当的知识量和进度，不断前进而不急促，放慢节奏又不停顿，花的功夫少而收获又能达到最大（事半功倍），因此不用太劳累却能获得巨大的成功。

【赏析】这是董仲舒根据自己的教学经验，总结出的一套教学原则和方法，也是他提倡的"圣化"之功。他主张从实际出发，把握教育规律，因材施教，循序渐进，从容引导，不急不缓，这样，教育就能达到事半功倍的效果。他指出要"善为师"，做"美道""慎行"的好老师。"美道"指对六艺的精神有深刻的理解和衷心的认同；"慎行"指行为处处符合儒家核心价值观的要求。"美道慎行"的实质就是教书育人，学为人师，行为世范。董仲舒和孔子一样，既是伟大的思想家又是伟大的教育家。董仲舒有着长期的教育教学经验，他一生讲学集中于两个时期，即青年和老年时期。董仲舒"下帷讲诵"，教弟子无数，很多弟子"学而优则仕"，"为郎、谒者、掌故者以百数"，而且他的子孙也都"以学至大官"。董仲舒在教学过程中，还创造了"弟子传以久次相授业"的方法，让先入学的教后入学的，程度高的教程度低的。这种培养学生的方法，与18世纪末19世纪初英国人创立的"导生制"十分相似，但在时间上则早了近两千年。

4.《诗》无达诂①，《易》无达占②，《春秋》无达辞③，从变从义，而一以奉人。

【出处】《精华第五》

【注释】

①达诂（gǔ）：适合所有诗篇的解释。达，通达。

②达占：适合所有卦爻的卜辞。

③达辞：适合一切事物的文辞。

【译文】《诗经》没有适合所有诗篇的解释，《周易》没有适合所有卦爻的卜辞，《春秋》没有适合一切事物的文辞。根据变化，依从道义，两者兼从，一概因人而异。

【赏析】这是董仲舒对经典的看法，即经典文本没有放之四海而皆通的解释，没有到处都可以套用的说法，经典的意义具有多元性和开放性。董仲舒认为解释者可以发挥其主观能动性，创造性地解释经典。所谓"《诗》无达诂"，就是在引用和解释《诗经》时不遵循其本义，而是根据自己的需要做出相应的解释。比如，《诗经·大雅·烝民》"德輶（yóu，轻）如毛，民鲜克举之"，意思是道德虽然轻得像毛，但是人民少有能够举起它的。《荀子·强国》曾引用这句话，用以说明积累微小成果才能获取成功，强调的是"积微"的道理。董仲舒在《春秋繁露·玉英》篇也引用了这句话，用以说明一般人难以返还正道以消除灾祸，而君主却能很容易地做到，强调的是"容易"。荀子和董仲舒都征引"德輶如毛"，但两人所取之义都与《诗经》本义不同，这就是"《诗》无达诂"。"《诗》无达诂"虽是一种解经的方法，但被后世的文论家普遍接受并加以改造，成为一种注重读者主观阐发的独特的文学阐释理论和方法。我们所熟悉的那句"有一千个观众，就有一千个哈姆雷特"说的就是这个意思。

关于"《春秋》无达辞"，"辞"是蕴含着价值判断的对于事实的表现方式，《春秋》中的用"辞"有一定的规则，比如对于即位不过一年的新君称为"子"，这是"正辞"，但是晋国的奚齐被杀死时也是即位不到一年的新君，《春秋》却没有按照一般的规则称其为"子"，而是称"君之子"。奚齐是晋献公最宠爱的骊姬所生的儿子，晋献公杀掉世子申生，立其为君，但仅几个月奚齐就被大臣里克杀死了。董仲舒一方面为奚齐无罪被杀感到痛心，另一方面也对他夺占兄长的君位给予谴责，认为《春秋》之所以不用"正辞"，而用"君之子"称谓，就是为了表达这种痛心和谴责。

总之，"无达诂""无达占""无达辞"，都是突破文字限定对经典的灵活解读，充分体现出儒家传统的主体人格精神。但这种解读又不是随意的发挥，而应该"从变从义"。所谓"从变"是指对经典文本进行灵活自由的理解和解释；"从义"则是强调这种主观理解和解释又必须遵循其中的微言大义。

5. 是故为《春秋》者，得一端①而多连之，见一空②而博贯之，则天下尽矣。

【出处】《精华第五》

【注释】

①一端：指事情的一点或一个方面。
②一空：空，同"孔"，指一个渠道、一个途径。

【译文】因此研读《春秋》的人，得到事情的一个方面就要把它多方面联系起来，看到一个解决问题的渠道就要把它广泛连贯起来，加以推论，这样就能尽知天下事了。

【赏析】在这里董仲舒提出了学习《春秋》大义的重要方法。《春秋繁露·楚庄王》篇中的"得一端而博达之"，与此类似，都是强调得到一点就要多方联系，主张用归纳法综合研究《春秋》，即排比相同或相近的经文，从中寻绎出圣人之义。我们姑且称这种方法为"多连博贯法"。董仲舒十分擅长使用这种方法，把春秋时代的一些史事联系起来进行分析，并归纳出共同的规律。比如他举到鲁僖公任用贤人季友的例子，鲁国任用季友期间就国家安宁，季友死后就乱难不已。由此董仲舒推知，鲁国是这样的，那么别的诸侯国也是这样的，天下也是这样的，继而得出结论："是故任非其人而国家不倾者，自古至今未尝闻也。"阐发了为君者要任贤尚能之义。董仲舒的这种"多连博贯"的释义方法在后世的《春秋》学研究中被普遍采用。

6. 为人师者，可无慎耶？

【出处】《重政第十三》

【译文】做别人老师的，难道可以不谨慎吗？

【赏析】这句话可以视为董仲舒对千百年来所有为师者的良心追问。董仲舒认为发展教育事业，最关键的是"置明师"。他眼中的"明师"有两条标准："善为师"和"慎为师"。"善为师"要求教师既"美道"又"慎行"。"慎为师"对教师提出了哪些具体要求呢？首先，董仲舒认为教师应该尽己之力，把最重要的道理讲清楚讲透彻，做到入脑入心。最重要的道理当然是"仁义"，因此教师应该抓住这一根本反复讲解，不能东拉西扯，"说不急之言而以惑后进者"，说一些无关紧要的言辞来迷惑学生。不仅如此，在讲仁义时还要做到有深度、有广度，既注重深入分析，又贯通与仁义有关的各种事理，这样才能使学生没有疑惑，从内心接受、认可。其次，董仲舒认为教师还要努力勤学，把最好的研究成果奉献给学生。他说圣人思考问题都唯恐时间不够，都需要"昼日继之以夜"地努力不懈，才能明察万事万物的道理，更何况其他人呢！因此教师一定要有高度的责任感，具有"慎"的品质和态度，只有这样，才真正是值得尊敬的人类灵魂的工程师。

7. 夫目不视弗见，心弗论不得。虽有天下之至味，弗嚼弗知其旨[①]也；虽有圣人之至道，弗论不知其义也。

【出处】《仁义法第二十九》

【注释】

①旨：味美。

【译文】不用眼睛去看就看不到事物，不用心去思考就不能理解道理。即使有天下最好吃的食物，不咀嚼就不知道它的味美；即使有圣人最高明的道理，不思考就不知道它的真义。

【赏析】在这段话里，董仲舒强调了思考的重要性。儒家认为"思"是一种理性的思维模式，是道德修养的必要方式。先秦儒家对于"思"多有论及，其中我们最熟悉的莫过于孔子的那句"学而不思则罔，思而不学则殆"了。学习没有思考，就不会有任何收获。"思"是对"学"的深化，是将学得的知识进行理性加工、消融和内化，使之真正成为自身成长的养分。只有经过理性之"思"，我们才能既知其然，又知其所以然。圣人的思想深刻而言辞简约，"微言"后面往往隐含"大义"，不认真思考就不能领会。正如《春秋繁露·竹林》中所说："辞不能及，皆在于指，非精心达思者，其孰能知之？"有的人认为自己天赋不足，想不到那些复杂的问题，无法把握圣人之意。董仲舒引孔子的话说："未之思也，夫何远之有？"只是没有深入思考，哪里有什么达不到的难度？至于将通过学习、思考"知其义"与通过品尝"知其味"进行类比，或许是当时的一种习惯表达。比如，《礼记·学记》："虽有嘉肴，弗食，不知其旨也；虽有至道，弗学，不知其善也。"《韩诗外传》："虽有旨酒嘉肴，不尝，不知其旨；虽有善道，不学，不达其功。"

三纲秩序

1.天为君而覆露^①之,地为臣而持载^②之;阳为夫而生之,阴为妇而助之;春为父而生之,夏为子而养之。……王道之三纲^③,可求于天。

【出处】《基义第五十三》

【注释】

①覆露:荫庇、润泽。

②持载:支持、承载。

③三纲:纲,本义是提网的总绳,引申为事物的关键部分。三纲是指三种人与人最重要的伦常关系,即君臣、父子、夫妇。

【译文】天是君主而荫庇、润泽万物,地是臣子而支持、承载万物;阳气是丈夫而生长万物,阴气是妻子而助长万物;春季是父亲而生长万物,夏季是儿子而养育万物。……王道中的"三纲"伦理关系的大道,可以从天道那里求得。

【赏析】"三纲"一词最早见于《春秋繁露》一书。董仲舒在书中两次提到"三纲":《深察名号》篇有"三纲五纪"的提法,其中"三纲"指的是三种主要的人伦关系,"五纪"是五种相对次要的人伦关系;《基义》

篇的这句"王道之三纲，可求于天"最为流传广泛。董仲舒虽然没有直接说明"三纲"的内容，但是根据此句中的"天为君""地为臣""阳为夫""阴为妇""春为父""夏为子"可知，"三纲"即关于君臣、父子、夫妇之关系。

"三纲"概念由董仲舒首次提出，但"三纲"思想却早已有之。《论语·颜渊》讲"君君、臣臣、父父、子子"；《孟子·滕文公上》讲"父子有亲，君臣有义，夫妇有别，长幼有序，朋友有信"；《韩非子·忠孝》讲"臣事君，子事父，妻事夫，三者顺则天下治，三者逆则天下乱，此天下之常道也"。可见先秦诸子对这三种伦理关系也是十分重视和强调的。董仲舒在吸收前人思想的基础上，提出了自己的"三纲"学说。至于最早明确使用"君为臣纲、父为子纲、夫为妻纲"说法的，不是董仲舒，而是在《礼纬·含文嘉》；最早使用"三纲五常"这一提法的，也不是董仲舒，而是东汉经学家马融。

董仲舒把"三纲"的源头归于上天，以天地、阴阳、四时比附君臣、夫妇、父子关系，为"三纲"伦理秩序找到了天上的依据。到了东汉，白虎观会议后颁布的《白虎通义》对董仲舒思想做了进一步的总结和强化，并以官方政策文件的形式颁布施行，推动"三纲"伦理秩序在人间的贯彻，从而确立了"三纲"在名教体系中的核心地位，使其成为此后两千年封建社会中人人必须遵守的道德规范。

2. 阳兼①于阴，阴兼于阳；夫兼于妻，妻兼于夫；父兼于子，子兼于父；君兼于臣，臣兼于君。君臣、父子、夫妇之义，皆取诸阴阳之道。

【出处】《基义第五十三》
【注释】
①兼：合并、配合。
【译文】阳与阴相配合，阴与阳相配合；夫与妻相配合，妻与夫相配合；父与子相配合，子与父相配合；君与臣相配合，臣与君相配合。君臣、父子、

夫妇的道理，都取自阴阳之道。

【赏析】董仲舒从阴阳的角度论述君臣、父子、夫妇"三纲"，强调的是"相合""相兼"的相互对待关系。在阴阳这对关系中，董仲舒认为二者分工不同，地位不同，阳尊阴卑，阳亲阴疏，阳前阴后，阳实阴虚，阳主阴辅。因此，君臣、父子、夫妇的关系也应该与之一致，各自身处不同的位置和角色，承担不同的使命和责任。毋庸讳言，在这三对关系中，董仲舒是将君、父、夫置于核心位置，强调其尊贵地位的，但是如果因此得出董仲舒主张臣、子、妇绝对服从的结论，也不尽客观。董仲舒认为，君有错，臣应该努力劝谏，"勿欺也，而犯之"（《论语·宪问》）；父有错，子也应该予以指正，"父有争子，则身不陷于不义"（《孝经·谏诤》）。关系的尊卑上下是存在的，但绝对服从是不存在的。司马迁在《太史公自序》中讲到受之于董仲舒的一段话，其中说到《春秋》"贬天子，退诸侯，讨大夫，以达王事而已矣"，通过对天子、诸侯及一切当政者的批评，才能真正阐明王道。拥着这样思想的董仲舒绝不会把"三纲"阐述为绝对服从，因为这完全违背《春秋》的真精神。尤其是他对于汤武革命的看法，从理论高度论述了无道之君可以讨伐，充分证明董仲舒并没有将君臣关系理解为绝对服从关系。

3. 天出至明，众知类①也，其伏②无不炤③也；地出至晦，星日为明，不敢闇④。君臣、父子、夫妇之道取之此。

【出处】《观德第三十三》

【注释】

①众知类：即"知众类"。知，晓得、明了。众类，万物的类别。

②伏：隐伏、藏匿。

③炤（zhāo）：通"昭"，明显。

④闇（àn）：通"暗"，昏暗。

【译文】天的表现极为光明，它能辨别万物众多的类别，使隐伏的事物没有不明显的；地的表现极为晦暗，可是在星星和太阳的照耀下，却不敢昏暗。君与臣、父与子、夫与妻之间相处的道理就是取法于此。

【赏析】董仲舒把人伦关系转移到神秘的自然之天身上，把这说成是天的本来规则，再反过来以这个规则为镜鉴映照人间伦理，经过这番乾坤大挪移之后，人伦关系有了天道依据，变得神圣、永恒起来。董仲舒认为天是极为光明的，为阳；地是极为晦暗的，为阴。君臣、父子、夫妇是人伦中最为重要的三伦，都是取之于天地阴阳。作为臣、子、妇，应该遵循地道，虽然居于阴暗之地，但事君不敢不致其身，事父母不敢不竭其力，夫妻相处不敢不遵循夫妇之义；作为君、父、夫，就像日月，照临上下，具有表率、示范和引领的地位和作用。"天出至明"，是天的特点，也是人间的君、父、夫学习的标杆。从某种意义上来说，"三纲"更多的是对君、父、夫提出要求和规定，他们相对臣、子、妇来说，拥有更重要的地位和职责，在相对关系中应该成为示范和表率。在《春秋繁露·天地之行》篇，董仲舒还把"三纲"中最重要的君臣关系比作人之心、体："君臣之礼，若心之与体；心不可以不坚，君不可以不贤；体不可以不顺，臣不可以不忠。"强调君贤臣忠，心体康健。

4. 天子受命于天，诸侯受命于天子，子受命于父，臣妾①受命于君，妻受命于夫，诸所受命者，其尊皆天也，虽谓受命于天亦可。

【出处】《顺命第七十》

【注释】

①臣妾：男女奴仆。男曰臣，女曰妾。

【译文】天子接受天的命令，诸侯接受天子的命令，儿子接受父亲的命令，男女奴仆接受君王的命令，妻子接受丈夫的命令，所有接受命令的人，他所尊敬的都是天，即使说他们从天那里接受命令也是可以的。

【赏析】在董仲舒描绘的受命关系中，臣受命于君、子受命于父、妻受命于夫，臣、子、妻要服从领导、履行使命。如果说这表达的是"君为臣纲、父为子纲、夫为妻纲"之意，那么"天子受命于天"，则是说天子要服从天的领导，履行天所赋予的使命，这表达的就是"天为王纲"之意。"天为王纲"是隐含的第四纲，是纲中之纲，是规范君主行为之"纲"。"天为王纲"的思想和董仲舒"屈君而伸天"的思想是一致的，董仲舒虽然主张君权至上，但他从来不是极端的专制主义者，他始终坚持以"道"制君。在这里，"诸所受命者，其尊皆天也"一句，也有着深刻的含义。也就是不管是处于主导地位的君、父、夫，还是处于服从地位的臣、子、妇，所尊都是天，都可以说是"受命于天"，上下级之间的服从是相对的，但对于天道的服从，则是绝对的。

5. 人受命于天，有善善恶恶①之性，可养而不可改，可豫②而不可去，若形体之可肥臞③，而不可得革④也。是故虽有至贤，能为君亲含容⑤其恶，不能为君亲令无恶。……事亲亦然，皆忠孝之极也。

【出处】《玉杯第二》

【注释】

①善善恶恶：喜欢善良的，厌恶丑恶的。第一个"善"，是动词，喜欢。第一个"恶"，是动词，读wù，厌恶。

②豫：预防。

③臞（qú）：瘦。

④革：改变。

⑤含容：包含、容忍。

【译文】人从上天那里获得生命，有喜欢善良、厌恶丑恶的本性，这种天生的本性可以培养而不能改变，可以预防而不能去除，就像人的身体可以有肥瘦的不同，但形貌、体格却不能改变一样。所以即使是最贤德的人，能够容忍君主、父亲某些恶性，但不能使他们没有恶性。……侍奉父亲也应该这样，这都是忠孝的最高道德。

【赏析】在这里董仲舒从人性谈及含容君亲之恶的问题。"善善恶恶之性"是一种人天生的喜爱善、厌恶恶的人性倾向，是一种明辨是非对错的道德能力。这种人性倾向尽管"可养""可豫"，但却受禀于天性，深植于人性，不可移除。既然这样，那么问题来了，如果君亲有恶，我们该如何面对？董仲舒指出，作为臣和子，正确的做法应该是"含容"君亲之恶。"含容"就意味着贤良的臣和子要悖逆自己"善善恶恶"的天性，为君讳、为君隐。董仲舒重视君臣之伦、父子之伦，认为臣子尽管不能使君亲无恶，但若面临君亲有恶时，仍应"含容"其恶。《论语·述而》记载了孔子为君主"含容"其恶的一件事。陈司败问孔子他的君主鲁昭公知不知礼，孔子回答"知礼"。孔子走后陈司败对巫马期说，鲁昭公违背同姓不婚之礼娶同姓女子为妻，孔子还偏袒他的君主说他知礼。巫马期转告了孔子。孔子感叹道：我真幸运啊，有了错误，人家就给我指出来。孔子当然知道鲁昭公所作所为是非礼的，然而他却说昭公"知礼"，并将歪曲事实的罪责揽到自己的身上，以此表示昭公事实上是不知礼的。孔子之"讳君受过"，就是"含容"君之恶，这就是董仲舒十分推崇的"忠孝至极"的至贤行为。

6. 父不父则子不子，君不君则臣不臣耳。

【出处】《玉杯第二》

【译文】父亲不像父亲，儿子也就不像儿子了；国君不像国君，臣子也就不像臣子了。

【赏析】董仲舒此言与孔子"君君、臣臣、父父、子子"（《论语·颜渊》）的思想一脉相承。有人讲，孔子强调父子、君臣都有权利和义务，是一种双向的对等关系，而董仲舒强调的是君权、父权，是一种单向的服从关系。其实，孔子也并非不重视君尊臣卑、父上子下的等级秩序，董仲舒也未必主张绝对服从。董仲舒更加重视在上位的为君为父者的道德表率作用，所以，与其说他强调的是"君权"，不如说他强调的是"君职"。他认为，鲁文公不能服丧，祭祀不准时，丧期中娶妻，娶的又是大夫家的闺女，使宗庙卑贱，又把僖公放在闵公之上，乱了群祖的顺序，违背了先祖的通例。鲁文公好事没做一件，坏事做了一堆，因此在外诸侯不愿与他结盟，在内大夫不肯听从命令。文公八年的时候，他任命孙叔敖为使，出访京师，但是孙叔敖不愿意服从他的命令，中途改变行程方向，逃到莒国避难。这就是典型的"君不君则臣不臣"。

7. 故夏无道而殷伐①之，殷无道而周伐之，周无道而秦伐之，秦无道而汉伐之。有道伐无道，此天理也。

【出处】《尧舜不擅移汤武不专杀第二十五》
【注释】
①伐：征讨。
【译文】所以夏朝的君主无道，殷朝的君主就征讨他；殷朝的君主无道，周朝的君主就征讨他；周朝的君主无道，秦朝的君主就征讨他；秦朝的君主无道，汉朝的君主就征讨他。有道的君主征讨无道的昏君，这是天理。

【赏析】《春秋繁露·尧舜不擅移汤武不专杀》篇较为全面地探讨了与"汤武革命"相关的问题。汤武革命，是中国人革命的原型。人们对这一问题的关注，其实是对革命的手段是否合理、取得的政权是否合法问题的关注。对于儒家学者来说，这是一个棘手的问题。做出肯定的回答，有悖于儒家恪守的君臣名分；做出否定的回答，有悖于儒家珍视的仁爱原则。

《史记·儒林列传》记载了辕固生和黄生在汉景帝面前展开的一场围绕汤武"弑"还是"受命"的激烈辩论。否定"汤武革命"，意味着否定刘邦夺权建汉的合法性；肯定"汤武革命"，意味着汉王朝如被取代也同样合理合法。处在两难境地的汉景帝只能叫停了他们的争论。

董仲舒明确提出"有道伐无道,此天理也",对"汤武革命"持肯定态度。在进行具体阐释时,他认为政权更替的根本原因是天命转移,直接原因则是统治者"无道"。桀纣无道已经不能做到号令天下,不符"君"之名,所以汤武征伐也说不上是弑君了。"汤武革命"顺应了天命转移的要求,讨伐的是独夫民贼,所以不仅不是逆行,反而是"替天行道"。董仲舒的这种解释使得"道义革命"的思想深入人心,并成为后世革命思想的重要理论来源。

五常之道

1.夫仁谊①礼知信五常之道,王者所当修饬②也;五者修饬,故受天之祐,而享鬼神之灵,德施于方外③,延及群生也。

【出处】《天人三策》

【注释】

①谊:通"义"。

②饬(chì):整顿。

③方外:域外、边远地区。

【译文】仁义礼智信是五种永恒不变的道,这是君王应该培养整顿的。能够培养整顿好这五种道,就能得到上天的佑护,享受鬼神的帮助,恩德就会普及到边远地区,扩大到一切生命。

【赏析】董仲舒第一次将"五常"的内容概括为仁、义、礼、智、信,将其作为君王治国理政的原则,之后,"五常"发展成为中国传统社会的核心价值观,维系了中国传统社会两千多年的统治。董仲舒是中国传统社会核心价值观的提炼者、总结者和论证者。

"五常"一词最早出现于《尚书·泰誓下》篇,其中记载周武王声讨商纣王的罪行之一就是"狎侮五常，荒怠弗敬"。这里虽然提到"五常"，但却不是指仁义礼智信，而是指父义、母慈、兄友、弟恭、子孝。在先秦儒家的论述中，仁义礼智信五种德目已经都有论及。孔子以"仁"为核心，将"仁义礼"组成一个系统；孟子继承了孔子"仁"的思想，并加以扩充和完善，把"仁义礼智"作为一个整体道德德目提出，即"四德"；荀子则以"仁"为基础，将"仁义礼乐"并提。汉初贾谊在"仁义礼智"之后增加了"信"，称"天地有六合之事，人有仁义礼智信之行"，但却没有进一步展开讨论。

董仲舒在吸收前人思想成果的基础上，第一次将"五常"与"仁义礼智信"结合起来，并以"天人感应"学说为基础，将人类的道德观念上升至天的理念，以"天道"来论证"五常"。他认为天有"五行"，人有"五常"，以仁配木、以智配火、以信配土、以义配金、以礼配水，"五常"与"五行"一样是天次之序。王道效法天道，因此"五常之道"是王者应该修饬的。

董仲舒提出的"五常"之说，到了东汉的白虎观会议上被正式确立为正统，写入皇帝钦定的《白虎通义》中，成为中国封建社会中人们需要共同遵守的道德规范，内化为中国各民族的核心价值，渗透进了每一个中国人的文化基因和精神血液之中。

2. 仁之美者在于天。天，仁也。……人之受命于天也，取①仁于天而仁也。

【出处】《王道通三第四十四》

【注释】

①取：获取、接受。

【译文】美好的仁德在天。天是仁爱的。……人接受天命，从天那里获取仁而表现为仁。

【赏析】董仲舒的仁学思想继承先秦儒家思想，但又将原属于人之道德属性的"仁"赋予了天，再反过来说"仁"是人从天那里获取来的美好品质。董仲舒"以仁释天"，认为天最大的德是"生"，天养长万物，化而生之，养而成之，还有什么比这个更美的仁德呢？因此，董仲舒直接把"天"解释为"仁"，而人之本在天，将天之仁化为人之仁。因此，仁是天、人共有的本质，天人相互感应、相互成就。既然仁为天之心，人就要取法天之道，修养仁德，施行仁政，这也是人伦大道的至高追求和最终归宿。董仲舒的天人相副、天人感应、灾异谴告等所有天人理论，最终都落实到现实政治。天心、天意与人心、民心相通相感，执政者也要施行仁政德治。董仲舒以一个哲学家的睿智、政治家的胸襟，更以一个儒者悲悯的情怀，构建起他的天人哲学理论，积极地为社会和时代设计良策、寻求出路，且不曾忘记百姓乃国之根本，以"天心民心"沟通天人之际，以"天仁"定国安邦。这一句"天，仁也"，蕴涵着董仲舒丰富的哲理思考和人文情怀。

3. 推恩者远之而大，为仁者自然而美。

【出处】《竹林第三》

【译文】推广仁德的人，能把仁德推得越远就越伟大；奉献仁爱的人，能够完全出于自然发自内心，才是美好的。

【赏析】这是董仲舒评价春秋时期楚国大夫司马子反的行为时所说的一句话。楚庄王包围宋城，旷日持久，攻打不下，派司马子反去宋国探视军情。司马子反看到宋国老百姓"易子而食，析骸（hái）而炊"的惨状，于是没有请示国君，就擅自答应了宋国的停战请求。按照《春秋》的一般原则，对于司马子反这种先斩后奏的行为是要进行贬斥的，可是《春秋》对司马子反不但没有贬斥，还给予赞扬。董仲舒认为，这是因为司马子反有恻隐之心，不忍心让宋国的百姓饿到人吃人的地步。他把内在的仁爱之心向外推，"推恩"到敌国平民，不可谓不远，因此十分伟大，此即"推恩者远之而大"；同时，他的同情没有考虑复杂的社会关系，没有计较个人的荣辱得失，是内心情感的自然流露，这才是最难能可贵的，此即"为仁者自然而美"。

4. 变天地之位，正阴阳之序，直行其道而不忌其难，义之至也。

【出处】《精华第五》

【译文】改变天地的位置，矫正阴阳的秩序，坚决地按照道义去做而不避忌困难，这是最高的义。

【赏析】董仲舒认为大小不超越等级，贵贱遵从本分，这是"义之正"，如果阴阳失序、尊卑错位，就要坚决地进行纠偏。他以求雨和止雨为例，说大旱时要举行雩（yú）祭而祈雨，大涝时要击鼓而警告土地神。旱涝都是天地造成的，是阴阳失衡引起的，可是对大旱是采取祈请的方式，对大涝则采取谴责的方式，这是因为旱灾是阳气压过了阴气，阳气压过阴气，是尊贵压倒了卑贱，本来就是应该的，所以即使是旱得很厉害，也只是拜请求雨而已，不敢有过分的举动。涝灾，是阴气压过了阳气，阴气压过阳气，是卑贱胜过了尊贵，这是以下犯上，以卑贱伤害尊贵，是违逆常规的事情，所以要击鼓来惩戒它，因为它是不符合"义"的。"求雨"和"止雨"的目的就是要"变天地之位，正阴阳之序"。董仲舒的"求雨""止雨"看似神秘、荒唐，实则蕴含着丰富的政治、道德内涵，"直行其道而不忌其难"的无畏精神更是值得士人君子牢记和践行。坚决地按照道义去做而不避忌困难，就是最高的义。儒家讲"修齐治平"，对于个人修身来说，君子以道义为准则，就能够安身立命，就可以行走于天下；对于国家来讲，最高的道义莫过于人民的利益，人民的公利，人民的幸福。

5. 以仁安[①]人，以义正[②]我。

【出处】《仁义法第二十九》

【注释】

①安：安抚。

②正：端正。

【译文】用仁爱思想安抚别人，用义的原则端正自己。

【赏析】这是董仲舒"仁义观"的核心观点。董仲舒吸收了先秦儒家关于仁与义的思想，并做了创造性转化和创新性发展。他认为《春秋》的主旨是处理人与我的关系，而"仁"与"义"就是处理人与我关系的基本标准，"仁"是用来安人的，"义"是用来正我的。具体来说应该如何"安人""正我"呢？董仲舒主要是针对统治者来说的。他认为统治者应该施行"富而后教"的仁政，使百姓安心从事生产和生活，让他们物质生活上有所保障，精神生活上能够充实，就是做到"安人"了。而统治者自身要做到"正我"，就需要"求诸己"，需要"自责以备"，需要"反理以正身"，规范自己、纠正自己，使自己的言行符合伦理道德的要求。这实际上就是孔子"躬自厚而薄责于人"（《论语·卫灵公》）的思想。那么，董仲舒为什么要对仁义进行这样的区分呢？主要是防止统治者偏于治人，不知自治，用仁来宽待自己，用义来要求别人。其实"以仁安人"和"以义正我"两者在本质上是一个完整的整体，统治者要"以仁安人"，就必须"以义正我"，也只有"以义正我"，才能"以仁安人"。

6.仁之法在爱人，不在爱我；义之法在正我，不在正人。我不自正，虽能正人，弗予①为义；人不被②其爱，虽厚自爱，不予为仁。

【出处】《仁义法第二十九》

【注释】

①予：称许。

②被：蒙受。

【译文】仁的法则在爱别人，不在爱自我；义的法则在端正自我，不在端正别人。自己不正，即使能端正别人，也不能算是义；别人没有蒙受他的爱，即使他非常爱自己，也不称许他为仁。

【赏析】在董仲舒看来，仁与义各有其适用的范围与对象。仁的适用范围与对象是他人，而不是自己；义的适用范围与对象是自己，而不是他人。董仲舒举了晋灵公的例子来说明"人不被其爱，虽厚自爱，不予为仁"的道理。春秋时期的晋灵公，既残暴又荒唐。只因为厨师没有把熊掌煮烂，晋灵公就把厨师杀死。他还喜欢从高台上用弹弓射行人取乐。董仲舒认为像晋灵公这样的人对自己十分厚爱，但不能爱别人，所以根本算不得仁。董仲舒举了楚灵王、齐桓公、吴王阖闾（hélú）的例子来说明"我不自正，虽能正人，弗予为义"的道理。楚灵王讨伐陈国、蔡国的贼寇，但是自身不正，"托讨贼行义"，灭了人家的国家，所以算不得义。齐桓公拘捕陈国大夫袁涛涂，因为齐军作风不正、军纪不严，袁涛涂不愿意让齐军经过自己的国家，于是建议齐桓公去征服东夷，结果齐军陷于沼泽地中了，这让齐桓公十分恼火。齐桓公虽然也能整治别人，但是自己却不那么端正，所以也算不得义。吴王阖闾也是，楚国伐蔡国，阖闾兴兵救蔡，能"正人"，但是吴军进入楚国都城后行为不端，也算不得义。

7. 质[①]于爱民，以下至于鸟兽昆虫莫不爱。不爱，奚足谓仁？

【出处】《仁义法第二十九》

【注释】

①质：同"挚"，诚恳。

【译文】真诚地爱护人民以及万物，以至于对鸟兽昆虫也没有不爱护的。不爱，怎么能够称得上仁呢？

【赏析】董仲舒明确地把对自然万物的道德关怀视为"仁"的表现，与同时代学者对"仁"的看法有所区别。《淮南子·主述》篇说"仁者爱其类也"，《吕氏春秋·爱类》篇说"仁也者，仁乎其类者也"，而董仲舒则认为，仁不只是爱人类，也是对于鸟兽草木乃至天地万物之爱。他在孔子的"泛爱众"、孟子的"仁民"说的基础上，第一次明确提出了"博爱"说，认为圣人的教化，是"先之以博爱，教之以仁也"（《春秋繁露·为人者天》），先实施博爱，用"仁"来教化人民。博爱，是董仲舒对儒家仁学的新概括，直接启发了韩愈、康有为、孙中山等人，在中国思想史上影响深远。在《春秋繁露·离合根》中，董仲舒还提到："泛爱群生，不以喜怒赏罚，所以为仁也。"做到"泛爱群生""鸟兽昆虫莫不爱"，才算做到了仁。在《五行顺逆》篇，董仲舒对"泛爱群生""鸟兽昆虫莫不爱"进行了更为详细的解说，他在每个季节中，都有恩及自然物的要求。除了应恩及木、火、土、金、水等五行，还有恩及鳞虫、羽虫、倮（luǒ）虫、毛虫、介虫等内容。董仲舒的仁爱思想包含着可贵的生态意识，可以挖掘其现代价值，吸取其有益成分，用以滋养当下的生态文明建设。

8.故王者爱及四夷，霸者爱及诸侯，安者爱及封内①，危者爱及旁侧②，亡者爱及独身③。独身者，虽立天子、诸侯之位，一夫之人耳，无臣民之用矣。如此者，莫之亡而自亡也。

【出处】《仁义法第二十九》

【注释】

①封内：国内。

②旁侧：左右的亲信。

③独身：自身。

【译文】所以能成圣王的人，他的爱远及四方夷狄；能成霸主的人，他的爱及于诸侯；使国家安定的君主，他的爱及于本国的人民；使国家危难的君主，他只爱自己左右的亲信；使国家灭亡的君主，只爱他自己。只爱他自己的人，即使处于天子、诸侯的位置，也不过是独夫罢了，没有臣民愿意供他差遣。这样的人，别人不去灭亡他，他自己也会灭亡。

【赏析】这句话的意思是统治者实施"仁爱"的范围不同，结果就会不同。范围愈狭隘，境界愈低下，则事业愈局促，安全性愈小。"爱及独身"者最终会沦为"独夫""民贼"，摆脱不了灭亡的命运。同时，实施"仁爱"的范围也是判断统治者贤与不肖的标准。王者、霸者、安者、危者、亡者的贤与不肖一目了然。由此可看出，董仲舒主张统治者要广泛地施仁爱民，不仅要爱诸夏，还要爱四夷，在施仁爱民方面，诸夏、四夷一视同仁。但王者的爱是有层次性的，董仲舒主张遵循先内后外、由近及远的原则。董仲舒"王者爱及四夷"的理想冲破了华夷的界限，强调无论华夷都要广泛施爱，这其实也是董氏"《春秋》大一统"思想的反映。

9. 仁谓往①，义谓来②；仁大远，义大近。

【出处】《仁义法第二十九》

【注释】

①往：施之于外，所以叫"往"。
②来：责之于己，所以叫"来"。

【译文】仁是向外施与别人，所以是"往"；义是向内责于自我，所以是"来"。仁施与得越远越值得赞美，义要求自己越切近越值得赞美。

【赏析】董仲舒用"仁谓往，义谓来"明确指出了仁、义作用对象的方向性差异，这是对"仁之法，在爱人，不在爱我；义之法，在正我，不在正人"的进一步抽象和概括。"仁大远，义大近"是说仁爱的施与对象与自己的关系越疏远越能充分地表现仁，用道德规范约束自身越切近越能充分地表现义。这显然也是对"仁者爱人，义者正我"的深层次发展。

"仁"是儒家思想的核心，但先秦儒家强调"亲"，董仲舒则强调"远"。在《春秋繁露·五行相胜》篇，董仲舒讲了一则小故事：姜太公向齐国司寇营荡咨询"治国之要"，营荡以"任仁义"作答。姜太公追问如何实行仁义，营荡回答："仁者爱人，义者尊老。"姜太公进一步追问如何爱人、尊老，营荡回答："爱人者，有子不食其力；尊老者，妻长而夫拜之。"姜太公听了勃然大怒，斥责营荡是"以仁义乱齐"的罪人并予以诛杀。这则故事的真伪并不重要，重要的是明白其中两种仁爱观的差异何在。营荡所谓的"爱人"，爱的只是自己的亲人，所谓的"尊老"，也仅限于宗法家族之内，是指丈夫应该尊重年长的妻子。这样的仁没有跳出宗法关系的小圈子，强调的是"亲"。姜太公认为仁爱应该是能治理齐国之仁，强调的是"远"。董仲舒讲这则小故事的目的在于阐明自己的仁爱观：反对以"亲"为特征的仁，主张以"远"为特征的仁。

董仲舒所谓的"远"，一方面指所爱的范围广，"至于鸟兽昆虫莫不爱"，这是对孔子"仁者爱人"和孟子"仁人而爱物"的发挥，另一方面又指为民考虑长远，即"恤远"，灾害未至先预防，为百姓深谋远虑。这是董仲舒对儒家之"仁"的创造性阐释。董仲舒仁爱思想的这一变化，是汉帝国大一统政治的需要。大一统政治要求最高统治者跳出家族小圈子，面向天下，实行"爱及四夷"的王道政治。董仲舒就是在这种时代背景下突出强调仁"远"的特征。董仲舒的"仁大远"思想，对于当今构建人类命运共同体具有重要的启发作用。

10. 自称其恶，谓之情①；称人之恶，谓之贼②；求诸己，谓之厚；求诸人，谓之薄；自责以备，谓之明；责人以备，谓之惑。

【出处】《仁义法第二十九》

【注释】

①情：实。《庄子·天道》："此仁义之情也。"即此仁义之实也。

②贼：损害、中伤。

【译文】说出自己的过错，叫作坦白；说出别人的过错，叫作中伤。苛求自己，叫作笃厚；苛求别人，叫作刻薄。对自己求全责备，叫作明智；对别人求全责备，叫作迷惑。

【赏析】严于律己，宽以待人，是中华民族的传统美德。《尚书·伊训》中伊尹教导太甲作为君主要做到"与人不求备，检身若不及"，对别人不能求全责备，对自己要严格约束。《论语·卫灵公》中孔子说："躬自厚而薄责于人，则远怨矣。"对自己重加责备，对别人从轻责备，这样做怨恨自然不会来。《论语·颜渊》记载樊迟问孔子"修慝（tè）"，怎样消除别人对自己不露声色的怨恨，孔子的回答是"攻其恶，无攻人之恶"，多做自我批评，少批评别人的坏处。董仲舒在这里从论述"以义正我"的角度，提出应该"自称其恶""求诸己""自责以备"，只有这样才是做到了"义"。仁是宽以待人，义是严于律己。要求自己的标准要严格，如果统治者用要求自己的标准去要求别人，那就是"居上不宽"；要求别人的标准要宽松，如果统治者用要求别人的标准去要求自己，那就是"为礼不敬"。对于个人来说，做到严于律己、宽以待人，那就是智慧的人；对于一个民族一个国家来说，能做到这一点，就是智慧的民族、国家。习近平总书记在联合国教科文组织总部的演讲中指出："海纳百川，有容乃大。人类创造的各种文明都是劳动和智慧的结晶。……一切文明成果都值得尊重，一切文明成果都要珍惜。"这种对待一切文明的包容、宽容态度，既是中华民族宽以待人美德的体现，也是中华民族智慧的象征。

11. 其心舒①，其志平，其气和，其欲节，其事易，其行道，故能平易和理②而无争也。如此者，谓之仁。

【出处】《必仁且智第三十》

【注释】

①舒：畅达。

②和理：处事和洽得当。

【译文】这样的人心情舒畅，心志平和，态度和蔼，欲望有节制，处事平易，行为合乎正道，所以他能平和愉快而处事和洽得当地生活，与世无争。这样的德行，就叫作仁。

【赏析】这是董仲舒概括的仁者气象，是一种只有仁者才具备的心态与境界。儒家极为关心人的身心关系和谐。《礼记·中庸》说："喜怒哀乐之未发，谓之中；发而皆中节，谓之和。"董仲舒认为，仁人发自内心地爱护别人，恭敬和合，遵循道德，没有伤害别人之心，没有暗中忌恨之心，没有嫉妒抱怨之心，没有阴险邪恶之心，在这种情感无偏颇、不过激的状态中，自然"平易和理而无争"，内外相谐、身心统一，这是一种顺应天性的"情之正"。当仁者以这种方式传达自己内心的爱，当越来越多的人感受到这份爱并将其推广开来，人与人之间将会形成一种亲密温暖而和谐有度的关系，这种美好的人际关系会成为个人身心得以安宁，家庭、社会得以安稳的重要保障。

12.仁而不智，则爱而不别[①]也；智而不仁，则知而不为[②]也。故仁者所以爱人类也，智者所以除其害也。

【出处】《必仁且智第三十》

【注释】

①爱而不别：爱人而没有差别。

②知而不为：知道什么是善事但不去做。

【译文】仁爱而没有智慧，就会爱人而没有差别；有智慧而不仁爱，虽知道什么是善事但不会去做。所以仁爱是用来爱人类的，智慧是用来为人类除害的。

【赏析】董仲舒将"智"与"仁"相提并论，强调二者之相辅相成。与墨家无差别的"兼爱"不同，儒家的"仁"是有差别的仁爱，那么如何根据差别实施仁爱就需要智慧的鉴别，因此"仁"离不开"智"。同样，"智"也离不开"仁"，需要"仁"加以辅正。如果"智"与"仁"分离，那就会出现"智愈多而德愈薄"的情况。仁智互补、相互渗透，是董仲舒"必仁且智"思想的核心观点。关于这一思想，董仲舒还以"乘良马""操利兵"进行比喻。缺心眼儿的仁，就像一个迷路之人，你让他骑着最好的马，也找不到方向；缺仁德的智，就像一个精神病手持利刃，谁知道会伤到哪一个？董仲舒不但强调仁与智的相互依存，还进一步明确了这对依存关系的内部结构，即"爱人类"是目的，"除其害"是手段，"智"从属于"仁"。中国哲学是求善的哲学，因此强调"仁在智先"，主张圣贤君子治国，孔子所讲的仁、智、勇"三达德"中，仁是居于首位的；西方哲学是求真的哲学，因此强调"智在德先"，主张哲学家治国，古希腊的柏拉图将"智慧"置于"四主德"之首。董仲舒将"智"的内容具体为"除其害"，他所提倡的"隆礼""尊王""大一统"等都是为天下除害，通过这些最终实现"爱人类"的目标。

13. 智者见祸福远，其知利害蚤[①]，物动而知其化，事兴而知其归[②]，见始而知其终。

【出处】《必仁且智第三十》

【注释】

① 蚤：通"早"。

② 归：趋向。

【译文】有智慧的人能预测福祸，能提前知道利害，事物刚一发动就知道它的变化情况，事业刚一兴起就知道它的趋向，看见开端就知道终结。

【赏析】董仲舒认为智者的一个重要品质就是拥有先见之明。有先见之明的人对未来有预见性，因而可以清楚地反观目前的情况，并能预测事情的发展动向。就像《淮南子·人间训》所载"塞翁失马"故事中那位智慧的老人一样，能够在福时预见祸、在祸时预见福。一个具有智德的人必然会对生活之必然与应然有着深刻的洞见，从而更好地理解生活的本质和人生的真谛。强调"智"的先见之明，是很多思想家共同的认识。《商君书·更法》曰:"知者见于未萌。"刘向说:"智者谋于未形。"班固指出:"智者知也。独见前闻,不惑于事,见微知著也。"这些显然都与董仲舒的智慧观念相通。

董仲舒用"先言而后当"来解释"智",意思是,先说出来而后来证明所说的是对的,也就是有先见之明。当然,仅有先见之明是不够的,还要有谨慎之行。董仲舒说:"凡人欲舍行为,皆以其智,先规而后为之。"大凡人们要有行动,都要用他们的智来进行谋划,然后才去实行。谋划正确,行为合乎其想要完成的事业,即所谓"其规是也,其所为得其所事",才会成功。董仲舒认为商汤、周武王就是这种深谋远虑、行动正确之人,而夏桀、商纣王则目光短浅、思虑不周,既无智又不仁。

14. 其言寡而足,约而喻①,简而达,省而具②,少而不可益,多而不可损。其动中伦③,其言当务。如是者,谓之智。

【出处】《必仁且智第三十》

【注释】

①喻:清楚、明白。

②具:完备。

③伦:伦理规范。

【译文】他的语言简短而充实,简约而清楚,简单而表达充分,省略而具备大体,说得少时别人无法增加什么,说得多时别人无法减少什么。他的行动符合伦理,言语切合时务。这样的德行,就叫作智。

【赏析】对于如何做到"智",儒者不约而同地强调在言语方面的要求。孔子强调"慎言",在言与不言之间见机行事,做出智慧的选择。他说:"可与言而不与之言,失人;不可与言而与之言,失言。知者不失人,亦不失言。"(《论语·卫灵公》)智慧之人既不会交浅言深,也不会交深言浅,而是能够做到言语恰当。荀子也强调言语恰当,他说:"言而当,知也;

默而当，亦知也。故知默犹知言也。"（《荀子·非十二子》）恰当地"说"，是明智；恰当地"不说"，也是明智。汉初的贾谊认为："智者慎言慎行，以为身福；愚者易言易行，以为身灾。"（《新书·大政上》）不同的人从不同的角度阐述言与智的关系，或强调谨慎，或强调恰当。董仲舒则提出"言当务"，说话切合实务，才称得上"智"。董仲舒所献《天人三策》就是"言当务"的典型代表，由天道入人事，谈政治、谈经济、谈教育，处处紧扣武帝之问，无空虚之言，是一篇不输于"隆中对"的政论散文。

15.《春秋》尊礼而重信。信重于地，礼尊于身。何以知其然也？宋伯姬疑礼而死于火①，齐桓公疑信而亏其地②，《春秋》贤而举之，以为天下法，曰礼而信。

【出处】《楚庄王第一》

【注释】

① 宋伯姬疑礼而死于火：宋伯姬，宋共公夫人，鲁成公之妹。鲁襄公三十年（前543年）宋国王宫夜里发生火灾，伯姬谨遵"妇人夜出，不见傅、母不下堂"的礼制规定，被火烧死。疑：通"凝"。疑礼，坚守礼节。

② 齐桓公疑信而亏其地：鲁庄公十三年（前681年）齐桓公和鲁庄公在柯地会盟，盟会上鲁国大将曹沫手持匕首胁迫齐桓公退还所占领的鲁国领土，齐桓公被迫应允。当胁迫解除之后，齐桓公也没有毁约，从此"桓公之信，著乎天下"。疑信，坚守诚信。

【译文】《春秋》是尊重礼义又重视诚信的。把诚信看得比土地更重要，把礼义看得比生命更重要。怎么知道是这样的呢？宋共公夫人伯姬坚守礼义而死于火灾，齐桓公坚守诚信而损失土地，《春秋》赞美他们的行为，将其作为天下的法则，这就是礼义和诚信。

【赏析】在这段话中，董仲舒着重阐明"礼""信"的重要性。对于国家来说，土地最重要；对于个人来说，生命最重要。可是，"礼"和"信"比生命和土地还重要。真的是"土地诚可贵，生命价更高，若为礼信故，二者皆可抛"！董仲舒十分重视"礼"，《春秋繁露》中论述"礼"的篇目很多，而且董仲舒修身治政，皆以礼为先，是一位"进退容止，非礼不行"的儒者。董仲舒也十分重视"信"，将其与"仁义礼智"并列，提高了信的地位，突出了信的功能和作用。"礼"和"信"是董仲舒总结提炼的传统社会核心价值观"五常"的条目，经过两千年岁月的洗礼，如今，"礼"和"信"的精髓已经融入社会主义核心价值观之中，焕发出新的生命活力。"礼"不仅与社会主义核心价值观中国家层面的"文明"、社会层面的"法治"存在直接的契合之处，而且其蕴含的遵守秩序、文明修养等在个人层面的"爱国、敬业、诚信、友善"的任何一目中均有体现。"信"直接融入社会主义核心价值观个人层面的"诚信""敬业"之中，要求人们在社会公德和职业道德中诚实守信、爱岗敬业，为中华民族的伟大复兴而努力奋斗，这不仅有利于人的全面发展，而且也有利于和谐社会的建设。

16. 不由其道而胜，不如由其道而败。

【出处】《俞序第十七》

【译文】与其不遵循正道获胜，不如遵循正道而失败。

【赏析】这是董仲舒对春秋时期宋襄公的评价。公元前638年，宋、楚为争夺霸权在泓水发生了一次战争。战争开始，楚军渡河，宋襄公不顾大臣子鱼的反对，坚持不半渡而击，待到楚军全部渡河后，宋襄公又坚持"不鼓不成列"，非要等到楚军完成列阵之后开始攻击，结果宋国惨败，宋襄公狼狈逃走，后因伤重而死。宋国因为此战失利，从此沦为二流国家。宋襄公也因为在这次战役中严格遵守"国际战争法"而备受嘲笑。但是董仲舒赞同《公羊传》对宋襄公的评价，力挺宋襄公，认为宋襄公"临大事不忘大礼",在战争中能够做到"不重伤(不再次伤害受伤的敌人)、不擒二毛(不捉拿头发花白的敌军老兵)、不以阻隘(不阻敌人于险隘中取胜)、不鼓不成列(不主动攻击尚未列好阵的敌人)",这是"由其道而败",远比"不由其道而胜"要光明磊落得多。宋襄公守礼重信的"春秋范儿"反衬出了现实的精神缺憾,引发董仲舒的反思,也应该引起我们的反思:恶之花不能结出善之果,非正义的手段也不可能达到正义的目的。

17.《春秋》之义,贵①信而贱②诈③,诈人而胜之,虽有功,君子弗为也。

【出处】《对胶西王越大夫不得为仁第三十二》

【注释】

①贵:重视。

②贱:轻视。

③诈:欺骗、欺诈。

【译文】《春秋》所包含的道理,是重视诚信而轻视欺诈,靠欺诈别人而获得胜利,虽然有功绩,但君子不屑去做。

【赏析】这是董仲舒在劝诫江都王(篇目中的"胶西王"有误)不能靠武力和欺诈成就霸业。董仲舒认为《春秋》贵信,"信者,诚也,专一不移也"。"信"讲的是内心诚信,不欺诈,守信用。儒家重视"信","信"是个人安身立命的根本,是维系人际关系的重要品德,是治国理政的重要基础。作为君王,更要以"信"成就功业。《论语》中有很多篇章讲到"信",如"人而无信,不知其可也"(《论语·为政》)、"民无信不立"(《论语·颜渊》)。董仲舒的《春秋繁露》中有14篇提到了"信","信"字出现了30次。周桂钿先生认为,董仲舒生活于西汉盛世,强调"信",有了充分的条件,也十分有必要。董仲舒继承并发展了孔孟荀儒家思想,与时俱进,从汉代中央集权和大一统的政治需求出发,强调帝王个人的修养和治理国家要行王道,重视"信"并提出"五常"思想,与儒家的基本精神一脉相承。

18. 夫礼，体①情而防乱者也。民之情，不能制其欲，使之度礼②。目视正色，耳听正声，口食正味，身行正道，非夺③之情也，所以安其情也。

【出处】《天道施第八十二》

【注释】

①体：根本的、内在的、主要的。

②度礼：以礼为法度。度，法度。

③夺：强行改变。

【译文】所谓礼，就在于以人的性情为根本并防止它发生混乱。百姓的性情，是不能控制自己的欲望，要让他们用礼作为自身行为的准则。眼睛看正当的颜色，耳朵听正当的乐声，口要食用正当的味道，行事要走正当的道路，这些并不是要强行改变人的性情，而是要安定人的性情。

【赏析】中国号称"礼仪之邦"，中华文化被称为"礼乐文化"。"礼"在中华文化中占有重要的地位。《礼记·曲礼》说："为礼以教人，知自别于禽兽。"人懂得礼，才能区别于禽兽。董仲舒从礼与人性的关系，论述了礼在治国理政中的重要作用。他指出，人性是人固有的，人情本于人性，礼依据人情而制定。有个成语叫"礼顺人情"，出自《后汉书·卓茂传》，意思是礼是人与人共处时必须遵守的规范，它不是凭空制定出来的，而是顺乎人之常情制定的。因为人的性情很容易受外物的感染和影响，流于恣肆，所以要设礼乐来节制，使人情得以顺畅，人心得以安宁。孔子在讲到礼时，往往直指人心，"人而不仁，如礼何，人而不仁，如乐何？"讲到之所以为父母守"三年之丧"的礼节，是因为要经过三年（实则25个月）的时间来感怀父母的恩情，才能慢慢平复内心的悲痛，所以礼是顺乎人内在的情感和本有的仁心而制定的。《春秋繁露·正贯》篇中说君主施政"引其天性所好，而压其情之所憎"，才能得到百姓的拥护，而"礼"就是引导百姓性情最好的方式。董仲舒指出，治理国家要抓住"以礼治国"这个关键，用礼保有人的本心本性，节制人情，安顺百姓之心。从个人来看，守"礼"即遵从儒家的道德要求；从国家来看，守"礼"即维护良好的政治秩序。"礼"是将个人"美德"与国家"正义"完美地连接在一起的连接点。

19.礼者，继^①天地，体阴阳，而慎^②主客，序尊卑、贵贱、大小之位，而差^③外内、远近、新故^④之级者也，以德多为象^⑤。

【出处】《奉本第三十四》

【注释】

①继：接续、承继。

②慎：谨慎。

③差：区别。

④故：旧。

⑤以德多为象：以德行多的人作为效法的典范。即以人的德行为尊。

【译文】礼是承继天地，取法阴阳为本体的，而谨慎处理主客关系，排列尊卑、贵贱、大小的地位，而区别内外、远近、新旧的等级，以德行多的人作为效法的典范。

【赏析】董仲舒认为礼的来源是天地阴阳，礼的精神实质是"德多为象"。德与礼是内容与形式、目的与手段的关系。从治国之礼来看，西周时期，德治与礼治是比较统一的，但从春秋开始，礼崩乐坏，虽仍有礼仪制度，但其精神往往不再遵从"德治"原则。董仲舒致力于使德礼合一，这也是其礼治思想的显著特点之一。康有为对董仲舒的"礼"论给予高度评价，称"董子非礼学专家，而说礼极精"。从修身之礼来看，评判一个人能否得到众人的尊重，不是看其地位、身份、血缘，而是看其德行的高低，把"德"放在首位。其实，衡量生命的意义和价值的标准是什么？是财富、地位和名誉，还是奉献、责任和担当？不管是有位的执政者还是普通百姓，这都是值得深思和反省的问题。有贤德的君子以修身为本，传承古圣先贤的智慧和美德，福泽天下苍生，留下的是无尽的物质和精神财富，永远都值得人们尊重和敬仰。"德高望重""德隆望尊"都是表明只有德行高尚的人才能受到众人的敬重，是众人学习效法的典范，这也是传统社会核心价值体系的重要组成部分。

20. 凡百乱之源，皆出嫌疑①纤微②，以渐寖稍长③，至于大。圣人章④其疑者，别其微者，绝其纤者，不得嫌，以蚤⑤防之。圣人之道，众堤防之类也。谓之度制，谓之礼节。

【出处】《度制第二十七》

【注释】

①嫌疑：疑惑难辨之事。

②纤微：细微之事。

③渐寖（jìn）稍长：逐渐发展。寖，通"浸"。

④章：通"彰"，明确。

⑤蚤：通"早"，提前。

【译文】大凡各种祸乱的根源，都出于疑惑难辨和细微的小事，而逐渐发展，以至酿成大祸。圣人使疑惑之事明确起来，把细微之事区分开来，根绝纤小的苗头，不使人有疑惑，以便及早预防。圣人的主张，就像各种堤防一样，为人民制定了制度，制定了礼节。

【赏析】所谓"度制"，即为制度，董仲舒认为应该建立一套确保"贫富有差""贫富有度"的礼节制度，斩断"百乱之源"。《论语·学而》篇记载孔子的弟子有子之言"礼之用，和为贵"，"礼"是"和"的前提，"和"是"礼"的目的。对于个人来说，如果只追求和谐不讲礼节，就是孔子最讨厌的"乡愿"，也就是和稀泥的老好人；对于社会来说，如果只追求和谐不讲礼节制度，就会丧失公平公正的价值原则，泯灭善恶是非的界限，最终也达不到和谐的目的。董仲舒认为"礼"就是堤防，可以阻挡祸乱泛滥成灾，而一切的"乱"都是从小逐渐变大的，对于细微的小事不及时治理，必将导致大乱，以至于不可收拾。如果没有了制度约束，人人都纵其欲、快其意，"上下之伦不别""嗜欲之物无限"，不仅会使人伦大乱而且浪费社会财富。因此，要筑好堤防、扎牢篱笆、提早预防，将一切祸乱阻断在萌芽状态。董仲舒的这一思想对于当前的党风廉政建设具有重要的启示作用。

21. 天地之生万物也以养人，故其可适者以养身体，其可威者以为容服①，礼之所为兴也。

【出处】《服制像第十四》

【注释】

①容服：仪容服饰。

【译文】天地生长万物来供养人类，因此那些适合的东西用来长养身体，那些可以产生威严的东西用之于仪容服饰，礼就是这样产生的。

【赏析】董仲舒在这里指出了"服制"与"天命""礼制"的内在联系。"服制"是"天命""礼制"的外显；"天命""礼制"是"服制"的内涵。《礼记·礼运》中提到"被色"是人的重要特征之一。什么是"被色"呢？就是服饰。人类通过剪裁自然、运用色彩，装饰自身，体现礼仪，顺应天命。董仲舒描述了人的四种最盛大的配饰：宝剑佩在身体左边，这是青龙的象征；宝刀戴在身体右边，这是白虎的象征；黻（fú）戴在身体前面，这是赤鸟的象征；冠帽戴在头上，这是玄武的象征。他将这四种灵兽纳入诠释"天"的基本构成的"五行"系统，使之与"五行"的"木火土金水"，"五方"的"东南中西北"和"五色"的"青赤黄白黑"对应并举，从而使宝剑、宝刀、黻、冠帽这四种配饰都具有了"服制象天"意味，具有了天的权威。董仲舒认为服装不但具有"盖形暖身"的实用价值，而且具有"明别上下"的社会价值。如果只是为了遮羞保暖，那根本没有必要"染五采、饰文章"。衣服的外部装饰是一个人社会地位和政治权利的标识，具有政治伦理价值，是礼制的重要内容。

22.虽有贤才美体，无其爵，不敢服其服；虽有富家多赀①，无其禄，不敢用其财。

【出处】《服制第二十六》
【注释】
①赀（zī）：通"资"，资财、钱财。

【译文】即使有贤明的才干和俊美的体态，没有相应的爵位，就不能穿相应爵位的衣服；即使家庭富裕、钱财众多，没有相应的俸禄，就不能使用相应的钱财。

【赏析】我们常说"量体裁衣"，但在董仲舒这里，应该是"度爵制服"。"爵位"是"制服"的前提和依据。除了服饰，不同等级的人在饮食、宫室、畜产、舟车等社会资源的分配方面也都有贵贱等级的差别。也就是说，不同等级的人衣食住行的用度各不相同。不仅活着时不同，死了以后，棺木、衣被、坟墓也有一定的规矩。

同样的衣服，不同等级能够穿着的场合也是不一样的。天子穿的有华美花纹的衣服，诸侯闲居时就不能够穿而只是在祭祀时才穿；大夫穿的有边缘装饰的衣服，士闲居时就不能够穿而只是在祭祀时才能穿。可见，地位高的人穿的常服，是地位低的人穿的礼服。还有一些贵重的衣服，地位卑下之人是不能穿的。比如工匠、商人不能穿用狐皮、貉皮做成的衣服，受过刑罚和正在服刑的人不能穿用丝绸做成的衣服。董仲舒认为只有"贵贱有等、衣服有别"，各个阶层才能各安其位，社会才能稳定和谐。

社会各阶层的固定服饰，成为识别社会成员的重要标志。正如张铭远先生所讲："中国的'服制鼎成'是以严格的等级界线为前提的。……即便是在官服约束之外的人们，也都规规矩矩、自然而然地把自己归入社会集团的某一类，依照同类成员的一般习惯进行装束。身为布衣的平民百姓觉得自己生来就该穿着'布衣',而那些像孔乙己似的酸秀才,则是至死也不肯脱下自己的长衫的。"即便在服饰多元化的今天,服饰的等级色彩已然消退,但是在不同的场合,面对不同的对象,得体适宜的服饰仍然是知礼尊礼的表现。

义利之辨

1.天之生人①也，使人生义与利②。利以养其体，义以养其心。心不得义，不能乐；体不得利，不能安。义者，心之养也；利者，体之养也。体莫贵于心，故养莫重义。

【出处】《身之养重于义第三十一》

【注释】

①生人：造化、养育人类。

②生义与利：指兼有义与利。生，产生、生出。

【译文】天地造化养育人类，使人兼有义和利。利用来保养身体，义用来涵养精神。精神得不到义的涵养，就不会快乐；身体得不到利的滋养，就不会安适。义，是涵养精神的；利，是滋养身体的。身体没有精神宝贵，因此用来涵养的东西没有比义更重要的了。

【赏析】"义利之辨"是儒家价值观的重要内容，也是我们中国人做事做人的重要命题。董仲舒在这里明确提出了他的观点：义利两养、义重于利。董仲舒认为上天使人兼有义和利，二者功能、作用不同，利养身体、义养精神，这与荀子的"义利两有"思想是一脉相承的。《荀子·大略》

说："义与利者，人之所两有也。"董仲舒则将他的"义利两养"思想与天有阴阳、人有性情的思想联系起来，彰显出形上特色。在承认"义利两养"的基础上，董仲舒进一步明确了"义重于利"的主张。物质利益固然不可缺少，但道义原则远比物质利益的价值要高，义是衡量利的重要标准。

义利之辨与我们的现实生活息息相关。我们每人每天的衣食住行都离不开"利"。面对每一种"利"，都应该思考三个问题：取得是否合法？分配是否合理？使用是否有度？符合"义"的标准，才是合理的"利"；不符合"义"的标准，就是不合理的"利"。利的取得要以义为标准。孔子说"见利思义""义然后取"。利的分配要以义为标准。在利益分配上要本着公平公正的原则，多劳多得，少劳少得，不劳不得，这个社会才能和谐。利益关系也只有在正义的调理下才能和顺。《周易·乾卦·文言》说："利者，义之和也。"利的享用要以义为标准。无节制地享用所得的利益，同样是不义的行为。有钱也不可以任性。总之，君子爱财，取之有道，分之公正，用之有度。

2. 凡人之性，莫不善义，然而不能义者，利败之也。故君子终日言不及利，欲以勿言愧之而已，愧之以塞其源也。夫处位①动风化②者，徒言利之名尔，犹恶之，况求利乎？

【出处】《玉英第四》

【注释】

①处位：居于高位。

②动风化：实施教化。

【译文】大凡人的天性，无不向往仁义，可是有的人却不能做到仁义，这是贪利造成的破坏。所以君子终日言谈不涉及私利，为的是用这种方式来使那些谈论私利的人自觉羞愧而已，使人自觉羞愧从而堵塞私利的来源。那些身处高位、实施教化的人，只要口头上说到利都感到羞愧，更何况去追求财利呢？

【赏析】董仲舒在这里谈的是君主应该"善义"，而不应该"言利"，更不应该"求利"。他由对鲁隐公"观鱼于棠"事件的批评引发对义利关系的阐述。鲁隐公在其执政的第五年以"观鱼"的名义造访了棠地，对此，《春秋》"三传"皆持批评态度，认为他违反了礼制，尤其以《公羊传》的批评最为严厉。《公羊传》将鲁隐公"观鱼于棠"的行为界定为贪图私利的经济行为，认为隐公之所以跑那么远，其实并不是为了观看捕鱼，而是为了大规模捕鱼。如果是纯粹观看捕鱼，根本没必要跑那么远，更没必要那么声势浩大地"张网罟（gǔ）障谷"。障谷，就是阻断河流的意思。董仲舒认同《公羊传》对鲁隐公的批评，并且认为鲁隐公非但是派人去捕鱼，还"亲自求之"，简直是利欲熏心，更是不可原谅，所以用"甚恶"来评价。

3. 夫仁人者，正其谊①不谋其利，明②其道不计其功。

【出处】《天人三策》

【注释】

①谊：通"义"。

②明：阐明。

【译文】仁德之人端正他的义却不谋取私利，阐明他的道却不计较自己的功劳。

【赏析】班固记载的董仲舒的这句名言，后被概括为"正谊明道"，成为儒家义利观的经典表述。宋代的程朱曾对其高度赞扬。程明道认为："董子有言：'仁人正其谊不谋其利，明其道不计其功。'度越诸子远矣。"朱熹则把"正其谊不谋其利，明其道不计其功"作为白鹿洞书院的学规，列为学习和修养的指南。他认为，义利之说为儒者第一义，正谊明道是高明的智慧，因此不仅在理论上阐述其意蕴，更注重在实践中发扬光大。当然，对于董子的这句名言，历代也不乏严厉批判者，如宋朝的叶适就认为董仲舒否定功利只取道义是有问题的，主张道义应见于功利之中，谋利而不自私自利，计功而不自居其功。但是不管赞扬还是批评，这些评价都是针对《汉书》中这句记载进行的，事实上，在董仲舒的《春秋繁露·对胶西王越大夫不得为仁》中这句话有另外一个版本的表述，即"仁人者，正其道不谋其利，修其理不急其功"。这两处记载最大的差别就在于一个是"不计其功"，一个是"不急其功"。张岱年先生认为"《春秋繁露》所载，乃董子原语，而《汉书》所记，乃经班固修润者"。经过润色、升华的"正其谊不谋其利，明其道不计其功"自然比"正其道不谋其利，修其理不急其功"更有利于传播、流行，但是也远离了本义，被无限诠释和放大。要正确理解董仲舒的本义，首先，必须将其放到董仲舒整个思想体系中进行考察。董仲舒从来不是否定利的，他一贯主张"兼利""爱利天下"，因此"不急其功"显然更符合其本义。其次，还应将其放回原始语境之中考察。这是董仲舒在回答诸侯王关于越国三仁问题时的答复。董仲舒借此阐明了关于仁人的标准，否定了越国三仁之说。因此，董仲舒所说的"正其道不谋其利，修其理不急其功"是仁人的标准，并不是所有人的标准。

君子品格

1. 故君子道至①，气则华②而上。

【出处】《循天之道第七十七》

【注释】

①至：极、最。

②华：升华。

【译文】因此修养有道的君子，气由下升华而上。

【赏析】"君子"是儒家理想的人格典范，指具有伟大思想和完善人格的人。董仲舒继承和发展了儒家君子思想，对"君子"人格的论述，是董仲舒思想中很重要的一部分。万物的生长都离不开天地间阴阳之气的滋养，董仲舒认为，君子内外兼修，善于用诚敬中正的"中和"之气和精神力量来收敛、调整喜怒哀乐的情感，从而达到"和"的状态。懂得养生之道的人，都认为内心是根本，"凡气从心。心，气之君"。董仲舒主张以"义"养心。孟子说："我善养吾浩然之气。"以"浩然"之正气充斥身心，体察天道，通乎阴阳，上下通泰，其气内外充溢，自下升华而上，君子自然呈现出安详舒泰、怡然坦荡之貌。苏轼的名句"腹有诗书气自华"，说的也是这个道理，满腹经纶、知书明礼，才华自然丰美横溢、气度不凡、光彩夺人。

2. 正也者，正于天之为人性命也。天之为人性命，使行仁义而羞可耻①，非若鸟兽然，苟②为生、苟为利而已。

【出处】《竹林第三》

【注释】

①羞可耻：以做可耻的事情为羞。

②苟：姑且。

【译文】正义是上天赋予人的本性。上天赋予人的本性，使人奉行仁义而以做可耻的事情为羞，不能像鸟兽那样，姑且求得生存、姑且求得利益而已。

【赏析】儒家有关羞耻之心的理论是一脉相承的。从孔子"行己有耻，不辱君命"（《论语·子路》），到孟子"人不可以无耻"（《孟子·尽心上》），再到董仲舒"行仁义而羞可耻"，从不同角度概括了羞耻之心在人的实践活动中所具有的道德价值。董仲舒继承了孟子的说法，认为人与鸟兽不同，不能只是单纯地追求自然之欲与名利之欲。人与动物的区别，在于人有羞耻之心等道德意识。人的羞耻之心从哪里来呢？不是内心自发的，而是上天赋予的。董仲舒认为，有廉耻的人，就不会蒙受奇耻大辱以求生。他对于逢丑父和齐顷公在战争中受到羞辱之事给出了自己的解决方案，那就是"死义"，这样虽然丢掉性命，但可保全廉名。当"为人进出的门紧锁着，为狗爬出的洞敞开着"时，求生是可耻的，君子应该视死如归。董仲舒主张的"死义"精神，正是中华民族崇尚气节与信念之体现。气节，乃真正的民族魂，历史上多少志士仁人用血肉之躯谱写出一曲曲正气之歌。"人生自古谁无死，留取丹心照汗青""苟利国家生死以，岂因祸福避趋之"，这种由理性、信念与殉道精神凝聚而成的气节一直是中华民族精神之所在。

3.君子生以辱，不如死以荣。

【出处】《竹林第三》

【译文】君子活着受辱，不如死了荣耀。

【赏析】这是董仲舒的生死观，也是儒家一贯的生死观。孔子讲"杀身成仁"，孟子讲"舍生取义"，董子讲"君子生以辱，不如死以荣"，都不以生存为最高原则，而以仁义为最高的价值标准。儒家一向认为，生命虽然可贵，道义却是无价，以有限的生命换取无价的道义是死得其所。君子活着就应当有高尚的人格，就应当有其不朽的价值，就应当为国家、为人民贡献一份力量。若活在世上只是苟且偷生，那"不如死以荣"。"君子生以辱，不如死以荣"的思想对后世的影响非常深远。正是在这种思想的熏染下，中国历代涌现出无数不畏强暴、不惧生死、不屈不挠的"有骨气"的中国人。这些人是中华民族真正的"脊梁"。

4.《春秋》贤死义[①]，且得众心也，故为讳灭[②]。以为之讳，见其贤之也；以其贤之也，见其中仁义也。

【出处】《玉英第四》

【注释】

①死义：为义而死。

②故为讳灭：所以对（纪侯）亡国之事加以隐讳。

【译文】《春秋》赞赏为义而死且深得民心的君主（这里指纪侯），所以对其亡国之事加以隐讳。用这种隐讳，表现他的贤德；用他的贤德，表现他的仁义。

【赏析】在这里，董仲舒对于被齐国灭掉的纪国国君纪侯大加赞赏，赞赏其"死义"的精神。齐襄公打着为九世祖复仇的旗号攻打纪国，作为小国，纪国根本没有抵抗强大的齐国之力，但是它的君主纪侯却矢志抵抗，最后率领一国之众，"上下同心而俱死"。这正是董仲舒所主张的"君子死以荣"精神。儒家仁义是高于个人生命的价值，是值得君子"以死守之"的价值抉择。先秦时期，伯夷、叔齐"义不食周粟"，饿死首阳山，孔子对二人的评价是"不降其志，不辱其身"（《论语·微子》）。孟子讲："生亦我所欲也，义亦我所欲也，二者不可得兼，舍生而取义者也。"（《孟子·告子上》）荀子也有"不避义死"的说法。儒家推崇的"杀身成仁""舍生取义""不避义死"的行事准则，激励着后世的仁人志士。

西汉士大夫"死节"的风气非常盛行，宁可自杀身死，亦不肯在耻辱中求生。一代名将周亚夫绝食而死，儒者先驱王臧、赵绾自杀而亡。董仲舒对"死节""死义"之人是欣赏和赞美的，在《春秋繁露·王道》篇中他赞扬了仇牧、孔父、荀息之死节"行正世之义，守悇悇（quán）之心"，行正道、守诚心。而且他还把"死义"与"行权"对举，指出二者都是"正世"之义。

5.君子衣服中①而容貌恭，则目说②也；言理应对逊，则耳说矣；好仁厚而恶浅薄，就③善人而远僻鄙④，则心说矣。

【出处】《为人者天第四十一》

【注释】

①中：指衣服得体而合于礼制。

②说（yuè）：同"悦"，喜悦、高兴。

③就：亲近、靠近。

④僻鄙：邪僻卑鄙的人。

【译文】君子穿着得体并且容貌恭敬，人们看到了就感到高兴；说话合于理并且应对谦逊，人们听到了就感到高兴；喜好仁厚的人而厌恶浅薄的人，亲近善人而疏远邪僻卑鄙的人，人们心里就感到高兴。

【赏析】董仲舒在这里描述了内外兼修、让人悦目悦心的君子形象。

既注重内在德行的修养，又注重外在的服饰和言行举止，这样的人就是《论语·雍也》中所说的"文质彬彬"的君子。如果只注重内在的"质"，忽略外在的"文"，就像子贡打的那个比方一样，把虎豹皮上的毛都去掉，那就和犬羊的皮没什么两样了（《论语·颜渊》）。君子之所以为君子，就在于内修文德、外修容止。《论语·子张》中子夏从貌、色、辞三个角度描述了孔子的君子之风，"望之俨然，即之也温，听其言也厉"。"俨然"是貌之庄重威严，"温"是仁德之温润和顺，"厉"是义之端方廉直。这是礼、仁、义统一于一身的君子，同这样的君子交往，如沐春风，言行上不敢有任何造次。同样，董仲舒作为一代大儒，学识渊博，"为人廉直"，"进退容止，非礼不行"，也是一位典型的儒家彬彬君子。

6.玉至清而不蔽其恶，内有瑕秽①，必见②之于外，故君子不隐其短，不知则问，不能则学，取③之玉也。君子比之玉，玉润而不污，是仁而至清洁也；廉而不杀④，是义而不害也；坚而不磨，过而不濡⑤。视之如庸⑥，展⑦之如石，状如石，搔⑧而不可绕⑨，洁白如素⑩而不受污。

【出处】《执贽第七十二》

【注释】

①瑕秽：瑕疵和污秽。

②见（xiàn）：通"现"，显示、显露。

③取：选取、借鉴。

④廉而不杀：有棱角而不伤人。

⑤濡（rú）：柔顺、柔弱。

⑥庸：平常。

⑦展：察看、省视。

⑧搔（zhé）：同"折"，折断。

⑨绕（náo）：同"桡"，弯曲。

⑩素：洁白的生绢。

【译文】玉极其清洁而不掩蔽自己的缺陷，里面有瑕疵污秽，一定会在外面显露出来，所以君子不隐蔽自己的短处，不知道的事情就向别人请教，不会做的事情就去学习，这些都是仿效了玉的品德。君子的品德和玉一样，玉润泽而不污秽，这就像是具有仁德而极其清洁一样；有棱角但不伤人，这就像是具有义的品德而不伤害人一样；坚硬而不会被磨损，温润而不柔弱。看上去很平常，仔细观察像石头，可以折断却不可以被弯曲，像洁白的生绢一样不被污染。

【赏析】中华文化有以玉比君子之德的传统。董仲舒在《春秋繁露·执贽》篇讲到不同等级的人在与人初次见面时所持礼物的象征意义，具体论述了畅、玉、羔、雁这四种礼物，并赋予这些自然物以各种美好的品德。在讲述"公侯用玉"时详细阐明了自己的"玉德"观。董仲舒首先以玉的至清至洁、表里如一，比喻君子不掩其短处、善于学习的品质。接下来，他从玉的质地、色泽、硬度、韧性等多个方面与君子之德进行比附。温润光泽，好比是仁；有棱角而不伤人，好比是义；坚硬而温润，好比外柔内刚；貌不惊人，好比内敛含蓄；宁折不弯，好比勇敢刚强；洁白如素，好比洁身自好。这些都是玉德与君子之德的相通之处。在《礼记·聘义》中孔子以玉的品格比喻仁、智、义、礼、乐、忠、信等十一种君子美德。董仲舒的玉德观对孔子论玉的观点多有吸收。到了东汉许慎的《说文解字》，则将玉概括为仁、义、智、勇、絜（xié）"五德"。

玉的美符合中国传统文化含蓄的审美观念。宗白华先生说过："中国向来把玉作为美的理想。玉的美，即'绚烂之极归于平淡'的美。可以说，一切艺术的美，以至于人格的美，都趋向于玉的美：内部有光彩，但是含蓄的光彩，这种光彩是极绚烂，又极平淡。"其实，玉的性格就是中国人的性格，低调、内敛、含蓄，而西方人最爱的是宝石，尤其是耀眼夺目的钻石，这也是西方人个性张扬的表现。

阴阳五行

1.天地之气，合而为一，分为阴阳，判①为四时，列为五行。

【出处】《五行相生第五十八》

【注释】

①判：区分、判别。

【译文】天地之气，相合而成一体，分而为阴气和阳气，判别为四季，排列成五行。

【赏析】这一句可以说是董仲舒阴阳五行论的纲领。董仲舒将阴阳、四时、五行相结合，纳入他的天人哲学框架，阐发宇宙世界的构成和运转。具体而言，天地之气本是合而为一的，分为阴阳二气之后，在阴阳二气的周流运行下化育万物，表现为一年四季不同时节，而五行的兴起和配合，是辅助阴阳成就四时之岁功。春夏秋冬四时是连接阴阳和五行的枢纽，有不同的作用，或萌发、养长万物，或成就、储藏万物。可以说，董仲舒构建了严密的天地、阴阳、四时、五行理论，将宇宙运行的空间方位、时间更迭、物质相感、能量消长，全部纳入天人哲学，这是对天人哲学理论的创新与发展。尤其是，董仲舒在这里不仅描绘出宇宙世界的形成过程，而且更明确表明了"阴阳"与"五行"的连接点是"四时",使得阴阳与五行在形式上获得完美结合。

董仲舒的阴阳、五行的思想是分不开的,《汉书·五行志上》中评价董仲舒"始推阴阳,为儒者宗",清代学者苏舆认为董仲舒"始推阴阳"乃是以五行"始推阴阳",强调的是董仲舒在将阴阳五行理论结合并引入儒家学说方面作出的贡献。但有学者根据《汉书》的《董仲舒传》和《五行志》中未曾提及五行,便否认《春秋繁露》五行诸篇的真实性,认为董仲舒只有阴阳思想没有五行思想,这是完全错误的。因为在《董仲舒传》中虽没有直接使用"五行"的提法,但却有"四时"的表述,而其春生仁爱、夏长德养、秋霜刑杀的说法与《春秋繁露》的五行说并无二致。因此董仲舒在对策中只不过是以"四时"代替"五行"而已。"四时""五行"本就是天地之气在不同时间或空间的排列,实质是一样的。董仲舒解释天地、阴阳、四时、五行的内在逻辑联系,揭秘宇宙世界的运行规律,目的就是让人从天地运行的规律中获得启发,认真省察体悟,依从天道建立人类社会的伦常秩序,寻求人与外部世界相处的和谐状态和理想境界。

董仲舒在阴阳五行学说史上贡献卓著,他对阴阳五行学说的论述应该是自春秋战国以来最为系统、最为详尽的。《春秋繁露》中有阴阳6篇、五行9篇。阴阳6篇分别是《阳尊阴卑》《阴阳位》《阴阳终始》《阴阳义》《阴阳出入》《天地阴阳》,五行9篇分别是《五行对》《五行之义》《五行相胜》《五行相生》《五行顺逆》《治水五行》《治乱五行》《五行变救》《五行五事》。余治平教授说:"没有阴阳五行的哲学一定不是中国哲学。"而不研究阴阳五行的哲学,也一定不能深刻把握董仲舒哲学的精髓要义。

2. 天意难见也,其道难理[①],是故明阳阴入出、实虚之处,所以观天之志;辨五行之本末、顺逆、小大、广狭,所以观天道也。

【出处】《天地阴阳第八十一》

【注释】

①理：明白。

【译文】天意难以看出来，天道难以弄明白，所以明了阴阳出入、虚实所在的地方，用来观察天的心志；辨别五行的本末、顺逆、大小、广狭，用来观察天道。

【赏析】董仲舒认为，阴阳五行是观察和理解天道的工具，人们只有通过对阴阳五行的观察而"明"之、"辨"之，才可以观到天道、天志，反之，天道也只有通过阴阳五行的表述传达才得以展开显现，才能为世间的人们所理解。在《天人三策》中，董仲舒说："天道之大者在阴阳。"意思也是说阴阳表现天道，是人道的依据。董仲舒提出"天有十端"，即天地、阴阳、五行、人。阴阳、五行位于"天地"和"人"之间，是沟通二者的重要桥梁。在这个宇宙系统中，阴阳位于五行之前，是阴阳五行体系的主导和核心。阴阳的地位高于五行，五行须听从阴阳的调遣，与阴阳协调运作，乃是五行的本分。《春秋繁露·天辨在人》篇："金木水火，各奉其所主以从阴阳，相与一力而并功"。说的是金木水火各自奉行自己的职责而随顺服从阴阳，相互合作完成共同的功业。

3.百物皆有合偶，偶之合之，仇之匹之①，善矣。

【出处】《楚庄王第一》

【注释】

①合、偶、仇（qiú）、匹：这四个词含义相同，即对偶、成对的意思。

【译文】所有事物都有相应对偶的东西，用相应的态度分别对待不同的事物，这就是正确的做法。

【赏析】这句话充分体现出董仲舒的辩证思维。他从《春秋》"近近而远远、亲亲而疏疏""厚厚而薄薄、善善而恶恶"的价值评判中，概括出"百物皆有合偶"的对立统一思想。董仲舒认为天地万物之道是阴阳相对、彼此相合，这是事物存在的基本方式和基本意义。任何一个事物都有与之相匹配的另一个事物，并且在这种对应中有阴有阳，上下、左右、前后、表里、美恶、顺逆、喜怒、寒暑、昼夜等皆是合。虽然先秦时期儒家、道家都有丰富的对立统一思想，但大多以实例形式出现，而董仲舒第一次以概念的形式将其表述出来，这是他的一大贡献。董仲舒所说的"合偶"有两层含义：其一，合偶的双方是对立的，如远近、亲疏、贵贱、轻重、厚薄、善恶、阴阳、黑白等；其二，合偶的双方是相互依赖、相互结合、相互渗透、相互转化的，也就是"偶之合之，仇之匹之"。

4. 物莫无合①，而合各有阴阳。

【出处】《基义第五十三》

【注释】

①合：配合、匹配。

【译文】事物没有不互相匹配的，而匹配中分别有阴和阳。

【赏析】"阴阳相合"是董仲舒阴阳思想的重要观点。世界万物都是由阴阳两个部分所构成，这两个部分要通过特定的方式去"合"。首先，"阴阳相合"是彼此融合、相互吸纳。《春秋繁露·顺命》篇讲："独阴不生，独阳不生，阴阳与天地参然后生。"生成万物必须由阴阳与天地参合才能完成。《天人三策》说："天使阳出布施于上而主岁功，使阴入伏于下而时出佐阳。阳不得阴之助，亦不能独成岁。"阳虽然是上面的主导，但是如果没有阴在下面辅助，也不能使年岁独自完成。可见，无论阴还是阳都不可能离开对方而自行发生、自行完成，都必须相互辅助，形成合力，并与天地一起发挥作用，才能生化、构造出无限的世界万物。其次，"阴阳相合"是有主有从的。"阴者，阳之合；妻者，夫之合；子者，父之合；臣者，君之合"，只能是处于从属地位者去合处于主导地位者，而不能是反之。

5. 物随阳而出入，数随阳而终始，三王①之正②随阳而更起。以此见之，贵阳而贱阴也。故数日③者，据昼而不据夜；数岁者，据阳而不据阴，阴不得达之义。

【出处】《阳尊阴卑第四十三》

【注释】

①三王：三代之王，指夏禹、商汤、周文王和周武王。

②正：正月，一年之中的第一个月。

③数日：计算日子。

【译文】万物随着阳气的出入而出入，数目也随着阳的终始而终始，夏、商、周三代帝王确定正月是随着阳的变化而变更的。由此可见，天是重阳而轻阴的。因此，计算日子，是根据白天而不是根据夜晚；计算年岁，是根据阳而不是根据阴，这是阴不能够通达的道理。

【赏析】在阴阳关系中，董仲舒主张"贵阳贱阴"。他认为，阳气开始出来时，万物也开始出来；阳气旺盛时，万物也蓬勃生长；阳气衰微时，万物也开始衰微。这说明"物随阳而出入"。阳气在正月开始出现，完成生育长养万物的工作，正好是十个月；人怀胎到生育，也是十个月。这说明"数随阳而终始"。此外，圣王制定历法也是"随阳而更起"的。夏、商、周三代帝王确立的"三正"，分别是十一月、十二月和一月，这三个月随着阳气开始萌动，养长万物。这样通过不同角度的论证，董仲舒得出了"贵阳而贱阴"的结论。

此外，在《春秋繁露》中还有不少地方表达出"任阳不任阴""尚阳不尚阴"的意思。比如，《阴阳位》的"阳出实入实，阴出空入空"，阳气出入都是居于实位，阴气出入都是居于虚位，因此天是"任阳不任阴"的。《暖燠常多》篇，从篇名就可以看出其意，温暖的日子多于寒冷的日子。温暖的日子为阳，寒冷的日子为阴，因此天道是"尚阳不尚阴"的。

董仲舒提出"阳尊阴卑""任阳不任阴""尚阳不尚阴"的理论，旨在论证人间的政治、伦理秩序。君臣、父子、夫妇关系即是阴阳关系，君、父、夫为阳，臣、子、妻为阴，"阳尊阴卑"，因而君尊臣卑、父尊子卑、夫尊妻卑；德为阳，刑为阴，"任阳不任阴"，因而应该"任德不任刑"；仁政为阳，暴政为阴，"尚阳不尚阴"，因而应该多施仁政。

6. 天之常道，相反之物也，不得两起①，故谓之一。一而不二者，天之行也。

【出处】《天道无二第五十一》

【注释】

①两起：指两者同时并起。

【译文】天道运行的不变法则，就是性质相反的事物，不能两者同时并起，所以称之为一。一而不二，就是天道的运行。

【赏析】董仲舒认为天道是统一的，虽有阴阳互相对立，但是二者不能同时并起，它们总是一个进入，一个退出；一个显现，一个隐伏；一个在左，一个在右，因此天道运行的法则是"一而不二"。在《春秋繁露·阴阳出入》篇，也有相类似的表述："天道大数，相反之物也，不得俱出，阴阳是也。"意思是，作为"相反之物"的阴、阳二气不能同时、同地出现。比如春天，阳气出现而阴气衰退；秋天，阴气出现而阳气衰退；夏天，阳气在右，阴气在左；冬天，阴气在右，阳气在左。这样，阴阳二气各自运行，势力彼此消长，形成一年四季和二十四节气，完成天之岁功。董仲舒还用浅易的人生体验来说明天道"一而不二"的道理：人的眼睛不能同时看两样东西，耳朵不能同时倾听两种声音，手不能同时做两件不同的事情，不能一手画圆一手画方。这些虽然都是小事，但是违背了"一而不二"的天道规则，同样也不会成功。董仲舒还独辟蹊径地通过对"忠"和"患"两个字的分析，来说明"一而不二"的道理。他说"忠"字的字形，是"心止于一中"，也就是专心于一处，一心一意；"患"字的字形，是心有"二中",也就是不专心,三心二意。君子当然应该一心一意,而不应该三心二意,所以君子修身治国都应该效法天道,"贱二而贵一"。实行"大一统"也因此有了阴阳天道的根据。

7.阴阳之气,在上天,亦在人。在人者为好恶喜怒,在天者为暖清①寒暑。

【出处】《如天之为第八十》

【注释】

①清(qīng):清凉。

【译文】阴阳之气,不仅存在于上天,也存在于人的身体。阴阳之气在人身上表现为好恶喜怒的不同情绪,在天上表现为暖清寒暑的季节变化。

【赏析】董仲舒从"天人一气"的角度,说明阴阳之气不仅充斥于天地之间,也充满人的身体。天有阴阳之气,阴阳的出入、上下、左右、前后,运行不止,自然有序,从而有了暖、清、寒、暑的季节变化。董仲舒以天的阴阳运转来说明人体的阴阳之气的变化和调整。人道和天道有共通之处,人要效法天的四时流转,善于调整体内的阴阳之气。人的内心一旦产生波动,就会表现出愉快、愤怒、悲伤、怨恨或绝望等不同情绪,这些情绪和天气的变化一样,是自然的反应,不管是深藏于内心还是表达于外,都是天赋予人的性情。董仲舒说,天地的阴阳之气周流运转,从来没有滞留过,人体内的阴阳之气也要运行通畅,不能有所滞留,使各种情感像四季一样自然变化调整。如果喜、怒、好、恶等不同情绪不能及时调整,长时间地停留或郁结于一种状态,那么人的身体就会出现问题。所以,人要像天一样,善于涵养体内的阴阳之气,让外在的生命和内在的精神始终处于一种和谐运转、自然安适的状态。现今,董仲舒的"天人一气"理论对于人们在管理情绪、调整心态方面依然有借鉴意义。

8.天有五行:一曰木,二曰火,三曰土,四曰金,五曰水。木,五行之始也;水,五行之终也;土,五行之中也,此其天次之序①也。

【出处】《五行之义第四十二》

【注释】

①天次之序:上天排列的顺序。

【译文】天有五行:一是木,二是火,三是土,四是金,五是水。木,是五行的开始;水,是五行的终结;土,是五行的中央,这是上天排列的顺序。

【赏析】董仲舒以五行为天道的表现,五行的排列顺序即"天次之序"。"五行"的概念最早出现于《尚书·洪范》,其排列顺序是"水、火、木、金、土",既不是相生之序,也不是相胜之序。《国语·郑语》中也提到五行,"先王以土与金、木、水、火杂,以成百物",其五行顺序与《尚书·洪范》不同,是将"金—木""水—火"构成两环,它们之间是相胜的关系。《左传》文公七年中出现的五行顺序是"水、火、金、木、土",与《尚书·洪范》一样都是以水居首,但"木、金"的顺序颠倒为"金、木",顿时演变成了相胜之序。在《左传》昭公三十一年则明确出现"火胜金"之语,哀公九年出现"水胜火"之语。战国后期的邹衍以五行相胜关系解释王朝更替,所以他排列的五行顺序也是"水、火、金、木、土"。以五行相生顺序排列的,主要见于《管子》诸篇、《礼记·月令》、《吕氏春秋》"十二纪"诸篇,其顺序为"木、火、土、金、水"。董仲舒虽然既说五行相生也说五行相胜,但他排列五行的顺序是相生之序,而且认为这是"天次之序"。

《春秋繁露》九篇关于五行的文章中,除《五行五事》外,五行的排列次序皆为相生之序。《五行相胜》虽然篇名是"相胜",但仍以相生之序排列五行。由此可见,董仲舒更为重视"五行相生"。

9.天有五行:木、火、土、金、水是也。木生火,火生土,土生金,金生水,水生木。水为冬,金为秋,土为季夏①,火为夏,木为春。春主生,夏主长，季夏主养，秋主收，冬主藏。

【出处】《五行对第三十八》

【注释】

①季夏：夏季的最后一个月，夏、秋之交。

【译文】天有五行，就是木、火、土、金、水。由木生火，由火生土，由土生金，由金生水，由水生木。水德盛是冬天，金德盛是秋天，土德盛是夏秋之交，火德盛是夏天，木德盛是春天。春天掌管孳生，夏天掌管生长，夏秋之交掌管养育，秋天掌管收获，冬天掌管储藏。

【赏析】这是董仲舒以五行相生之说为河间献王解释《孝经》，因此清代学者惠栋认为《春秋繁露·五行对》这一篇应该叫《孝经对》更合适。"木、火、土、金、水"的五行排列顺序在董仲舒之前的文献中已有出现，是人们在以五行配入四时的过程中形成的。春天万木生长，与"木"相应；夏天天气炎热，与"火"相应；秋天万木凋零，萧瑟肃杀，与"金"相应；冬天天寒地冻，寒水自黑，与"水"相应。因此，五行配入四时之后所形成的次序就是"木、火、土、金、水"。但是，这种次序排列仅仅是人们观察大自然的经验所得，并不是因为发现了五行之间内在的相生关系。直到董仲舒，他才第一次从五行相生的角度对这种排列次序进行解读和诠释，创立了"五行相生说"。总之，董子之前有其顺序，董子之后才有其理论。

董仲舒提出五行相生，从木开始，循环相生。"木生火"，木料燃烧可以生成火；"火生土"，燃烧之后的东西变为土灰；"土生金"，土中挖出的矿石可以炼成金属；"金生水"，金属制作的承露盘，晴夜向月，可以得到水；"水生木"，水的滋养能使树木生长。这是"五行相生说"的基本含义。

五行既有相生关系，自然就有了父子关系。因此董仲舒以五行相生解释人伦之忠孝，提出"父之所生，其子长之；父之所长，其子养之；父之所养，其子成之"，从而把儒家的价值规范比附到五行思想之中，使得五行有了儒家的道德内涵、儒家有了五行的形上依据，完成了儒学历史上最伟大的一次革命。

10.五行者，五官①也，比②相生而间③相胜也。故为治，逆之则乱，顺之则治。

【出处】《五行相生第五十八》

【注释】

①五官：五种官职，即司农、司马、司营、司徒、司寇。

②比：邻近。

③间（jiàn）：间隔。

【译文】五行，指的是五种官职。它们之间邻近的两行相生，间隔的两行相胜。因此治理天下，违背这个法则就紊乱，顺从这个法则就安定。

【赏析】董仲舒以"比相生而间相胜"的理论构建起五行学说的基本框架。五行顺序为木、火、土、金、水。所谓"比相生"，是指邻近的两行相生，即木生火、火生土、土生金、金生水、水生木；所谓"间相胜"，是指间隔的两行相胜，即木胜土、土胜水、水胜火、火胜金、金胜木。按照五行次序运行就会"顺"或"治"，违背五行次序运行就会"逆"或"乱"。董仲舒将五行与政治紧密结合起来，把五方、五行、五官、五德整合进一个大系统中，排布如下：

　　　　东—木—司农—仁

　　　　南—火—司马—智

　　　　中—土—司营—信

　　　　西　金　司徒　义

　　　　北—水—司寇—礼

他还分别为"五官"在历史中找到了"形象代言人"，即司农为召公、司马为周公、司营为太公、司徒为伍子胥、司寇为孔子，认为他们在做事中极佳地展示了五官的行为标准。"五行相生模式"中的五官，尽职尽责，互相配合，使得政府良性运行，出现政治清明的治世。这是董仲舒对理想政治模式的建构。

在《春秋繁露·五行相胜》篇，董仲舒还设计了一套"五行相胜模式"的现实权力制约机制。木是司农，金是司徒，司农不轨，司徒诛之，这叫"金胜木"；火是司马，水是司寇，司马犯法，司寇诛之，这叫"水胜火"；土是司营，木是司农，君行失礼，民叛其君，这叫"木胜土"；金是司徒，火是司马，司徒破坏法纪，滥用权力，司马诛之，这叫"火胜金"；水是司寇，土是司营，司寇巧言令色，结党营私，司营诛之，这叫"土胜水"。在这里董仲舒提出的权力需要而且能够相互制约的思想，直到今天依然具有其现代意义。

11. 土者，五行最贵者也，其义不可以加[①]矣。

【出处】《五行对第三十八》

【注释】

①加：复加、添加。

【译文】土是五行中最尊贵的，它所包含的义不可复加了。

【赏析】"五行贵土"是董仲舒五行思想的一大特色。这是董仲舒在为河间献王解释为什么孝是"地之义"时提出的。董仲舒说，滋养万物生长的风雨本来是大地产生的，但是大地"不敢有其功名"，而把功劳和美名归于上天。在下位的人事奉在上位的人，如果能够像地事奉天一样，就可以说是"大忠"了。从五行来看，土不具体负责任何一个季节，但它帮助木、火、金、水成事，"木非土不生，火非土不荣，金非土不成，水非土不高"（《白虎通义·五行》）。土德中和四方、调和四时，实际作用非常重要，但却没有显赫浮华的威名，因此在五行中土德是最高尚的。现实生活中那些默默付出、不求名利的奉献者正是土德的最好诠释。董仲舒"五行贵土"的思想，与传统农业社会的生产实践密不可分，同时也是儒家"中和""中庸"思想的反映，更是大一统政治现实在思想领域中的折射。

12. 土居中央，为①之天润②。土者，天之股肱③也，其德茂美④，不可名⑤以一时之事，故五行而四时者，土兼之也。

【出处】《五行之义第四十二》
【注释】
①为：同"谓"。
②天润：地气上为云，使人润泽，所以称"地"为天润。
③股肱：辅佐。
④茂美：丰盛完美。
⑤名：主管。

【译文】土居于中央，叫作天润。土，是天的辅佐，它的德丰盛完美，并不具体主管任何一个季节的事务，所以有木、火、土、金、水五行，却只有春、夏、秋、冬四季，就是因为土兼管四季的缘故。

【赏析】以五行配四时，在理论上存在着一个数目不同如何配齐的问题。为此，不同的思想家给出了不同的方案。方案一：土兼四时。《管子·四时》提出木火金水各主春夏秋冬，"中央曰土，土德实辅四时入出"，土德没有独占一时，在四时中都起作用。董仲舒《春秋繁露·五行之义》中的这句话显然是受了这种观点的影响。方案二：土主七十二日。《管子·五行》中把一年分为五个七十二日，五行各主七十二日，不再套用四时观念。董仲舒《春秋繁露·治顺五行》中吸取了这一观点，也把一年分为五个七十二日，五行各管一段。从冬至开始的七十二天是"木用事"，以后分别由火、土、金、水各管一段，到第二年冬至又由木用事。方案三：土为季夏。《淮南子·时则训》中把土归为"季夏"，火主夏两个月，土主夏秋之交的"季夏"一个月，木金水各主春秋冬三个月。董仲舒《春秋繁露·五行对》中吸取了这一观点，也有"土为季夏"之说。由此可见，董仲舒对三家之说都有吸收，对土的安置问题一会儿这么说一会儿那么说，看似互相矛盾，实则指向明确，那就是不管如何安置土，其人伦价值指向是不变的。说"土兼四时"，是为了阐发臣忠于君之道德；说"土主七十二日"，是为了阐发不与父争功的孝行；说"土为季夏"，是为了阐明为君父尽职尽责之美德。董仲舒"醉翁之意不在酒"，在乎的不是"真"，而是"善"，他将五行政治化、伦理化，推动了五行思想在汉代的大发展。

13. 五行变至①，当救之以德，施之天下，则咎②除；不救以德，不出三年，天当雨石③。

【出处】《五行变救第六十三》

【注释】

①变至：变化发生。至，到来。

②咎（jiù）：灾祸。

③雨（yù）石：落下陨石。

【译文】五行的变异发生后，应当用德政来加以补救，施行德政于天下，那么灾祸就会消除；如果不用德政来加以补救，那么不超过三年，上天就会落下陨石。

【赏析】董仲舒认为五行发生变异，那是因为君主为政出了问题，要解决问题只能依靠君主施行德政。比如，如果"木"发生变异，那么草木就会在春天凋谢而在秋天茂盛，秋天的树木上凝结冰霜，春天会经常下雨。为什么会出现这种异常呢？是因为政府征发百姓服劳役的人太多，征收的赋税太重，"百姓贫穷叛去，道多饥人"。如何解救呢？那君主必须施仁政以挽救，"省徭役，薄敛赋，出仓谷，赈困穷"。至于"火有变"，则须"举贤良，赏有功，封有德"；"土有变"，则须"省宫室，去雕文，举孝悌，恤黎元"；"金有变"，则须"举廉洁，立正直，隐武行文，束甲械"；"水有变"，则须"忧囹圄（língyǔ），案奸宄（guǐ），诛有罪，蒐（sōu）五日"，即关心监狱里的犯人，稽查犯法作乱的人，诛杀犯罪的人，在国内举行五天的搜查行动。董仲舒的"变救"思想来源于《周易》。《周易》六十四卦中没有绝对的凶卦，人只要能够强勉、居正，总能够逢凶化吉。在五行变异面前，君主要主动反省，亡羊补牢，调整政策导向，顺应五行之气，积极改过救治。董仲舒的"五行变救"实际上体现的是儒家"为政以德"的德治观。

14. 王者貌曰恭，恭者，敬也；言曰从，从者，可从[①]；视曰明，明者，知贤不肖、分明黑白也；听曰聪，聪者，能闻事而审[②]其意也；思曰容[③]，容者，言无不容。

【出处】《五行五事第六十四》

【注释】

①可从：可以使别人遵从。

②审：明白，清楚。

③容：包容、宽容。

【译文】君王的仪态要做到恭，所谓恭，就是敬的意思；言论要做到从，所谓从，是可以使别人遵从的意思；眼光要做到明，所谓明，就是能够辨识别人的贤能和不贤能、分辨事情的是非善恶；听觉要做到聪，所谓聪，就是指听到事情后能明白它的意思；心胸要做到容，所谓容，是指对于别人的言论没有不能包容的。

【赏析】董仲舒以五行配人事，从"貌、言、视、听、思"五个方面对君王的修身提出要求。这五件事是"人之所受命于天"的，是君王所修养而用于治理百姓的。这"五事"来自《尚书·洪范》中的"敬用五事"之说："天乃锡禹洪范九畴，彝伦攸叙。初一曰五行，次二曰敬用五事……五事：一曰貌，二曰言，三曰视，四曰听，五曰思。貌曰恭，言曰从，视曰明，听曰聪，思曰睿。"儒家之学，即人需之学，提倡"学而时习之"，所习的道、德、礼、乐、诗、书等无非都是日用伦常，无不落实于人的身心容貌言谈举止之中。《论语·泰伯》篇中曾子说，"君子所贵乎道者三"：动容貌、正颜色、出辞气。这些外在的仪容仪表，体现的是内心中正平和的修养，正所谓"养于中则见（xiàn）于外"。《论语·季氏》中孔子说："君子有九思：视思明，听思聪，色思温，貌思恭，言思忠，事思敬，疑思问，忿思难，见得思义。"不管是"五事""贵乎道者三"，还是"九思"，都是强调君子的日常言行举止要有足够的道德自觉，注重自我修养，不断反省。而德行修养对于一国之君来说，更为重要。因为君王和一般人不同，他的貌、言、视、听、思，与上天的风、霹雳、电、雨、雷相感应，如果君王的修养不够，行为不当，便会引发灾异，给天下百姓带来灾祸。所以董仲舒从日常修养着手，恳切真挚地希望君王能加强个人修养，德位相配。这是董仲舒的政治哲学的重要内容。

中和养生

1.中者,天地之所终始也;而和者,天地之所生成也。夫德莫大于和,而道莫正于中。

【出处】《循天之道第七十七》

【译文】所谓中,是天地的终结和开始;所谓和,是天地的生长和成熟。德没有比和更大的,道没有比中更正的。

【赏析】"中和"是中国文化的核心价值观念,其概念最早出自《礼记·中庸》。《中庸》曰:"喜怒哀乐之未发,谓之中;发而皆中节,谓之和。中也者,天下之大本也;和也者,天下之达道也。致中和,天地位焉,万物育焉。"这是从人的性情入手谈"中和",性情在内未显露就是"中",表现于外并且符合礼义规范就是"和"。董仲舒则是将"中和"纳入他的天人体系之中,"循天之道"谈"中和"。他以阴阳之气来解释"中和":阳气的运行始于北方之中(冬至),止于南方之中(夏至);阴气的运行始于南方之中(夏至),止于北方之中(冬至),阴阳之气"起于中而止于中",所以说"中者,天地之所终始也"。接着,始于北方之中(冬至)的阳气,运行到东方之和(春分),万物生长;始于南方之中(夏至)的阴气，运行到西方之和（秋分），万物成熟。所以说"和者，天地之所生成也"。遵循"中"的规律，就会达到"和"的境界，因此董仲舒说："中者，天之用也；和者，天之功也。"至于"中和"与"道德"的关系，董仲舒提出了"德莫大于和，而道莫正于中"的观点。"道德"的价值目标是"中和"，"中和"的实现路径是"道德"。这种思维方式，将价值观与道德观结合起来，为我们今天认识和处理道德建设与和谐社会建设的关系，提供了宝贵的思想资源。

2. 中之所为，而必就于和，故曰和其要也。和者，天之正①也，阴阳之平②也，其气最良。物之所生也，诚择其和者，以为大得天地之泰③也。天地之道，虽有不和者，必归之于和，而所为有功；虽有不中者，必止之于中，而所为不失。

【出处】《循天之道第七十七》

【注释】

①正：正道、常理。

②平：均衡。

③泰：太极、中正。

【译文】中的作为，一定趋向于和，所以说和是最重要的。和是天地的正道，阴阳二气的平衡，和气是最好的气。万物的生长，真正能选择和的，以此得到天地最中正的道。天地之道，虽然有不和谐的方面，最后必然会归于和谐，这样它的作为才会有功效；虽然有不符合中的，最后必然会落实在中上，这样它的作为才不会有过失。

【赏析】"中和"是宇宙万物和人类社会最理想的状态。《周易》有一卦为《泰卦》，上坤下乾，天地感通，《彖（tuàn）传》谓之："天地交而万物通也。"董仲舒说，天地之间充满了阴阳之气，天和人发生的关联沟通，以及人类的活动都是通过气进行上下传递，天地万物相互感通，达到"和"的状态和境界。所以董仲舒说"举天地之道，而美于和"，所有的天地之道中，和气是最美好的。有"和"则有"不和"，"父子不亲""大臣不和""百姓不安"的状态就是"不和"，如何使"不和"归于"和"呢？董仲舒在《春秋繁露·为人者天》中指出："父子不亲，则致其爱慈；大臣不和，则敬顺其礼；百姓不安，则力其孝弟（悌）。"通过君王教化，达到"和"的状态。董仲舒既看到了外在物质世界是一个高度和谐的生命整体，又充分强调了人作为万物之灵的重要作用。"中和"才能生万物，中和阴阳之气，呈现天地"生生之德"，虽然有达不到中和的现象，但顺应天道，最终必然归于中和。这既是一种对待外部世界的价值观，也是一种社会理想，人类正是在不断地探索实践中，在自强不息、生生日新中归于和谐，达到"中和"。

3. 天人之道兼举①，此谓执其中。

【出处】《如天之为第八十》

【注释】

①举：施行。

【译文】天道人道同时施行，这就叫把握了中道。

【赏析】董仲舒倡导人道效法天道，但同时又指出"天人之道兼举"，主张"执其中"。这里的"执其中"即儒家崇尚的"中庸之道"。《礼记·中庸》中孔子说："舜好问而好察迩言，隐恶而扬善，执其两端，用其中于民。"舜"用其中于民"，真正掌握了"中庸之道"，以最适中的做法用于治理国家、安定百姓。朱熹解释"中庸"二字为："中者，不偏不倚，无过与不及之名。庸，平常也。"在这个纷繁复杂的世界上，人们几乎无时无刻不在面对各种各样的矛盾。不管任何事情，都不能用简单粗暴的方法对待，要像舜一样，"好问而好察迩言"，全面了解矛盾的各方面情况，然后"执其两端"，从中寻求最恰当的方法进行处理。董仲舒所说的"执其中"，也是告诉大家，人道对于天道的顺从和效法不是简单机械地模仿，而是要深入探究天地之道的本质所在，找到天道、人道最适当、最适度的相合方式，以此应用到人事上。董仲舒认为，君主在施行政令时最适当、适度的方法就是当赏则赏、当罚则罚。当然，由于人们自身处于矛盾的一端，受到利益和认识条件的限制，往往很难做到"执其中"。所以，除了具备丰富的知识、经验和智慧以外，还要有秉承中道的修养和公正平和的仁心仁德，才能做到"天人之道兼举"。董仲舒"中"的思想继承了儒家"中庸"的一贯主张，并进一步将其与阴阳、四方、四时的观念相配合，从而形成了自己与众不同的哲学思想。

4. 循①天之道以养其身，谓之道也。

【出处】《循天之道第七十七》

【注释】

①循：遵循。

【译文】遵循天道来保养身体，叫作有道。

【赏析】"循天之道"是养身之大道。董仲舒所讲的"养身"，并不仅是保养外在的身体，也包括保养内在的心性，是一种内外兼修的"生命保养"。董仲舒认为体察天道、遵循天道，可以用来保养身心。万物都是在天地、阴阳的中和之处发生、发展和成熟的，人也应该效仿天地的中和之道，做到内无贪心私欲、外随季节变化饮食起居。遵循天地之道保养生命，是中华优秀传统文化整体思维的一个重要特征。因为天地、阴阳以及人与万物同属一气，外在的世界（天地宇宙）是一个整体，自己的身体也是一个整体，而人和物又构成一个整体，所谓"天地万物一体也"。整体又包括许多部分，各部分不是独立的，它们之间相互联系、相互影响、相互感应，这也就是董仲舒反复论述的"天人感应"。董仲舒一生宦海浮沉，但仍能得享高寿，应该与其注重养生关系密切。在《春秋繁露》中，《循天之道》《人副天数》《身之养重于义》等篇中都论及养生，值得深入研究。

5. 能以中和理天下者，其德大盛，能以中和养其身者，其寿极命①。

【出处】《循天之道第七十七》

【注释】

①极命：极尽天命，指高寿。

【译文】能用中和治理天下的人，他的德行很完美；能用中和保养身体的人，他的寿命绵长。

【赏析】董仲舒认为"中和"既可"养其身"又可"理天下"，既是养生原则，又是治国原则。儒家的和谐思想大致包括三重含义：天人和谐、社会和谐、身心和谐。董仲舒的《春秋繁露》中"和"字共出现了75次，基本涵盖了这三方面的意思，但作为政治思想家的董仲舒，对"和"的关注始终锁定在治国理政方面。

在董仲舒看来，理想的社会应该等级有序、上下和洽。为了达到这种理想，圣明的君主就应该遵守以"中和治国"。所以他说："中者，天地之美达理也，圣人之所保守也。"（《春秋繁露·循天之道》）认为中和是天下最好的常理，也是圣人所遵循的。他还引用《诗经》里的"不刚不柔，布政优优"，来说明中和施政也是经书所提倡的。董仲舒认为，如果君主能够做到中和施政，则"其德大盛"，就会出现"元气和顺，风雨时，景星见，黄龙下"（《春秋繁露·王道》）等天人和谐之景象。中和思想在今天仍具有重要的现实价值。当今时代，人与人、人与社会、人与自然的冲突，以及不同文明之间的冲突，在一定程度上已成为社会发展的障碍。借鉴董仲舒"以中和理天下"的智慧，有助于化解这些冲突，对当今人类命运共同体的构建、现代文明的发展都是极其有帮助的。

6.故养生之大者，乃在爱气。气从神而成，神从意而出。心之所之谓意，意劳者神扰，神扰者气少，气少者难久矣。故君子闲①欲止恶以平意，平意以静神，静神以养气。气多而治，则养身之大者得矣。

【出处】《循天之道第七十七》

【注释】

①闲：防止。

【译文】养生最重要的是爱惜气。气从精神而生成，精神从意志中产生出来。心的趋向叫作意志，意志辛劳的人精神纷扰，精神纷扰则人气就缺少，气缺少的人难以久活。因此君子防止欲望和邪恶来平息意志，平息意志来安定精神，安定精神来保养精气。气多而且调治得好，那么保养身体的要点就得到了。

【赏析】董仲舒十分重视"爱气养生"，指出"凡养生者，莫精于气"（《春秋繁露·循天之道》）。他认为老百姓都知道爱惜衣服、饮食，却不知道爱惜天赋的真气，须知道天赋的真气可是比衣食更为重要的。缺乏衣服食物，生命仍可维持一段时间，而如果真气耗尽，则生命随即结束。那么如何爱护真气呢？董仲舒认为首先要从"养心"做起，消除内心的邪恶念头，使得内心平静下来，内心平静了精神也就安定了，自然能够培养浩然正气了。在这里，董仲舒将心、意、神、气四者相联，阐述了心乃气之主宰的道理，提出了"养气"先需"养心"的方法。这与中医的理论是不谋而合的。《素问·灵兰秘典论》云："心者，君主之官也，神明出焉……故主明则下安，以此养生则寿。"也是强调养心的重要性。平和的心态能使气血调和、脏腑和谐、正气旺盛，从而增强机体免疫力，促进身心健康。

7.和乐者，生之外泰①也；精神者，生之内充也。……行中正，声向荣②，气意和平，居处虞③乐，可谓养生矣。

【出处】《循天之道第七十七》

【注释】

①泰：安适。

②声向荣：声音洪亮。

③虞：通"娱"，快乐。

【译文】平和快乐，是生命外在的安乐舒适；精神，是生命内在的丰盈充实。……行为中正，声音洪亮，气意平和，生活安乐，这可以说是懂得养生之道了。

【赏析】君子养生一定是内外兼修的，让外在的生命和内在的精神始终处于一种安泰平和的状态，董仲舒称之为"外泰"和"内充"。这与中医养生历来重视"形神共养"相一致，也与现代"健康"的定义相吻合。世界卫生组织对"健康"的定义是："健康是身体上、精神上和社会适应上的完好状态，而不仅是没有疾病和虚弱现象。"可见，健康不仅是生物学上的状态，也是精神和社会关系上的良好状态。在董仲舒看来，"内充"比"外泰"更重要。百岁老人长寿的秘诀一定不是吃各种营养品，而是有一颗平和、乐观、豁达的心。养生需要保持健康的精神状态、稳定的情绪，避免因情绪过激而影响人体机能。因此，董仲舒说："忿恤忧恨者，生之伤也；和说（悦）欢喜者，生之养也。"（《春秋繁露·循天之道》）愤怒、担忧、忧愁、怨恨，都对生命有害；和乐欢喜则会滋养生命。健康的心态对于养生而言是极为重要的。心境淡泊宁静，身心自然中正平和。现代社会竞争激烈，人们常常感到"压力山大"，负面情绪堆积无处宣泄，长此以往对健康危害极大，因此我们要予以重视并积极寻找适合自己的养心之道。

8.仁人之所以多寿者，外无贪而内清净，心和平而不失中正，取天地之美①以养其身，是其且多且治②。

【出处】《循天之道第七十七》

【注释】

①天地之美：指天地精华。

②且多且治：指气充沛而且有条理。治，有条理。

【译文】有仁德的人之所以大多长寿，其原因是不贪求外物而内心清净，心境平和而保持中正，选择天地间美好的事物来保养自己的身体，因此他的内气充沛且有条理。

【赏析】儒家历来是将养德与养生联系在一起的，孔子所说"仁者寿"，《礼记·大学》所说"德润身"，对后世影响颇深。"仁者寿"之"寿"不只是生命在时间长短上的延续，也是精神生命质量和状态的美好，即生命合于天道，以和谐安乐的方式存续或结束。仁者修养身心，精神的愉悦和道德的满足感都有助于身心的安泰。董仲舒继承了儒家的这一养生特色，认为"仁人之所以多寿"，是因为顺乎天道，内心专一，清静无贪，平和中正，道德高尚，无非分之想。董仲舒在《春秋繁露·身之养重于义》中也说过："利以养其体，义以养其心。心不得义不能乐，体不得利不能安。义者心之养也，利者体之养也。体莫贵于心，故养莫重于义，义之养生人大于利。"指出以义养心的重要性。养生必养德的观念不但为儒家所遵循，也为医家所认可和提倡。唐代医家孙思邈在其《千金要方·养性序》中说"德行不充，纵服玉液金丹，未能延寿"，便是对儒家道德养生思想的最好诠释。

9.得天地泰①者，其寿引②而长；不得天地泰者，其寿伤而短。短长之质，人之所由受于天也。

【出处】《循天之道第七十七》

【注释】

①得天地泰：得天地中和之道。

②引：拉、伸。这里指延长。

【译文】得到天地中和之道的人，他的寿命得到延伸而长久；得不到天地中和之道的人，他的寿命受到损伤而短促。寿命短长的体质，是人从上天接受来的。

【赏析】在这里董仲舒论述人的先天体质和后天养生对于生命长短的影响。他认为人的天赋体质是生命长短的根基，而是否注重养生，使天赋体质得到最充分地生长和发展，也是影响生命长短的关键因素。所以人的寿命是在天赋体质和养生之道相互影响、相互作用下的结果。董仲舒特别指出，有些人行为放荡却寿命长久，这是天命增加的；有些人行为端正却寿命短促，这是天命减少的，不能因为看到这些情况就怀疑养生之道的作用。因此，如果天赋予人的寿命长久可是人伤害它，长久的寿命也会缩短；天赋予人的寿命短促可是人保养它，短促的寿命也会延长。人的寿命长短虽由天定，亦在人为。那么，最好的养生之道是什么呢？董仲舒认为是"得天地泰"。所谓"得天地泰"，具体来说，就是要在男女房事、居家住宅、冷暖寒暑、饥饿温饱、辛劳安逸、理欲善恶、喜怒性情、举止动静等各个方面都达到中和的状态。内安外养，上下感通，保养中正平和之气，随天时和节气转换，有规律有节制地安排日常生活起居，这样才能保证身体康健，延长寿命。现代社会很多不健康的生活方式，比如熬夜、久坐、超长时间使用电子产品、饮食不健康不规律，严重损害了大批中青年人的身体健康，出现了重大疾病年轻化的趋势。董仲舒的循天养生之道对于今天的人们来说，仍然有很多有益的启示。

10.凡择味之人体，各因其时之所美，而违天不远矣。

【出处】《循天之道第七十七》

【译文】大凡选择食物滋味的要点是，选择那些符合时令生长得好的东西，这就与上天的意思相隔不远了。

【赏析】董仲舒主张吃时令蔬菜有益于养生。他说，冬季生长荠菜，荠菜是甜的，说明冬季适合吃甜味食品；夏季生长荼（tú）菜，荼菜是苦的，说明夏季适合吃苦味食品。中医也认为，夏季心火当令，人们容易心火过旺，出现口舌生疮等症状，苦味可入心经而降泄心火，苦味蔬菜对人有诸多益处。总之，董仲舒认为老天生产出什么就吃什么，吃时令菜蔬就是顺应天意。《汉书·召信臣传》记载了汉元帝竟宁年间，在太官园种植冬生葱韭蔬菜，要在暖房里种，日夜烧火保持温度，召信臣认为这些不是按季节生长的，吃了有害健康，不适宜用来供给皇宫使用，于是奏请不再种植。这样节省下每年数千万的费用。唐代贞观十九年（645年），也有人于地下生火种菜，太宗征高丽班师时，奉上非时令鲜菜，也因耗费过大而被革职。可见，提倡食用时令菜蔬，在古代不仅仅是基于养生的考虑，更是基于治国为政的考虑。治国治身本是相通，均需循天之道。《春秋繁露》是董仲舒留给我们后人的一座取之不尽的宝藏，真的是读之可治国，读之可修身，读之可养生！

不遇之叹

1.俗以辨诈①而期通②兮,贞士③耿介④而自束⑤。虽日三省于吾身⑥兮,繇⑦怀进退之惟谷⑧。

【出处】《士不遇赋》

【注释】

①辨诈:能言善辩,伪善奸诈。辨,通"辩"。

②期通:期望通达。

③贞士:品行忠贞高洁的人。

④耿介:正直。

⑤自束:自我约束。

⑥日三省于吾身:每天都多次自我反省。语出《论语·学而》:"吾日三省吾身。"

⑦繇(yóu):通"犹",依然。

⑧进退之惟谷:进退两难。惟,通"维"。

【译文】俗世之人都希望通过能言善辩、伪善奸诈去获得亨通,只有品行高洁、守志不移的人才能自我约束。即使每日多次自我反省,依然犹如进退两难般小心翼翼，不敢贸然行事。

【赏析】《士不遇赋》是董仲舒的一篇文学作品。汉代表现士人不遇的赋作大量出现，如贾谊的《吊屈原赋》、司马迁的《悲士不遇赋》、东方朔的《答客难》和扬雄的《解嘲》等，反映了士人在大一统的专制制度下政治理想的受挫和自我期待的落空。董仲舒的《士不遇赋》描述了汉代知识分子真实的生存状态和矛盾痛苦，是儒者之宗发出的盛世悲声。作为儒家学者，董仲舒主张积极入世，为时所用，探求安身立命之所。他回答武帝策问，留下了著名的《天人三策》，但对策之后并未受到重用，而是被派到江都为相，辅佐骄纵好勇的易王，后又因言灾异被主父偃打了小报告而下狱当死，虽被赦免但心有余悸，不敢再言灾异。又被政敌公孙弘算计，排挤出中央政府，迁为胶西相，辅佐暴戾的胶西王。经历了宦海浮沉几十载，最终辞官回家，修学著书。为什么有"王佐之才""为群儒首"的董仲舒仕途会"不遇"？关键在于社会现实环境与个体价值追求之间存在着严重的矛盾冲突。就董仲舒生活的那个时代而言，势利小人凭借巧舌如簧和狡诈心机直上青云，人们不以为耻反以为荣，正人君子追求正直自律却越来越被边缘化。这就造成士越是反躬自省，就越与社会现实相背离。于是，政治上的不得意便化作了文学上的悲叹，在赋中得以宣泄。

2. 孰①若反身于素业②兮，莫随世而轮转③。虽矫情④而获百利兮，复不如正心而归一善。

【出处】《士不遇赋》

【注释】

①孰：哪里。

②素业：儒学本业。

③轮转：随俗而转。

④矫情：掩饰真情。

【译文】不如回到那儒学的事业上，不要再随着社会形势的起伏而回转。虽然改变了本性就能获得百利，仍不如端正心意集中到某一有益的事业上来。

【赏析】能够随世而轮转需要处事"圆通"，而中国古代士人历来是圆不足而方有余，"直立而不挠，素白而不污"，在现实社会中往往表现得愚钝、拙朴，因此屡屡受挫，不为社会所容。那么，出路在何处呢？董仲舒既没有选择随波逐流，也没有选择消极遁世，而是把人生的价值最终定位在道德的至善。为了实现这个目标，坚决舍弃许多利益诱惑，在浇漓的世风中独善其身。"不如正心而归一善"，其意暗合了儒家所倡导的"穷则独善其身，达则兼善天下"（《孟子·尽心上》）之宗旨，毕竟追求道德上的完善也是儒家提倡的一种理想人生境界。董仲舒的赋中有生不逢时的痛苦、生命短暂的忧惧、功名不就的急迫、与时不合的苦闷，更有"君子固穷""知其不可为而为之"的历史使命感，体现了一代儒学大家的道德风范。鲁迅先生在《汉文学史纲要》中对此赋有精辟的评价："终则谓不若返身素业，归于一善，托声楚调，结以中庸，虽为粹然儒者之言，而牢愁狷狭之意尽矣。"

参考文献

（一）著作类

司马迁：《史记》，北京：中华书局，1959年。

班固：《汉书》，北京：中华书局，1999年。

杨伯峻：《孟子译注》，北京：中华书局，1960年。

杨伯峻：《论语译注》第2版，北京：中华书局，2017年。

钱穆：《论语新解》，北京：九州出版社，2011年。

王先谦：《荀子集解》，沈啸寰、王星贤点校，北京：中华书局，2015年。

朱熹：《四书章句集注》，北京：中华书局，1983年。

许慎：《说文解字注》，段玉裁注，上海：上海古籍出版社，1988年。

孙希旦：《礼记集解》，北京：中华书局，1989年。

杨伯峻：《春秋左传注》修订版，北京：中华书局，1990年。

刘尚慈：《春秋公羊传译注》，北京：中华书局，2010年。

王肃：《孔子家语》，北京：中华书局，2016年。

苏舆：《春秋繁露义证》，钟哲点校，北京：中华书局，1992年。

袁长江：《董仲舒集》，北京：学苑出版社，2003年。

钟肇鹏：《春秋繁露校释（校补本）》，石家庄：河北人民出版社，2005年。

曾振宇注说：《春秋繁露》，开封：河南大学出版社，2009年。

赖炎元：《春秋繁露今注今译》，台北：台湾商务印书馆股份有限公司，2010年。

张世亮、钟肇鹏、周桂钿译注：《春秋繁露》，北京：中华书局，2012年。

华友根：《董仲舒思想研究》，上海：上海社会科学院出版社，1992年。

王永祥：《董仲舒评传》，南京：南京大学出版社，1995年。

黄朴民：《天人合一：董仲舒与汉代儒学思潮》，长沙：岳麓书社，1999年。

曾振宇、范学辉：《天人衡中：〈春秋繁露〉与中国文化》，开封：河南大学出版社，1998年。

赖美琴：《韩非与董仲舒政治哲学研究》，广州：广东人民出版社，2000年。

张鸣岐：《董仲舒教育思想研究》，北京：人民教育出版社，2000年。

余治平：《唯天为大：建基于信念本体的董仲舒哲学研究》，北京：商务印书馆，2003年。

金春峰：《汉代思想史》第3版，北京：中国社会科学出版社，2006年。

许雪涛：《公羊学解经方法：从〈公羊传〉到董仲舒春秋学》，广州：广东人民出版社，2006年。

张实龙：《董仲舒学说内在理路探析》，杭州：浙江大学出版社，2007年。

刘国民：《董仲舒的经学诠释及天的哲学》，北京：中国社会科学出版社，2007年。

周桂钿：《董学探微》第2版，北京：北京师范大学出版社，2008年。

［日］邓红：《董仲舒思想研究》，台北：文津出版社有限公司，2008年。

［美］桂思卓（Sarah A. Queen）：《从编年史到经典：董仲舒的春秋诠释学》，朱腾译，北京：中国政法大学出版社，2010年。

马勇：《董仲舒评传》，北京：中国社会科学出版社，2010年。

彭华：《阴阳五行研究（先秦篇）》，长春：吉林人民出版社，2011年。

周桂钿：《董仲舒研究》，北京：人民出版社，2012年。

汪高鑫：《董仲舒与两汉史学思想研究》，北京：商务印书馆，2012年。

张祥龙：《据秦兴汉和应对佛教的儒家哲学：从董仲舒到陆象山》，桂林：广西师范大学出版社，2012年。

栗玉仕：《儒术与王道：董仲舒伦理政治思想研究》，北京：中国社会科学出版社，2012年。

余治平：《董子春秋义法辞考论》，上海：上海书店出版社，2013年。

崔涛：《董仲舒的儒家政治哲学》，北京：光明日报出版社，2013年。

吴龙灿：《天命、政治与伦理：董仲舒政治哲学研究》，北京：人民出版社，2013年。

聂春华：《董仲舒与汉代美学》，桂林：广西师范大学出版社，2013年。

张立文：《天人之辨：儒学与生态文明》，北京：人民出版社，2013年。

方朝晖：《"三纲"与秩序重建》，北京：中央编译出版社，2014年。

徐广东：《三纲五常的形成与确立——从董仲舒到〈白虎通〉》，哈尔滨：黑龙江大学出版社，2014年。

周桂钿：《秦汉思想史（上）》，福州：福建教育出版社，2015年。

楼宇烈：《中国文化的根本精神》，北京：中华书局，2016年。

林聪舜：《儒学与汉帝国意识形态》，北京：北京世纪文景文化传播有限责任公司，2017年。

鲁惟一：《董仲舒："儒家"遗产与〈春秋繁露〉》，戚轩铭、王珏、陈颢哲译，香港：中华书局，2017年。

曾亦、黄铭：《董仲舒与汉代公羊学》，上海：上海人民出版社，2017年。

（二）论文类

田建荣：《中国考试思想史研究》，厦门大学博士论文，2001年。

木蒂达：《先秦儒家"义利之辩"思想探析》，四川大学硕士论文，2003年。

刘成纪：《汉代美学中的身体问题》，武汉大学博士论文，2005年。

郭海燕：《汉代平民教育研究》，山东大学博士论文，2011年。

李健胜：《〈论语〉与现代中国》，陕西师范大学博士论文，2012年。

黄铭：《董仲舒春秋学研究》，复旦大学博士论文，2013年。

范正娥：《两汉太学研究》，华中师范大学硕士论文，2004年。

尹晓彬：《论董仲舒皇权制衡思想及其伦理形态特征》，西南师范大学硕士论文，2005年。

花琦：《董仲舒治道思想研究》，重庆师范大学硕士论文，2007年。

马睿：《董仲舒〈春秋繁露〉研究》，山东师范大学硕士论文，2008年。

张举英：《董仲舒〈天人三策〉研究》，山东大学硕士论文，2008年。

刘强：《两汉时期"春秋决狱"研究》，兰州大学硕士论文，2010年。

周贝利：《董仲舒的经权伦理思想探微》，山东师范大学硕士论文，2011年。

丰瑞：《论先秦儒墨两家的政治人才观》，中国政法大学硕士论文，2011年。

王瑞卿：《〈春秋繁露〉与〈法言〉的比较研究》，山东师范大学硕士论文，2012年。

乔晶：《〈春秋繁露〉养生哲学研究》，曲阜师范大学硕士论文，2012年。

葛广洗：《董仲舒的天道观探析》，山东师范大学硕士论文，2012年。

安文强：《董仲舒正名思想研究》，湖北大学硕士论文，2014年。

路高学：《董仲舒王权合法性理论研究》，河南大学硕士论文，2015年。

杨昭：《"奉天法古以续王道"——董仲舒天人关系思想体系的构建》，西北大学硕士论文，2016年。

姜辛：《董仲舒吏治思想研究》，沈阳师范大学硕士论文，2016年。

秦奕：《董仲舒〈天人三策〉中所见政治思想研究》，河北师范大学硕士论文，2017年。

贾福闯：《董仲舒〈贤良对策〉研究》，湘潭大学硕士论文，2018年。

田红：《汉代官吏考课制度研究》，兰州大学硕士论文，2018年。

郝祥莉：《董仲舒"天人关系"视域下的"名号"思想研究》，吉林大学硕士论文，2018年。

刘恺：《先秦儒家人生境界思想研究》，河北师范大学硕士论文，2019年。

崔艳娟：《法天命而循人事》，山东大学硕士论文，2019年。

李宗桂：《论董仲舒的天人思想及其文化史意义》，《天津社会科学》1990年第5期。

李宗桂：《董仲舒道德论的文化剖析》，《孔子研究》1991年第3期。

李宗桂：《董仲舒人性论析要》，《齐鲁学刊》1992年第5期。

张如珍：《汉代儒学奠基人——董仲舒的教育思想》，《西北师大学报（社会科学版）》1993年第4期。

赵伯雄：《从〈春秋繁露〉看董氏〈春秋〉学》，《南开学报》1995年第1期。

王永祥：《董仲舒的天论再探》，《河北学刊》1995年第4期。

林少雄：《中国服饰文化的深层意蕴》，《复旦学报（社会科学版）》1997年第3期。

徐克谦：《论作为思维方式的"无为"》，《晋阳学刊》1998年第1期。

范学辉：《〈春秋繁露〉与儒学君道观的形成》，《齐鲁学刊》1998年第2期。

李振纲：《董仲舒思想五题》，《河北学刊》1999年第1期。

张峰屹：《董仲舒"〈诗〉无达诂"与"中和之美"说探本》，《南开学报》2000年第1期。

曾振宇：《法天而行：董仲舒天论新识》，《孔子研究》2000 年第 5 期。

周桂钿：《义利之辨》，《福州大学学报（哲学社会科学版）》2001 年第 1 期。

周桂钿：《董仲舒天人感应论的真理性》，《河北学刊》2001 年第 3 期。

田海舰：《董仲舒教化思想探析》，《河北大学成人教育学院学报》2001 年第 4 期。

黄开国：《董仲舒〈公羊〉学方法论》，《哲学研究》2001 年第 11 期。

曹树明：《董仲舒的仁义观》，《河北科技大学学报（社会科学版）》2002 年第 4 期。

余治平：《董仲舒的祥瑞灾异之说与谶纬流变》，《吉首大学学报（社会科学版）》2003 年第 2 期。

李耀南：《尊君与屈君——董仲舒之天的二重功能》，《孔子研究》2004 年第 4 期。

辛达海：《论儒家恕道精神的当代价值》，《社会科学辑刊》2005 年第 1 期。

刘国民：《"间距化"——论董仲舒对〈春秋〉、〈公羊传〉的解释》，《孔子研究》2005 年第 5 期。

余治平：《董仲舒仁义之学的特殊性》，《北京青年政治学院学报》2006 年第 1 期。

刘国民：《过度诠释——论董仲舒解释〈春秋〉、〈公羊传〉之目的》，《首都师范大学学报（社会科学版）》2006 年第 4 期。

高春菊：《独以寒暑不能成岁，独以威势不能成政——董仲舒社会教化思想研究》，《衡水学院学报》2007 年第 3 期。

顾久：《先秦诸子语言使用的层次问题》，《贵州文史丛刊》2007 年第 4 期。

曹迎春、董丽君：《论董仲舒的教师观》，《衡水学院学报》2007 年第 5 期。

成云雷：《先秦儒学中的圣人之德与圣人之位——以秩序建构为中心》，《哲学研究》2007 年第 12 期。

陈斯怀：《儒、道、法三家的"无为"政治思想》，《燕赵学术》2008 年第 1 期。

林先建：《董仲舒华夷之辨思想探析》，《衡水学院学报》2009 年第 2 期。

余治平：《董仲舒对阴阳五行之学的整合》，《衡水学院学报》2009 年第 6 期。

王钧林：《董仲舒对儒家仁学的创新与发展》，《济南大学学报（社会科学版）》2009 年第 6 期。

刘国民：《董仲舒对〈春秋〉"灾异"的诠释》，《衡水学院学报》2010 年第 6 期。

李幸长：《董仲舒〈春秋繁露·王道篇〉诠释》，《齐鲁文化研究》2011 年第 1 期。

黄开国：《董仲舒"贵元重始说"新解》，《哲学研究》2012 年第 2 期。

吴晓番：《正名思想的历史衍化与哲学意蕴》，《思想与文化》2012年第2期。

李奎良、曹迎春：《正义 正我 正民——董仲舒廉政思想解读》，《衡水学院学报》2012年第3期。

张树业：《"三代改制质文"的政治哲学意蕴——董仲舒文质论的理论渊源与历史效应》，《衡水学院学报》2013年第3期。

黄开国、苟奉山：《董仲舒的人性学说并非是"中民之性"》，《衡水学院学报》2013年第6期。

周兵：《〈天人三策〉思想及价值新探》，《衡水学院学报》2014年第2期。

黄晓军：《董仲舒天人架构王道政治哲学新解》，《人文杂志》2014年第3期。

秦进才：《董仲舒"正其谊不谋其利，明其道不计其功"管窥》，《衡水学院学报》2014年第3期。

陈来：《汉代儒学对"仁"的理解及其贡献》，《船山学刊》2014年第3期。

曹迎春：《董仲舒生态思想研究》，《衡水学院学报》2014年第3期。

韩星：《王道通三——董仲舒的王道观与政治理想》，《江汉论坛》2014年第10期。

肖红旗：《董仲舒的"阳德阴刑"思想》，《衡水学院学报》2015年第2期。

蒋重跃：《辩证发展观在古代中国的觉醒——道儒两家以"反"为主题的理论探索》，《南京大学学报（哲学·人文科学·社会科学）》2015年第5期。

王琦、朱汉民：《"政者正也"析论》，《湖南大学学报（社会科学版）》2015年第5期。

余治平：《董仲舒与武帝选官制度改革》，《中共宁波市委党校学报》2016年第1期。

季桂起：《论〈楚庄王第一〉在〈春秋繁露〉中的地位及作用》，《山东师范大学学报（人文社会科学版）》2016年第2期。

刘媛媛：《慎思：先秦儒家的道德认识论研究》，《社会科学研究》2016年第2期。

梁晓东：《论董仲舒〈士不遇赋〉中的士人处世之道》，《甘肃高师学报》2016年第4期。

孙慧明：《董仲舒"明师"观及其启示》，《教育探索》2016年第8期。

李英华：《董仲舒对西汉初年时代问题的思想探索》，《当代中国价值观研究》

2016 年第 5 期。

白延辉：《董仲舒对黄老道家价值理念的吸收融合》，《当代中国价值观研究》2016 年第 5 期。

黄允仁：《〈春秋繁露·玉杯〉之"善善恶恶"辨义——兼论董仲舒人性论的融贯性》，《衡水学院学报》2016 年第 6 期。

吴锋：《董仲舒"天人理论"对汉代政治合法性的构建》，《衡水学院学报》2016 年第 6 期。

李宗桂：《从"调均"看中国文化的优秀传统》，《哲学研究》2016 年第 8 期。

韩星：《霸王之道，皆本于仁——经学视野下董仲舒的仁政王道思想》，《中国儒学》2016 年第 11 辑。

曹婉丰：《先秦秦汉儒家革命思想变迁》，《中国哲学史》2017 年第 2 期。

彭华：《儒家忧患意识述论》，《江苏科技大学学报（社会科学版）》2017 年第 2 期。

涂可国：《儒道互补中的荀子诚信伦理——荀子道德哲学研究之四》，《邯郸学院学报》2017 年第 3 期。

任蜜林：《从本体论到工夫论：董仲舒的气论思想》，《中国社会科学院研究生院学报》2017 年第 4 期。

肖群忠、霍艳云：《董仲舒"德莫大于和"思想探析》，《伦理学研究》 2017 年第 4 期。

王刚：《"〈春秋〉无达辞"的知识生成与董仲舒的〈春秋〉"辞论"》，《衡水学院学报》2017 年第 5 期。

何大海：《试论董仲舒"无为"思想的四个维度》，《孔子研究》2018 年第 1 期。

邓红：《〈春秋繁露〉五行说辨》，《管子学刊》2018 年第 1 期。

王博：《天人之学的自然哲学根基——"十天端"架构中的董仲舒阴阳五行学说》，《衡水学院学报》2018 年第 2 期。

季桂起：《从〈玉杯〉看儒家政治伦理思想与〈春秋〉记史原则》，《德州学院学报》2018 年第 3 期。

崔锁江：《董仲舒天子思想及其与皇帝制度的关系》，《当代中国价值观研究》2018 年第 3 期。

刘国民：《董仲舒之"三统"说——兼论"天不变，道亦不变"》，《衡水学院学报》

2018年第4期。

孟祥才：《古代学人评董仲舒述论》，《孔子研究》2018年第4期。

张绪山：《"汤武革命论"与中国传统政治伦理》，《史学月刊》2018年第4期。

余治平：《天人感应的发生机理与运行过程——以〈春秋繁露〉、〈天人三策〉为文本依据》，《衡水学院学报》2018年第5期。

陈福滨：《董仲舒人性论探究》，《衡水学院学报》2018年第6期。

郑朝晖：《论董仲舒的"馀义"言说》，《中山大学学报（社会科学版）》2019年第2期。

李宗桂：《董仲舒思想历史作用之我见》，《衡水学院学报》2019年第2期。

朱雷：《"孔子为王"与今文学的王者批判》，《哲学动态》2019年第6期。

李宗桂：《董仲舒儒学的精神方向》，《衡水学院学报》2019年第5期。

朱康有：《董仲舒对〈春秋〉的意识形态转换》，《衡水学院学报》2019年第5期。

李英华：《董仲舒"更化则可善治"探析——西汉立国七十年的历史反思与理论探索》，《衡水学院学报》2019年第6期。

李宗桂：《从"更化"看中国文化的革新精神——以"调均"思想为例》，《儒学评论》2019年第13辑。

代春敏、白立强：《生态文明视阈下的董仲舒天人哲学及其现代价值》，《衡水学院学报》2020年第2期。

附　录

附录一：董仲舒生平事迹

一个人的思想，与其生活经历密不可分，只有了解其生平，才能深知其思想。正如孟子所说："颂其诗，读其书，不知其人可乎？"（《孟子·万章下》）关于董仲舒的生平事迹，主要记载于《史记·儒林列传》和《汉书·董仲舒传》。依据这些史料，我们可以大致定位董仲舒在历史上的时空坐标，并勾勒出其治经、对策、为官、著述的一生。

一、时空坐标

对于历史人物生活时空的界定，有助于深入理解其时代背景、思想渊源。

首先，我们来看董仲舒生活的时间坐标，即生卒年的问题。《史记·儒林列传》和《汉书·董仲舒传》中都没有明确说明董仲舒的生卒年。因此，只能通过各种资料进行推算，大致确定其范围。目前学界流行有三种观点：北京师范大学周桂钿教授认为，董仲舒生于公元前198年，卒于公元前107—前104年，大约活了93岁；河北省社会科学院王永祥研究员认为，董仲舒生于公元前192—前191年，卒于公元前107—前104年，大约活了84～87岁；清代学者苏舆认为，董仲舒生于公元前179年，卒于公元前104年，大约活了75岁。

为什么三种说法之间会有这么大差距呢？关键是史料记载的模糊、简略，以及学者们对史料的理解不同造成的。比如，《汉书·食货志》曰："仲舒死后，功费愈甚，天下虚耗，人复相食。武帝末年，悔征伐之事，乃封丞相为富民侯。"根据这条史料可以肯定，董仲舒死于武帝时代，这是没有歧义的。然而，《汉书·匈奴传》称："仲舒亲见四世之事。"关于这句的理解便出现了分歧。

根据西汉世系，从武帝往上推，是景帝、文帝、惠帝、汉高祖。苏舆所说的公元前179年是文帝时期，显然只有"三世"，与"四世"的记载不符。"四世"，要推到惠帝时期。那么，董仲舒是不是惠帝时期出生的呢？这就要看"亲见"二字如何理解了。王永祥理解"亲见四世"，就是经历了四世，认为董仲舒是惠帝时期出生的。而周桂钿认为刚出生的婴儿还不能见世事，起码要在10岁才能见世事。他的这一说法，不是仅凭生活经验的猜测，而是有史料为证的。证据如下：董仲舒在《春秋繁露》第一篇《楚庄王》中把《春秋》记载的鲁国历史242年分成了三个历史时期：有见、有闻、有传闻。鲁国的国君世系12代，依次是：隐、桓、庄、闵、僖、文、宣、成、襄、昭、定、哀。其中，隐、桓、庄、闵、僖这5代是孔子"所传闻"的，也就是听传说，这是经过两代以上的口耳相传的情况；文、宣、成、襄这4代，是孔子"所闻"的，听亲身经历者介绍的情况；昭、定、哀这3代，是孔子"所见"的，也就是亲身经历的情况。孔子"所见"这三代加起来是61年。我们都知道孔子活了73岁，所以，不是活了多少年就见多少年世事，能见世事起码要到十多岁。

对此，王永祥提出质疑，认为"按照周桂钿同志的所谓'见'世必须是满十岁，最多只能用来解释董仲舒对《春秋》十二世的分析，其是否适用于班固的《汉书》所说董仲舒'亲见四世之事'，还需证明"。也就是说，就算是董仲舒认为人要到十多岁才能"见世事"，班固未必这么认为，毕竟"仲舒亲见四世之事"是班固说的，用董仲舒的观点证明不了班固的观点。因此，我们在此补充一条《汉书》中的证据予以证明。《汉书·五行志中之上》载："哀公年少，不亲见昭公之事。"这里的"哀公"指的是鲁哀公，他出生在公元前521年，"昭公"是鲁昭公，卒于公元前510年，哀公于昭公在世的时候已经出生了，但是因为"年少"，不能"亲见"昭公之事。这就证明，班固与董仲舒观点相同，也是认为人要到十多岁才能"见世事"。因此，根据"亲见四世"的记载，对董仲舒的生年进行推测，周桂钿的论证最为充分、可靠，得出的结论也最令人信服。董仲舒应该出生在汉高祖年间（前206—前195年）

关于董仲舒的出生年，除了对"亲见四世"考证，还可从"致仕悬车"倒推。《汉书·叙传》："抑抑仲舒，再相诸侯，身修国治，致仕悬车。"那董仲舒是什么时候、在什么职位上退休的呢？从这句记载，可知他是在"再相诸侯"之后退休的。《后汉书·应勋传》更清楚地说明:"故胶西相董仲舒老病致仕。"也就是在胶西相职位上退休的。那么董仲舒什么时候做的胶西相呢?这个倒霉差事是他的政敌,当时位至公卿的公孙弘推荐的,而董仲舒退休以后廷尉张汤还到家里来咨询政事,因此根据公孙弘任公卿的时间和张汤任廷尉的时间可以大致估算出董仲舒退休的时间,即公元前126—前121年之间。

那么,汉代人是多大年龄致仕退休呢?虽然在《白虎通义》中明确写的是七十岁,但是根据《汉书》记载,"七十致仕"并没有被认真遵循。很多官员在七十多岁才入仕,有些则是年过七十仍然继续任职。七十岁没有致仕,最后卒于任上的官员也有不少。"七十致仕"只是一种道德化、理想化的标准,并未成为汉朝必须执行的规定。不过,从已经致仕的官员来看,他们的致仕年龄多在70～80岁。因此我们也推定董仲舒的致仕年龄在70～80岁。

根据"亲见四世"和"致仕悬车"两条史料的考证,可知,周桂钿关于董仲舒出生在公元前200年至公元前196年的推测是合理的。他折中取公元前198年的说法,也是可以接受的。关于董仲舒的卒年,学者们的推测基本一致,即公元前107年到公元前104年之间。这样我们就在历史时空坐标中大致确定了董仲舒生活的时间坐标:生于公元前198年,卒于公元前107—前104年。

其次,我们再来看董仲舒生活的空间坐标,也就是出生地的问题。据《史记》记载,董仲舒为汉广川人。历史上"广川"辖区屡有变更,因此董子故里问题也多有分歧。一些曾名"广川"或曾属"广川"之地,皆尊董子为乡里先贤。光绪《畿辅通志》云:"德州、枣强、景州三处,郡名皆曰广川,祠祀董子。"但山东德州有广川之名,乃晋武帝时事,枣强、景县方为汉广川之地,且枣强旧县村、景县大董故庄均曾有后人为纪念董子留下的文物古迹。此外,据明周士选《重修董子祠堂记》载,今故城董学村乃董子"下帷讲诵"之处。此三地近在咫尺,实为董子出生、求学、讲诵之早期活动地。景县、枣强、故城今均属河北省衡水市,因此衡水作为董子故里是毫无疑义的。

二、治学为师

《汉书·董仲舒传》:"董仲舒,广川人也。少治《春秋》,孝景时为博士。下帷讲诵,弟子传以久次相授业,或莫见其面。盖三年不窥园,其精如此。进退容止,非礼不行,学士皆师尊之。"这段话讲述了董仲舒治《春秋》、做博士、教弟子的主要经历,以及勤勉治学、守礼行道的道德品行。

　　董仲舒年轻时研读儒家经典，最为精通《春秋》。《史记·儒林列传》称："言《春秋》于齐鲁自胡母生，于赵自董仲舒。"西汉经学重视师承，董仲舒在对策时也称自己是"述所闻，诵所学，道师之言"，但是他的老师是谁，《史记》《汉书》却未曾记载。《公羊传序》徐彦疏引戴宏序曰："子夏传与公羊高，高传与其子平，平传于其子地，地传于其子敢，敢传于其子寿，至汉景帝时，寿乃（与）其弟子齐人胡母子都著于竹帛，与董仲舒皆见于图谶是也。"在这里戴宏梳理出了公羊学的传承世系：子夏—公羊高—公羊平—公羊地—公羊敢—公羊寿—胡母生和董仲舒。但是他并未说明董仲舒和胡母生的关系。《汉书·儒林传》则把二人的关系作了明确说明："胡母生字子都，齐人也，治《公羊春秋》，为景帝博士。与董仲舒同业，仲舒著书称其德。""同业"即同学，因此可知，二人既是同学又是同事，同为景帝时博士。

　　"博士"之称由来已久，早在战国之时便已出现。《史记·循吏列传》："公仪休者，鲁博士也。以高弟为鲁相。"《汉书·贾山传》："山祖父袪，故魏王时博士弟子也。"可见，战国时鲁、魏等国已有博士，不过这时的博士乃是对博学之士的尊称，而非官职。到了秦朝，博士成为官职。《汉书·百官公卿表上》中说："博士，秦官，掌通古今，秩比六百石，员多数十人。"博士的职责是"掌通古今"，参加各种朝廷大议，做君主的咨询顾问。到了汉代，儒生在博士中的比重有所增加，汉文帝时始置"一经博士"，也就是通一经者即可设博士。文、景之时，张生、晁错为《书》博士，辕固生、申公、韩婴为《诗》博士，胡母生、董仲舒为《春秋》博士。不过当时《易》与《礼》两经都还没有博士，直到汉武帝时才正式设立"五经博士"。汉代博士在年龄上有严格的限制。《后汉书·杨仁传》注引《汉官仪》曰："博士限年五十以上。"正因为博士都是年高德劭之人，所以史书中对于20岁左右就被召为博士的贾谊才会格外强调其年少天才。汉高祖年间出生的董仲舒，在景帝年间（前157—前141年）被征召为博士时，也已经五六十岁了。

　　已过"知天命"之年的《春秋》博士董仲舒，"下帷讲诵"，治学授徒，采用弟子传弟子的方式，培养出一大批优秀的学生，著名的史学家司马迁就曾求学于董仲舒。董仲舒的这种教育方法有利于培养学生独立思考的能力，对后世的影响很大，被东汉大儒马融等人所效仿。"下帷""董帷""仲舒帷"等词更是从此成为读书生涯的代名词，在中国古典文学作品中广为运用。唐诗中就有"才雄子云笔，学广仲舒帷"（张说）、"草色凝陈榻，书声出董帷"（牟融）、"谁知不鸣者，独下董生帷"（朱湾)、"下帷如不倦,当解惜余光"(骆宾王)、"奋迹登弘阁,摧心对董帷"(李商隐)等诗句。

董仲舒精心钻研学问,三年不窥园圃,给后人留下了"目不窥园"的成语典故。宋朝刘蔮(fú)诗云:"把书不释手,非志冕与轩。昔有董仲舒,三载不窥园。""下帷讲诵"和"目不窥园"突出的都是董仲舒的勤学专心。正是这样勤勉于学问,董仲舒真正做到了"学博为师",而他又能够知行合一,进退、仪容、举止,尽守礼仪,真正做到了"德高为范",因此当时的学士们都尊他为老师。

三、贤良对策

董仲舒人生中最为重要的一件大事,便是在汉武帝举行的策问中通过三次对策脱颖而出。《汉书·董仲舒传》载:"武帝即位,举贤良文学之士,前后百数,而仲舒以贤良对策焉。"汉武帝即位后,下令荐举贤良、文学先后一百多位。"贤良"和"文学"是两项不同的选官科目,董仲舒作为贤良回答皇帝的策问,这就是著名的"贤良对策"。因为连续回答三次,阐述他的天人感应理论,所以又称"天人三策"。需要指出的是,汉武帝的策问和董仲舒的对策,不是在朝廷上面对面地对话,而是"咸以书对,著之于篇",以书面的形式进行的。汉武帝为了让人家知无不言,无后顾之忧,他保证说"朕将亲览焉"。董仲舒的"天人三策"全文收录在《汉书·董仲舒传》中。他的《春秋繁露》这本书的思想,便是"天人三策"思想的展开与细化。

关于董仲舒对策的时间,是学界争论的一大焦点。目前流行的观点有两种:一是建元元年(前140年),一是元光元年(前134年)。这主要是由史书记载的差异造成的。《史记·儒林列传》载:"今上即位,为江都相。"《汉书·董仲舒传》也说:"武帝即位,举贤良文学之士前后百数,而仲舒以贤良对策焉。"似乎是说董仲舒在汉武帝即位之年,也就是建元元年就参加了对策,然后被任命为江都相。可是《汉书·武帝纪》中明确记载是元光元年:"五月,诏贤良……于是董仲舒、公孙弘等出焉。"《春秋繁露·止雨》篇中有:"二十一年八月甲申,朔。丙午,江都相仲舒告内史中尉。"这里的"二十一年"是江都易王二十一年。江都易王是景帝前元二年(前155年)立为汝南王的,第二年因为在吴楚之乱中立下战功,徙封江都。根据《史记·汉兴以来诸侯王年表》记载,景帝前元四年(前153年)为江都易王元年,那么江都易王二十一年应该是公元前133年,也就是汉武帝元光二年。董仲舒在元光元年参加对策后,被任命为江都相,第二

247

年在江都相任上组织了这次止雨仪式，这样就顺理成章了。因此董仲舒上"天人三策"应该是在元光元年。

根据史书记载，汉武帝时期的贤良诏举举行了三次，分别是建元元年、元光元年、元光五年。在建元元年的贤良选举中，汉武帝根据丞相卫绾的建议，同意罢黜"治申、商、韩非、苏秦、张仪之言"者，这是武帝试图选举儒生，扭转黄老无为政治航向的一次尝试，但是这次尝试由于窦太后的干涉而以失败告终。第二年御史大夫赵绾、郎中令王臧下狱自杀，丞相窦婴、太尉田蚡被罢免。试想，如果董仲舒的"天人三策"是在此时所上，那他肯定不能得其善终，由此也可证明，董仲舒的对策时间不可能是在建元元年。建元六年窦太后去世，武安侯田蚡任丞相，第二年即元光元年，武帝再次举贤良，在这次贤良对策中，武帝一问再问，董仲舒一答再答，阐述了"大一统"的理论，以及儒学教化、求贤辅政、礼制建设、历史借鉴、兴办太学、整饬吏治等具体措施，通过天人关系的论述为武帝的内外事功提供理论依据。由此汉武帝完成了治国指导思想的转变，这一指导思想的转变对汉代的历史产生了深远的影响。

四、宦海浮沉

三次对策的突出表现并没有给董仲舒带来仕途的一帆风顺，相反，此后他却经历了两相骄王的胆战心惊，以及因言说灾异被算计下狱的宦海浮沉。

《汉书·董仲舒传》："对策毕，天子以仲舒为江都相，事易王。易王，帝兄，素骄，好勇。仲舒以礼义匡正，王敬重焉。"对策结束后，董仲舒被任命为江都易王刘非的国相。刘非乃景帝的程姬所生，吴楚七国之乱的时候，刚刚十五岁，是个有才能气概的少年，他上书请求攻打吴国，景帝便赐给他将军印，去攻打吴国。吴国攻破后，就把他徙封到江都，治理以前的吴国，还因战功赏赐给他天子旗。对于这位立有战功、喜好气力、热衷于招揽四方豪杰的年轻人，董仲舒尽职尽责予以辅佐教导。作为汉王朝派到江都国的相，董仲舒的首要任务自然是政治监控，此外还负有统领王国百官、统摄王国政务以及匡正诸侯王的职责。易王刘非曾经向董仲舒询问：春秋时期的越王勾践以及辅佐其成就霸业的范蠡、文种是否可称得上越国的三个仁人？并且将自己比作春秋霸主齐桓公，将董仲舒比作贤相管仲。董仲舒语言委婉而态度坚决地表明了自己的看法：依靠诈谋攻伐而称霸的，绝不是"仁人"，真正的"仁人"是"正其谊不谋其利，明其道不计其功"的。易王刘非对这位道德学问都值得敬佩的仁厚长者十分尊重。《汉书》

中还记载了董仲舒在江都国求雨、止雨之事，虽然荒诞怪异，但为国为民之心显露无遗。董仲舒在江都相的位置上大约做了六年的时间，后被贬为中大夫。

至于被贬的原因，因为史书未载，难以确知。但根据蛛丝马迹推测，应该是与易王刘非有关。元光年间，匈奴大举入侵，好勇喜战的刘非马上请战，上书表示愿意攻打匈奴，武帝没有同意。或许是为了此事，董仲舒受到了牵连。因为作为诸侯国相，如监辅不善，王为不法，是一样要连坐获罪的。《汉书·王尊传》中就记载："东平王以至亲骄奢不奉法度，傅相连坐。"东平王不奉法度，于是他的太傅和国相都连坐受罚。

被贬为中大夫的董仲舒，从江都国回到都城长安，没想到却遭到同僚主父偃的致命一击。此时主父偃正受到武帝赏识，仕途高歌猛进，一年四次升迁，由郎中而谒者，由谒者而中郎，由中郎而中大夫。或许就在二人同为中大夫之时，发生了这场祸事。事情还要从董仲舒对策前一年，也就是建元六年（前135年）的辽东高庙、长陵高园殿灾说起。董仲舒最擅长的便是以灾异说天意，劝谏君主。他在家由当年的火灾之事展开推说，但是写成的只是草稿，还没有呈递给皇上，就被来家中的主父偃看到了。主父偃很是嫉恨董仲舒的才华，于是把草稿偷走献给了武帝。武帝召集众位儒生，让大家传看评判。董仲舒的弟子吕步舒不知道这是自己老师所写，认为文中的观点太过荒谬愚蠢。武帝于是把董仲舒下狱，判处死罪。后来或许是看重董仲舒的才学又下诏赦免了他，但是董仲舒因为这一变故再也不敢言灾异逆龙鳞了。九死一生的董仲舒继续留任中大夫之职，这期间武帝还诏使吾丘寿王跟从其学习《春秋》。

那位用卑劣手段谋害董仲舒的主父偃，很快便被另一位手段更为卑劣的公孙弘害死了。元朔二年（前127年）主父偃被派到齐国做国相。齐王刘次景行为不端，被主父偃抓住了把柄，齐王于是畏罪自杀了。这让武帝十分生气，想起此前赵王曾告发主父偃收受诸侯贿赂之事，于是认为齐王自杀定是主父偃威胁逼迫所致，便将主父偃下狱治罪。主父偃承认了收受贿赂之事，但是坚决否认威胁过齐王。武帝本来也没有想处死主父偃，可是此时公孙弘担任御史大夫，他劝说武帝诛杀主父偃，以便给天下人一个交代。于是主父偃被灭族了。

司马迁曾经这样评价公孙弘："为人意忌，外宽内深。诸尝与弘有隙者，虽详与善，阴报其祸。"可知这是一个猜疑妒忌、外表宽容而内心狠毒之人，凡是和他有过节的，他表面上假装和他们相处很好，暗地里却捅刀子来报复。而一向廉直的董仲舒便在不知不觉中得罪了公孙弘。公孙弘虽然也和董仲舒一样治《春秋》、学儒术，但他和董仲舒不一样的是，他以儒术为"缘饰"，而董仲舒以儒术为"生命"。公孙弘更善于以儒术去"合上意""求上悦""顺上旨"，从而位至公卿。董仲舒对于这样的人自然是看不上，认为公孙弘阿谀奉承，公孙弘因此怀恨在心，推荐董仲舒去做胶西相，企图借刀杀人。

因为在《诣丞相公孙弘记室书》中有"江都相董仲舒叩头死罪"之语，可知这是在元朔五年（前124年）公孙弘为相之后。此时的公孙弘已经贵为丞相，此时的董仲舒也已复相江都。董仲舒是从江都相位置上被调去胶西为相的。

胶西王刘端与江都王刘非是一母同胞，都是景帝的程姬所生。他是一个狡诈、残忍、强横又诡计多端、擅长掩盖罪行的家伙。如果中央派到胶西国的相遵奉汉法治理，刘端就搜罗其罪状上告，实在没有罪状的就用阴谋害死。如果派来的相跟从他的节奏，那么就会被汉王朝绳之以法，所以胶西小国，被杀掉的二千石的相非常多。董仲舒被公孙弘推荐到这里来为相，左右都是死路，不被胶西王杀掉，就被汉王朝杀掉。所以尽管胶西王对他还算不错，董仲舒也不敢久留，以年老病弱为由请求致仕退休了。

五、修学著书

退休之后的董仲舒，又一次回到长安，在家中以修学著书为事。《汉书·董仲舒传》载："仲舒所著，皆明经术之意，及上疏条教，凡百二十三篇。而说《春秋》事得失，《闻举》《玉杯》《蕃露》《清明》《竹林》之属，复数十篇，十余万言，皆传于后世。"董仲舒的著述，我们今天所能看到的，除了《春秋繁露》十七卷八十二篇（阙三篇）外，还有《汉书》本传中收录的《天人三策》、《食货志》中所载的《限民名田说》《说武帝使关中民种麦》、《五行志》所载《庙殿火灾对》、《匈奴传》所载《论御匈奴》，《太平御览》和《玉函山房辑佚书》等处所录《春秋决狱》，以及《四库全书》中的《古文苑》收录的《士不遇赋》《雨雹对》《郊事对》《诣丞相公孙弘记室书》等。这些都是董仲舒留给后世的宝贵精神财富，是我们今天研究董仲舒思想的基本材料。

除了修学著书，退休后的董仲舒还给汉王朝做顾问。朝廷如果有大的问题，就派使者和廷尉张汤到家里来咨询，董仲舒总是能给出清晰明确的应对解决办法。就这样，董仲舒度过了一生中最为平静的最后十几年时光。

正如董仲舒在《士不遇赋》所说："孰若返身于素业兮，莫随世而轮转。虽矫情而获百利兮，复不如正心而归一善。"不如回到做学问的事业上，不要再随着社会形势的起伏而轮转。即便是改变了本性就能获得百利，仍不如端正心意集中到某一有益的事业上来。且不管这是他屡屡碰壁后的无奈，还是郁郁失意时的顿悟，但正是因为其"正心而归一善"，才没有将有限的生命浪费到无谓的事情上去，也才真正地成就了自己，铸就了属于自己的"永恒"。

时间之流转瞬即逝，荣华富贵过眼云烟。不管是主父偃还是公孙弘，当时的风光岂是怀才不遇的董仲舒所能企及？可是真的是"当时则荣，没则已焉"，生命结束，一切清零，当年叱咤风云、呼风唤雨的人物早已被历史的尘埃湮没，而董仲舒的思想却影响了后世两千年，在我们每一个中国人身上留下了"文化基因"。

附录二：《春秋繁露》篇章目录

《春秋繁露》共十七卷，八十二篇，自宋朝以降即阙文三篇，实存七十九篇。为方便记忆，特编写此歌谣，并将篇目列于文后。

《春秋繁露》篇目次序歌

繁露首篇楚庄王，改制易道说端详。
玉杯讲述春秋事，不重结果重心志。
从变从移辞无通，守义知权竹林中。
明经变，知轻重，玉英最是讲辩证。
动机邪恶严惩罚，任用贤能尽精华。
强奋弱，众暴寡，不行王道灭国家。
随本消息说得好，天命定了跑不了。
盟会要，谈祸患，君王言行须正贯。
春秋十指不能忘，重政重礼服制像。
论灾异，明二端，孔子素王符瑞篇。
俞序最得春秋本，董子最懂圣人心。
离合根，立元神，君主为阳臣为阴。
赏罚得当保位权，法家影子在里边。

考功名，重奖惩，鼓励官员尽忠诚。
通国身，做类比，治国治身一个理。
三代改制有质文，官制象天又应人。
尧舜汤武不专杀，正义革命顶呱呱。
有服制，有度制，爵国篇里讲官制。
正我正人仁义法，必仁且智不犯傻。
身之养，重于义，勇对胶西莫生气。
正其道，修其理，不急其功不谋利。
天与地，万物本，观德强调先亲亲。
奉本即是奉天地，唯天为大是至尊。
深察名号来正名，说完名号说人性。
性有善，还未善，实性教你米为饭。
大一统，君南面，诸侯替我把民管。
河间献王问董生，五行对里释孝经。

天生地载圣人教，为人者天很重要。
五行之义土居中，孝于忠臣仿土行。
阳尊阴卑天道义，大德小刑王道立。
天地人，连其中，王道通三观天容。
天辨在人四十六，阴阳四篇紧随后。
位终始，义出入，统统属于阴阳目。
天道无二是真理，三心二意不可取。
暖燠常多阳胜阴，人间正道是仁心。
王道三纲上求天，万物基义有合兼。
庆赏刑罚四政行，四时之副与人同。
头像天，脚像地，人副天数真奇异。
水流湿，火就燥，同类相动好奇妙。
五行七篇紧相继，相生相胜相顺逆。
治顺治乱依五行，变救只能靠德政。
貌言视听思五事，针对王权来限制。

郊语郊义和郊祭，四祭郊祀本为一，
五篇全讲祭祀礼，真诚敬畏发心底。
尊卑等级由天定，君臣父子皆顺命。
张汤上门问郊礼，郊事对中答仔细。
执贽篇里说初见，用畅用玉用羔雁。
仁者智者山川颂，颂山颂水颂德性。
求雨止雨很神秘，为民之心莫抛弃。
割麦割稻献宗庙，祭义讲究心意到。
循天之道讲养生，天地之行论为政，
春者温，秋者平，天道威德所自生。
顺四时，不在名，如天之为执其中。
天地阴阳有十端，人者最贵在其间。
天道施，地道化，人道依礼治天下。
繁露总共十七卷，八十二篇阙文三，
融汇诸子精提炼，为书自成一家言。

《春秋繁露》篇章目录

《春秋繁露》共十七卷，八十二篇，自宋朝以降即阙文三篇，实存七十九篇。

卷一

楚庄王第一、玉杯第二

卷二

竹林第三

卷三

玉英第四、精华第五

卷四

王道第六

卷五

灭国上第七、灭国下第八、随本消息第九、盟会要第十、正贯第十一、十指第十二、重政第十三

卷六

服制像第十四、二端第十五、符瑞第十六、俞序第十七、离合根第十八、立元神第十九、保位权第二十

卷七

考功名第二十一、通国身第二十二、三代改制质文第二十三、官制象天第二十四、尧舜不擅移汤武不专杀第二十五、服制第二十六

卷八

度制第二十七、爵国第二十八、仁义法第二十九、必仁且智第三十

卷九

身之养重于义第三十一、对胶西王越大夫不得为仁第三十二、观德第三十三、奉本第三十四

卷十

深察名号第三十五、实性第三十六、诸侯第三十七、五行对第三十八、阙文第三十九、阙文第四十

卷十一

为人者天第四十一、五行之义第四十二、阳尊阴卑第四十三、王道通三第四十四、天容第四十五、天辨在人第四十六、阴阳位第四十七

卷十二

阴阳终始第四十八、阴阳义第四十九、阴阳出入上下第五十、天道无二第五十一、暖燠常多第五十二、基义第五十三、阙文第五十四

卷十三

四时之副第五十五、人副天数第五十六、同类相动第五十七、五行相生第五十八、五行相胜第五十九、五行顺逆第六十、治顺五行第六十一

卷十四

治乱五行第六十二、五行变救第六十三、五行五事第六十四、郊语第六十五

卷十五

郊义第六十六、郊祭第六十七、四祭第六十八、郊祀第六十九、顺命第七十、郊事对第七十一

卷十六

执贽第七十二、山川颂第七十三、求雨第七十四、止雨第七十五、祭义第七十六

卷十七

循天之道第七十七、天地之行第七十八、威德所生第七十九、如天之为第八十、天地阴阳第八十一、天道施第八十二

附录三：古今学人评述董仲舒

汉　朝

　　下帷讲诵，弟子传以久次相受业，或莫见其面，盖三年董仲舒不观于舍园，其精如此。进退容止非礼不行，学士皆师尊之。——司马迁《史记·儒林列传》

　　董仲舒有王佐之才，虽伊吕亡以加；管晏之属，霸者之佐，殆不及也。　班固《汉书·董仲舒传》"赞"引刘向之语

　　仲舒遭汉承秦灭学之后，六经离析，下帷发奋，潜心大业，令后学者有所统一，为群儒者首。——班固《汉书·董仲舒传》"赞"引刘歆之语

　　汉兴，承秦灭学之后，景、武之世，董仲舒治《公羊春秋》，始推阴阳，为儒者宗。——班固《汉书·五行志上》

　　文王之文在孔子，孔子之文在仲舒。——王充《论衡·效力》

　　董仲舒请雨之法，设土龙以感气。夫土龙非实，不能致雨，仲舒用之致精诚，不顾物之伪真也。——王充《论衡·死伪》

　　董仲舒专精于述古，年至六十余，不窥园井菜。——桓谭《新论·本造》

唐　朝

　　邹阳狱中，以书自活；贾生斥逐，复召宣室；倪宽摈死，后全御大夫；董仲舒、

刘向下狱当诛，为汉儒宗。此皆瑰伟博辩奇壮之士，能自解脱。——柳宗元《柳宗元集》卷三十

灾变儒生不合闻，谩将刀笔指乾坤。偶然留得阴阳术，闭却南门又北门。——罗隐《董仲舒》

宋　朝

董生儒者，其论深及《春秋》之旨。然惑于改正朔，而云"王者""大一元者"，牵于其师之说，不能高其论以明圣人之道，惜哉惜哉！——欧阳修《书春秋繁露后（景祐四年）》

吾爱董仲舒，穷经守幽独。所居虽有园，三年不游目。邪说远去耳，圣言饱充腹。发策登汉廷，百家始消伏。——司马光《独乐园咏》

仲舒先觉，承秦绝学，进退规矩，金玉其璞，发明《春秋》，大义以修，旁及五经，博哉优优。世莫能庸，黜相诸侯，仁义所渐，易刚以柔，茫茫大道，在昔圣考，盖有不闻，奚究奚讨，主父掎之，仲舒诡之，嗟若先生，有以启之。惩违告休，不预世忧，著作孔多，后世是遒。嗟尔君子，克遵厥遒。——吕祖谦《宋文鉴》卷七十五选刘敞《西汉三名儒赞》

汉儒如毛苌、董仲舒，最得圣人之意。——程颢、程颐《二程遗书》卷一

董仲舒曰："正其义，不谋其利。明其道，不计其功。"此董子所以度越诸子。——程颢、程颐《二程遗书》卷二十五

董仲舒对策，推明孔氏，帝遂罢黜百家，表章六经……号令文章焕然可述，后嗣得遵洪业，而有三代之风。"范祖禹《帝学》卷二

董仲舒不惟道学深醇，亦精于论议，所谓下高其行而从其教，民化其廉而不贪鄙者，真厉世之法也。——江端礼《节孝语录》提要

汉儒最纯者莫如董仲舒，仲舒之文最纯者莫如三策。——朱熹《朱子语类》卷八十七

仲舒欲以渊源正大之理，而易其（汉武帝）胶胶扰扰之心，如枘凿之不相入。——陈亮《陈亮集》

董仲舒名儒也，多得《春秋》要义，所对切中当世之病，如罢黜百家，表章六经，其功不在孟子下。——真德秀《西山读书记》卷三十

自孟子没后，学圣人之学者惟仲舒。其天资粹美，用意纯笃，汉唐诸儒鲜其比者。使幸而及门于孔氏，亲承圣训，庶几四科之流亚矣。——黄震《黄氏日抄》卷四十七

西汉诸儒君最醇，无人见面意应深。三年尽力窥经史，一旦看花了古今。——郑思肖《董仲舒不窥园图》

元　朝

贾谊、董仲舒皆负卓越之才，观其奏篇，反覆治乱之原、天人之对，而先儒以毛苌、董仲舒最得圣贤之意。——苏天爵《滋溪文稿卷》第二十四

汉中大夫董仲舒，邃于春秋，其学醇正。有原武帝时对策三篇，切中时弊，致武帝表章六经，罢黜百家，先儒以为其功不在孟子下。——曹元用《董子祠堂记》

贤哉董大夫，三策贯汉廷。论说天人际，高吐三代英。仁义我所重，功利我所轻。纷纷弘汤问，独能尊圣经。所惜王者佐，竟老胶西卿。——王恽《董子祠》

董仲舒出，而孝武方隆儒，乃请罢黜百家，表章六经，尊孔氏，明仁义，圣人之道复立，存人心于欲亡。故明圣人之道者，莫如董仲舒。——郝经《去鲁记》

明　朝

董子所谓渐民以仁、摩民以谊、节民以礼是三言者，是诚自古帝王修教立化之本也。所谓治天下之大务，生民习之以为风俗，子孙循之以为治道，虽百世可也，岂但行之五六百岁而不败哉？——丘濬《大学衍义补》卷六十七

孔孟之后，言王道者无如董子，而董子之本于正心。心者，中和之极也，其所以平治天下，感召和气，王道之大成也。——夏良胜《中庸衍义》卷四

扬雄为莽大夫，贻讥万世。董仲舒《天人三策》及正谊明道之言，足以持翼世教。今孔庙从祀有雄无仲舒，非是。——《明史·杨砥传》载杨砥之言

汉兴，庶几乎道者，得一董仲舒。论政则明教化而重礼乐，论学则崇道谊而诎功利。——邵廉《序刻南丰先生文集》

临广川之故墟兮，曰夫子首丘。望原隰以怀思兮，怅欲去而夷犹嗟。王风之不竞兮，人各务其私智。道术裂而尼散兮，世以久而莫治。——胡翰《吊董生文》

惟董子之道见于大廷三策，圣人之学，帝王为治之法备矣。——李东阳《重修董子书院记》

董子所谓道之大原出于天，人性之本原也。不计功，不谋利，仁人之本心也尽之。

——孙绪《董子故里志》序

汉儒收拾补缀，至建元之间，文词粲如也。若贾谊、董仲舒、司马迁、相如、扬雄之徒继武而出，雄文大笔驰骋古今，沛然如决江汉，浩无津涯，后虽有作者，未有能涉其波流也。——杨时《龟山集》卷二十五《送吴子正序》

惟夫子之所为在天人之三策，论治人则本于明道，语修己则原于正心，德刑取喻乎阴阳，风俗推原于教化，尊仁贵义黜利贱功，使得谟谋廊庙，则汉业庶几乎三代，岂止杂霸而已哉？守正不阿，权臣忌嫉，将置死地，连相外藩，卒使骄王革心动遵礼法，此又人之所难能也。——史鉴《西村集》卷八《祭董仲舒文》

汉儒陵墓汉城东，汉代君臣敬礼同。自古有谁传下马，于今何幸企高风。原从邹鲁昭仁义，直辟嬴秦计利功。几度幽寻钦胜迹，祠堂松柏郁葱葱。——王云凤《下马陵》

清　朝

二汉文人所著绝少。史于传末每云，所著凡若干篇。惟董仲舒至百三十篇。而其余不过五六十篇，或十数篇，或三四篇。——顾炎武《日知录》卷十九

汉日江都相，荒祠旧水滨。玉杯存俎豆，青简重天人。夕鸟窥园下，秋花裛露新。凄凉不遇赋，千载一沾巾。——朱彝尊《董子祠》

卓哉江都相，晁贾非可并。三策本《春秋》，反覆诚修省。正谊与明道，功利所亟屏。至今两庑祀，千秋日星炳。——彭桂《扬州醕署为董江都故居，署后有祠，遗井尚在，丁巳秋瞻谒感赋》

董公祠庙已荒凉，凭吊西京意倍伤。漫以园林劳主父，只将经术奉骄王。时逢明主身空老，志在春秋道正长。我自爱传繁露学，玉杯曾问广川乡。——王士禛《董子祠》

求其畅天人之旨，晰义利之辨，使人心晦而复明，孔孟之道绝而复续，厥功必推董相。——魏廷珍《重修董子祠碑记》

西风残照广川城，董相祠边感慨生。官秋稍增秦博士，文章独辟汉西京。醇儒岂以科名重，浊世无如经术轻。却笑武皇亲制策，牧羊牧豕尽公卿。——查慎行《景州董子祠》

不得董子发明，孔子之道，殆坠于地矣。……明于《春秋》者，莫如董子。——康有为《春秋董氏学》

孟子之后，董子之学最醇。——皮锡瑞《经学通论》

东西两汉一醇儒，述作真能舆道俱。三策大廷存国史，十年贤相卧江都。平津阿世官应达，贾傅忧时骨早枯。试问传经诸博士，计功能似广川无。——李开叶《董江都》

终贾才华出汉廷，觥觥中垒善谈经。儒宗竞说江都相，门揭犹书下马陵。——连横《访董仲舒墓》

现当代学人评价董仲舒

儒家典籍中提到的三代学制，还只是儒家的理想，而这一理想的初步实现，实始于董仲舒的对策。——徐复观（新儒家学派代表人物）

仁是爱人，这是孔子所说；义是正我，这是董氏的创见，与《易传》《荀子》关于义的解说正相反。董子所谓"仁之为言人也，义之为言我也"从文字学来说是错误的，但他所谓"以仁安人、以义正我"，却有精湛的含义。——张岱年（哲学家、哲学史家）

董仲舒的思想，体现了自然主义哲学的政治化和道德化，其对儒家建立政制、形成对政治权威的深刻控制，产生了莫大的影响。即便到了宋明，这种业已形成的制度也依然保持了其控制力，宋明理学中更为理性化的人道思想，亦不能与之脱开干系。——成中英（美国夏威夷大学哲学系教授）

上承孔子，下启朱熹，始推阴阳，为群儒首；前对汉武，后相江都，初倡一统，罢百家书。

董仲舒哲学是西汉时代精神的精华，为这种制度服务，是先进文化的代表。董子理论的出发点和归宿都是现实社会，是求善的政治哲学。董仲舒提出独尊儒术，承上启下，奠定了中华民族魂。董仲舒是儒家大圣人！——周桂钿（北京师范大学教授）

董仲舒是汉代的第一大儒，封建社会理论大厦的设计师和建筑师，封建社会初期的有建树的思想家，同时，他还是汉代的第一大教育家。——王永祥（河北省社会科学院研究员）

天人三策，辉煌政论照千古；春秋繁露，治国安民得人心。

正其谊，不谋其利，一身正气撼天地；明其道，不计其功，潜心著述育后人。——金春峰（人民出版社编审，著名汉代思想史专家）

继往开来辟新局，一代儒宗启后人。

在中国政治史、中国思想史、中国文化史乃至中国哲学史上，董仲舒都有非常重要的地位和作用：他构建了封建社会新型的思想文化价值体系；构建了礼法结合的治国方略；完成了思想统一；构建形成了政治家和思想家合作的传统。——李宗桂（中山大学教授）

厚德轻刑，省徭薄赋，上承孔孟下启百代，行儒家仁政德教治国正方略；举纲定常，变政更化，远追周公近绍荀卿，兼诸子改革维新理政大智慧。伟哉董子！——吴光（浙江省社会科学院研究员）

春秋大义明汉世，孔孟之道耀中华。——杨朝明（中国孔子研究院院长、教授）

在中国儒学史上，有三大巨擘：孔子、董仲舒和朱熹。如果说，孔子是中国文化的总设计师，那么，董仲舒就是中国文化的总建造师，而朱熹则是中国文化的总装潢师。——余治平（上海交通大学教授，中华孔子学会董仲舒研究委员会会长）

董仲舒所提出的"罢黜百家，独尊儒术"，对儒学的发展，显然起到了承前启后、继往开来的重大作用。所以说，他是儒学史上的一座里程碑，一座丰碑，他开启了儒学发展史上的一个新阶段，他是第二阶段或者第二期的儒学即汉儒的最早、最大的代表人物。——钱耕森（安徽大学哲学系资深教授）

正本清源，天下之事，都在于正其道不谋其利；励精图治，古今之鉴，何异乎修其理不急其功！

董仲舒学说的时代精神，首先集中体现为他汲汲于对儒学理论的重振与创新，使之从文化儒学转型为政治儒学，基本完成了儒学与汉代政治生活之间的有机结合，为儒学在思想界独尊地位的确立，成为国家政治生活中的统治思想奠定了基础。——黄朴民（中国人民大学国学院教授）

在春秋公羊学的发展史上，《公羊传》为春秋公羊学的发展提供了文本的依据，而董仲舒则奠定了发明微言的基石。由董仲舒对微言的发明，才奠定了春秋公羊学理论的基本特色。

今文经学诠释经典有一通行法则，就是董仲舒提出的《春秋》无通辞。此法不仅是董仲舒建立春秋公羊学的根本大法，而且成为后来六经注我的经学家在建构其理论体系都离不开的重要方法。这是董仲舒对春秋公羊学也是对整个经学的最重大贡献。——黄开国（四川师范大学教授）

尊天道明伦常千古传诵不愧儒宗 原人心察案情万民仰赖堪称救命。——蒋重跃（北京师范大学教授）

张三世，兴三统，公羊大师继孔孟；诵五经，倡五常，盛世鸿儒启程朱！

董仲舒"抑黜百家"，不是简单地否定百家，而是充分地吸收和挖取对方的精华，使百家失去存在的价值；董仲舒"推明孔氏"，是取百家之长以完善儒学，使儒学达到善美兼具的境地。——舒大刚（四川大学教授）

伟哉董子：天人之学、一统之论，利益汉祚，垂法千古。——李景林（北京师范大学教授）

董仲舒张大儒家天道为仁的思想，为儒家在中华民族取得永恒主导地位奠定了坚实基础。——谢遐龄（复旦大学教授）

董仲舒是汉代儒学的杰出代表，不仅传经，而且立论，不同于一般的文献老儒，他是一个经典诠释家、政治家和思想创造者。其《春秋繁露》一书，虽不名为"传"，但实际吸收了《春秋》等经籍的义理、发挥《公羊传》和诸子学的思想内容，广泛采撷，融会贯通，成立一家之言，创辟时代风气。——景海峰（深圳大学教授）

董仲舒结合了阴阳家的天道理论与儒家之道德理想主义，将五德始终之机械的时间转移与以道德为基础的天命转移进行对接，从而将儒家之道德哲学转为政治历史之哲学，使儒家之道德理念落实到具体的政治实践成为可能。——干春松（北京大学教授）

独尊儒术君权神授屈民伸君上贤良三策应国是，天人合一阴阳五行正谊明道著繁露治狱传万代。——邓红（日本北九州大学教授）

董仲舒是中国文化的建造师，直可敬称之为东道孔了！——陈福滨（台湾辅仁大学教授）

崇儒重教，固本培元。

仁者爱人，智者除害；既仁且智，黾勉从之。——董金裕（台湾政治大学教授）

董仲舒通过对内在人性的剖析和外在仁德的阐扬，推动儒家仁学发展到新的高度。——向世陵（中国人民大学教授）

悠悠旷世大儒，昭昭百代经师。——朱义禄（同济大学教授）

《春秋》一统系统构建系由董子仲舒，家齐国治，民族凝聚，文明绵延，根深基固。——李道湘（中央社会主义学院教授）

董仲舒是西汉时期最重要的思想家、政治家、教育家，他与时俱进、兼收并蓄、经世致用，将儒家思想与西汉社会发展需要相结合，创建了一套以"天人感应""大一统""以德治国""三纲五常"等为核心内容的思想体系，把儒学发展到一个新阶段；他提出了"罢黜百家，独尊儒术"的主张，被汉武帝所采纳，使儒学成为中国社会主流正统思想，他以"天"来限制皇帝个人的私欲与权力，提出人君为政应法天行德政、否则"天"就会降下"灾异",对中国社会长治久安意义深远;他设坛教授、广招弟子,弟子再教弟子,培养了大批人才,为儒家文化的传播与传承做出了巨大贡献。董仲舒无疑是中国文化史上一位划时代的大儒!——王杰(中央党校教授)

精思阐道成一代醇儒,发愤潜心铸千秋大业。——韩星(中国人民大学教授)

他是先秦思想的集大成者,是"旧时代"的最后一位思想巨匠。另一方面,董仲舒又是"新时代"统治阶级意识形态的建构者,他立足于现实的前提,适时提出罢黜百家、独尊儒术的建议,在意识形态领域至少在形式上完成了统一意识形态的历史任务,显然有助于刚刚建立起来而在此后持续二千余年的中央集权的政治体制。在这个意义上说,董仲舒又属于"新时代"的第一位思想巨匠。——马勇(中国社会科学院教授)

整合百家,创新儒学。——杨庆中(中国人民大学教授)

董子千秋为衡水增光添彩,衡水万年延董子思绪文脉。——孟祥才(山东大学教授)

三策正世道,春秋定乾坤。——方朝晖(清华大学教授)

民心即天命,法天行人道。——曾振宇(山东大学教授)

董仲舒与汉代的儒学,传播影响到我国历史上的四夷,构成为中华民族共同体意识重要的传统思想资源。——杨翰卿(西南民族大学教授)

重义理,轻名利;求平治,忽生死。——程志华(河北大学教授)

董仲舒天人之学的建立,将"绝地天通"以来天人分离的状态,拉回到天人相合的轨道,重新建立起儒学对天的信仰,开启了儒学的神学时代。——梁世和(河北省社会科学院研究员)

董仲舒"独尊儒术"的倡议,既呼应了自古以来就不断强化的"天下一统"的趋势,又深刻反映了古代文明所推崇的整体价值优先,以一元价值来统领和融合共同体的文明实践。表面上看,董仲舒所谓"独尊",不无学派之见,以及为专权背书的"一是非"的思想控制;但其内在的精神本质却是对国家秩序的关切,对华夏文明存在和发展的价值追寻。——胡发贵(江苏省社会科学院研究员)

董仲舒"大一统"王道政治思想秉持孔子及古圣先王的生命共同体主义,唯道是从,唯天为大,贯通天地人三才之道于"大一",具有突出的德性文明传统特色。——杨柳新(北京大学副教授)

董仲舒的历史地位、贡献、影响等,并不因为肯定"罢黜百家,独尊儒术"而伟大,也不因为否定"罢黜百家,独尊儒术"而渺小。董仲舒留下了丰富的文化遗产,已成为取之不尽用之不竭的思想资源,值得一代代的学人去攻读,去发掘,去提炼,去创

造性转化，去创新性发展，以推动中华民族文化的发展，以丰富中华文明的宝库。——秦进才（河北师范大学教授）

董仲舒不仅是教育家、经学家、思想家，同时他又是汉代社会制度的设计师；董仲舒不仅是中国历史文化名人，他也是世界历史文化名人。——李奎良（衡水学院董子学院教授，河北省董仲舒研究会会长）

后 记

终于在 2021 年这个不同寻常的秋日，《德音润泽——董仲舒名言品鉴》即将付梓！从开始搜集资料、动笔书写，到现在已有近三年的时间，初稿完成后，反复修改校对，终于要和读者们见面了，内心充满了欢喜和欣慰。

这本书的内容撷取董仲舒的 200 多句名言，虽然仅有二十几万字，却凝聚着很多人的心血和期盼。整个写作的过程也可谓艰辛不易，从参考众多版本甄选每一句话，到鉴赏解读的每一个构思；从标点符号的反复比对，到一字一句地精心斟酌，都经过认真思考，推敲琢磨，力求能整体把握董学思想脉络，又能深入浅出展现其精华。尽管几度搁笔又拾起，拖沓延误，过程艰难，但最终收获也是巨大的。"石以砥焉，化钝为利"，写作过程中，得以仔细透彻地阅读原典和大量董学专家的论文著作，广泛求证，互参考寻，加深了对经典文本和董子思想的诠释和解读，获益匪浅。

从 2018 年到 2021 年，"董仲舒与儒家思想国际学术研讨会"连续四年在衡水召开，这是董学事业的盛事，其丰硕的成果可谓是学术盛宴。传承董子文化是我们的责任和担当，也是众多学者汗水和智慧的结晶。聆听知名董学专家的高论，与老师们一起交流探讨，对于提高个人的研究水平和能力、拓宽写作思路都大有裨益。

感谢每一位给予我们关怀和支持的领导、专家和同人，特别感谢董子学院和《衡水学院学报》编辑部的可亲可爱的同事，这本书是在大家的关注、鼓励和帮助下，得以完成的。笃爱董学的董子学院的兼职老师们，你们可曾记得严寒酷暑中，大家一起挥汗共学，围炉共读《春秋繁露》？可曾记得在董子故里、索泸河畔传来的朗朗读经声？"岁末大寒雪未访，南来北往落他乡。围炉共读董子书，且愿《繁露》化银装。"这是2018年大寒时节，与老师们线上读书，有感而发，可以想见当时老师们高涨的学习热情足以抵挡严寒，驱散酷暑。感谢身边这么多勤勉淳厚的师友，让我们能时刻警醒，不敢有丝毫倦怠。

2020年的春天，因突发疫情极少出门，有时间静下心来做书稿的最后整理和校对工作。在那段特殊时期里，时时能感受到，穿过厚重悠远的历史长河，董仲舒从岁月深处向我们走来，他是那么遥远，又是这样亲近。隔着千年时空，我们看到的是一代醇儒的伟大人格和哲学智慧，触摸到的是真切笃实的儒家信仰和悲悯情怀。如今，我们仍然经历着艰苦的考验，需要在磨砺中不断成长，那句句"仲舒格言"，每次读来，都振聋发聩，引人长思！

感谢衡水这片沃土孕育的一代代前贤古哲，希望每一位生于斯、长于斯的衡水人，都能读一读，看一看，那德音警言，字字珠玑，念兹在兹，它能在最黑暗的长夜，如中天之明星，照亮我们前行的方向！

代春敏